목회자는
신학자다

THE SHEPHERD AS THEOLOGIAN
by John MacArthur, editor

Copyright © 2017 by Grace Community Church
Published by Harvest House Publishers
Eugene, Oregon 97402
www.harvesthousepublishers.com
All rights reserved.

Korean Edition published by Word of Life Press, Seoul, 2017
Translated and published by permission.
Printed in Korea.

목회자는 신학자다

ⓒ 생명의말씀사 2018

2018년 2월 2일 1판 1쇄 발행

펴낸이 | 김재권
펴낸곳 | 생명의말씀사

등록 | 1962. 1. 10. No.300-1962-1
주소 | 서울시 종로구 경희궁1길 5-9(03176)
전화 | 02)738-6555(본사)ㆍ02)3159-7979(영업)
팩스 | 02)739-3824(본사)ㆍ080-022-8585(영업)

기획편집 | 구자섭, 이은정
디자인 | 김혜진
인쇄 | 영진문원
제본 | 정문바인텍

ISBN 978-89-04-07141-8 (04230)
ISBN 978-89-04-70016-5 (세트)

저작권자의 허락 없이 이 책의 일부 또는 전체를
무단 복제, 전재, 발췌하면 저작권법에 의해 처벌을 받습니다.

THE SHEPHERD AS THEOLOGIAN

서문

지난 40여 년 동안, "셰퍼드 콘퍼런스"는 종교개혁자들이 500년 전에 시작했던 일에 헌신해 왔다.

종교개혁의 핵심은 로마 가톨릭 교회의 압제와 부패와 이단 사상으로부터 성경을 해방하는 것이었다. "그리스도께서는 말씀 선포를 통해 세상을 정복하고 통치하신다."라는 칼빈의 말대로 종교개혁자들은 성경으로 되돌아가는 것의 중요성을 절감했다. 이것이 "셰퍼드 콘퍼런스"가 디모데에게 주어진 바울의 명령("네가 많은 증인 앞에서 내게 들은 바를 충성된 사람들에게 부탁하라 그들이 또 다른 사람들을 가르칠 수 있으리라"-딤후 2:2)을 실천하려고 힘써 온 이유다.

그동안 우리는 "셰퍼드 콘퍼런스"를 통해 목회자들을 격려하고, 훈련시켜 진리를 선포하도록 돕는 일에 참여하는 귀한 특권을 누려 왔다. 처음에는 159명으로 시작했던 작은 모임이 지금은 하나님의 은혜로 매년 봄마다 수천 명의 참석자가 운집하는 국제적인 운동으로 성장했다. 미국 각지는 물론, 거의 100개국에서 온 목회자들이 콘퍼런스에 참석해 설교와 신학, 리더십, 제자 양육, 목회 상담에 관한 훈련과 도전을 받고 돌아간다.

"셰퍼드 콘퍼런스"는 처음 시작할 때부터 목회자들과 교회 지도자들을 겨냥한 설교에 많은 비중을 두었다. 성경의 진리는 시대를 초월하기 때문에 그런 설교들은 처음 전해졌을 때와 마찬가지로 지금도 여전히 강력하고 은혜롭다. 따라서 나는 "하비스트하우스 출판사"가 이 책(다양한 신학적 주제들을 다룬 "셰퍼드 콘퍼런스"의 설교 중에서 가장 기억에 남는 설교들을 골라 모은 것)에 대한 출판을 제의했을 때 크게 감사하지 않을 수 없었다.

종교개혁자들이 현대 목회자들과 근본적으로 다른 점이 한 가지 있다. 그것은 그들이 목회자이면서 성경학자였다는 점이다. 지난 200년 동안, 목회자들은 신학을 전문 학자들에게 일임했다. 이제 목회자들은 다시금 신학자이자 성경학자요, 건전한 교리의 수호자가 되어야 한다.

나는 지금까지 "셰퍼드 콘퍼런스"가 "신학자다운 목회자"를 양성하는 일에 기여할 수 있기를 간절히 바랐다. "셰퍼드 콘퍼런스"에 참석한 적이 있든 없든 상관없이 모든 영적 지도자들이 이 책을 계기로 삼아 하나님의 일을 깊이 생각할 수 있기를 기도한다. 아무쪼록 이 책을 읽는 동안 진리를 향한 열정이 더욱 뜨겁게 불타오르기를 바라고, 교회를 섬기고 인도할 때 오직 그리스도의 영광만을 추구하겠다는 결심이 더욱 강해지기를 진정으로 염원한다.

큰 목자 되신 우리 주 예수 그리스도를 위하여
존 맥아더

이 책에 나온 셰퍼드 콘퍼런스 강사들

존 맥아더 John MacArthur

수백만 명의 삶에 커다란 감동을 준 수많은 베스트셀러의 저자이자 최고의 성경 해석가다. 사람 중심이 아닌 하나님의 영광에 초점을 두는 그의 설교는 뜨거운 목회자적 심장을 잃지 않는 설교, 시대를 분별해 내는 거시적 통찰력과 예리한 시각, 변명의 여지가 없도록 만드는 강력한 적용을 담은 설교로 평가받고 있다. 캘리포니아 주 선밸리에 있는 그레이스 커뮤니티 교회의 목사이자 마스터스 대학 및 신학교 총장이다. 저서로는 『담대한 복음전도』, 『복음을 부끄러워하는 교회』, 『존 맥아더의 다른 불』(이상 생명의 말씀사) 등 다수의 베스트셀러가 있다.

윌리엄 배릭 William Barrick

마스터스 신학교 박사과정 디렉터이자 Evangelical Exegetical Commentary(Logos) 구약 편집자로 일하고 있다. 그는 오랫동안 방글라데시에서 성경번역 프로젝트에 참여하여 6개의 언어로 신약 성경을 제작하였으며, 시카고 대학교 동양 연구소에서 힛타이트 사전 발간 작업에도 참여한 바 있다.

나단 부세니츠 Nathan Busenitz

마스터스 신학교 교수이자 그레이스 커뮤니티 교회 장로이다. 그는 성경학과 성경해석학에 관심을 가지고 있으며, 설교 전문잡지인 *Pulpit Magazine* 편집자와 "Shepherd Fellowship" 책임자로 일했다. 특히 초기 기독교 역사에 대해 큰 관심을 기울이고 있다. 저서로는 *Reason to Believe*와 *Right Thinking in a World Gone Wrong* 등이 있다.

R. C. 스프로울 R. C. Sproul

개혁주의 신학계를 이끄는 저명한 신학자로 심오한 진리들을 이해하기 쉽게 설명하는 글과 강의로 유명하다. 또한, 딱딱하게 들리는 성경 교리를 명쾌한 논리와 적절한 예화로 풀어, 성경 말씀이 일상의 삶과 떨어질 수 없게 연결 고리를 만들어 준다. 낙스 신학대학교 등 여러 주요 신학교에서 신학과 변증학 교수로 재직했으며, 현재는 플로리다 주 샌퍼드에 있는 세인트 앤드류 교회의 목사로서 말씀을 전하고 있다. 평신도 교육에 열정을 품고 90여 권의 책을 저술했으며, 리고니어 미니스트리를 통해 기독교의 진리를 알리려는 노력을 계속하고 있다.

필 존슨 Phil Johnson
"그레이스 투 유"(Grace to You) 책임편집자이자 그레이스 커뮤니티 교회 장로다. 그는 존 맥아더의 주요 저서 대부분을 편집했다. 그는 현재 스펄전의 설교가 모아져 있는 "스펄전 아카이브", "The Hall of Church History", "the Pyromaniacs 블로그" 등 인기 있는 웹사이트들을 운영하고 있다.

톰 페닝턴 Tom Pennington
텍사스 주 사우스레이크에 있는 컨트리사이드 바이블 교회의 목사다. 그레이스 커뮤니티 교회에서 장로와 부목사로 섬겼으며, 세계적으로 널리 알려진 라디오 프로그램인 "그레이스 투 유"의 전무로 일하기도 했다. 그는 현재 목회자로서 자신의 역할뿐만 아니라 강해 설교에 관한 목회자 훈련에도 적극적으로 참여하고 있다.

폴 워셔 Paul Washer
철저히 성경에 충실한 뜨거운 열정의 복음 전도자다. 예수 그리스도의 보혈처럼 강렬하고 선명한 복음 설교로 인터넷을 뜨겁게 달구며 많은 그리스도인의 가슴에 불을 지폈다. 특히 2008년 애틀랜타의 한 집회에서 전한 "현대 교회를 향한 10가지 기소장"(Ten Indictments Against the modern Church)이라는 설교는 "21세기 최고의 설교"라는 평을 받는다. 페루에서 10년간 선교사 활동을 했으며, 선교지에 토착 교회 개척을 지원하는 HeartCry Missionary Society 대표이다. 저서로는 『복음: 구원을 주시는 하나님의 능력』, 『회심: 복음의 부름에 대한 참된 반응』, 『확신: 참된 확신 vs 거짓 확신』(생명의말씀사) 등이 있다.

마이클 블라크 Michael J. Vlach
마스터스 신학교 교수다. 그는 특히 조직신학과 역사신학 그리고 변증신학에 관심을 가지고 있으며, 2008년 "Franz-Delitzsch Prize"를 수상하기도 했다. 기독교신학과 관련된 양질의 기사와 정보를 제공하고 있는 "TheologicalStudies.org"를 설립하여 운영하고 있다. 저서로는 Has the Church Replaced Israel?: A Theological Evaluation, The Church as a Replacement of Israel: An Analysis of Supersessionism 등 5권의 책이 있다.

CONTENTS

서문 _ 존 맥아더   4
이 책에 나온 셰퍼드 콘퍼런스 강사들   6

1 신학자다운 목회자 / 존 맥아더   10
어디에 신학자다운 목회자가 있는가? • 신학의 중요성 • 요한복음 17장에서 배우는 예수님의 사역의 기초 • "더욱 그로 말미암아" • 기도의 내용 • 지성소 안으로 • 구원과 삼위일체 • 구원과 선택 교리 • 구원과 성육신 교리

2 목회자다운 신학자 / 존 맥아더   34
거룩한 계시 • 중생 교리 • 그리스도와의 연합 교리 • 성화 교리 • 영화 교리

3 아담의 역사성을 이해하라 / 윌리엄 배릭   54
아담은 얼마나 중요한가? • 여러 가지 전제들 • 아담과 진화 • 이스라엘은 신화적인 문화였는가? • 고대 세계의 문학적 장치 • 신화적인 개념을 논박한 자료들 • 창조 사역에 관한 해석 • 아담과 하나님의 형상 • 아담과 타락 • 아담과 정경 • 아담과 예수 그리스도 • 무엇을 신뢰할 것인가? • 성경은 영원하다

4 창조론에 대한 신학적 입장을 정립하라 / 존 맥아더   76
모든 것을 아시는 하나님 • 태초에 • 새 창조

5 역사적인 기독교 신앙을 계승하라 / 나단 부세니츠   96
하나님의 의 • 로마에서의 실망 • 종교개혁의 핵심 • 종교개혁은 새로운 진리를 가르쳤는가? • 종교개혁 이전의 개혁자들 • 은혜의 복음을 굳게 붙잡아라

6 칭의 교리에 정통하라 / R. C. 스프로울   130

몇 가지 서론적인 질문 · 로마 가톨릭 교회에 대한 올바른 이해의 필요성 · 로마 가톨릭 교회의 일관된 입장 · 칭의에 관한 그릇된 견해 · 논쟁의 핵심 · 성경적인 칭의 · 한 수도사와 나무망치 · 가톨릭 신앙과 칭의 · 참된 복음을 굳게 붙들라 · 우리의 기념비

7 속죄의 범위를 파악하라 / 필 존슨   150

5대 교리 · 특별 구속 · 무한히 충족한 속죄 · 문제의 핵심 · 대리 속죄 · 보편적인 결과 · 일반 은혜의 축복 · 값없는 구원 · 제한적 구속 · 문제가 되는 성경 구절 · 놀랍고도 고무적인 진리

8 성경적 교회를 이해하라 / 톰 페닝턴   184

정교한 설계 · 여러 가지 형태의 교회 정치 제도 · 구약 성경에 등장하는 다수의 장로들 · 신약 성경에 등장하는 다수의 장로들 · 지도자 중의 지도자 · 장로, 감독, 목사 · 오늘날에도 필요한가?

9 예수님의 마지막 지상 명령에 충실하라 / 폴 워셔   204

우리의 연약함 · 예수님의 권능 · 교회의 가장 중요한 과업 · 그리스도의 임재와 권능

10 역사적 전천년주의를 다시 생각하라 / 존 맥아더   224

종말론은 중요한가? · 문자적인 해석을 소홀히 여기지 말라 · 역사적 전천년주의를 다시 생각하다 · 검증된 종말론 · 결코 세대주의가 아니다 · 온전한 진리 · 대체 신학의 위험성 · 마지막 당부

11 새 하늘과 새 땅을 바라보라 / 마이클 블라크   256

피해야 할 오류 · 세 가지 전제 · 영원한 상태에 관한 열 가지 요점

주 276

1
John MacArthur

"거룩하신 아버지여
내게 주신 아버지의 이름으로 그들을 보전하사" _ 요 17:11

신학자다운 목회자
: 예수님의 사역의 기초 1

존 맥아더, 2016
누가복음 17장

세상의 직업 가운데 업무를 위한 기본적인 자격 요건이 가장 불투명한 직업이 있다면 바로 목회자다. 목회자 외에 다른 사람들은 모두 자신의 직업에 관해 잘 알고 있는 것처럼 보인다. 사실 솔직히 말해, 성직자의 업무과실 행위는 때와 장소를 가리지 않는다. 그것은 마치 세계적인 유행병처럼 도처에 만연하다. 목회자라는 것이 무슨 의미인지를 알지 못할 뿐 아니라 성경이 가르치는 목회자의 의무에 대해 무관심한 사람들이 한둘이 아니다. 그 결과, 교회도 목회자가 무엇이고, 또 어떤 일을 하는 사람인지 큰 관심을 기울이지 않는다.

어디에 신학자다운 목회자가 있는가?

한 가지는 분명하다. 대다수 목회자들은 신학자가 되는 데 별 관심이 없다. 그들의 교회도 그들이 신학자가 되기를 기대하지 않는다. 신학과 학자적인 성경 연구 정신이 쇠퇴한 이유는 설교에서 주의 깊은 성경 연구와 교리가 실종된 탓이다. 이것은 직무 유기이자 성직자의 심각한 과오다. 목회는 더 이상 지성적인 소명이 아니고, 목회자들은 진지한 지성적인 리더십을 발휘하지 않는다.

오늘날의 목회자들은 신학에 무관심하다. 그들은 프로그램을 운영하느라 바쁠 뿐이다. 그들은 감정을 고무하는 말을 하고, 문화적으로 고안된 원리를 적용하며, 성경 연구 외에 다른 것에 힘과 정열을 더 쏟아 붓는다. 그들은 건강한 교리를 가르치는 성경 본문을 진지하게 연구하지 않는다.

그들은 신학자가 아닌 그저 직업인일 뿐이다. 오늘날의 목회자들은 자신의 변덕스런 취향과 욕망, 그리고 특정한 인물들의 인기에 이끌려 자기 자신의 생각이 아닌 다른 사람의 생각을 전하는 것으로 만족한다. 목회자들은 다른 사람들의 신학과 사상을 전하는 중개인으로 전락했다. 도대체 무슨 일이 일어난 것일까? 성경 강해의 첫 번째 목적은 교리다. 성경 본문에서 먼저 교리를 찾아내고, 그런 다음에는 그 의미를 밝히고, 적용하고, 권고하는 수순을 밟아야 한다. 목회자는 다른 무엇보다도 교리를 가르쳐야 한다.

또한 목회자는 건강한 교리의 수호자가 되어야 한다. 목회자는 자신의 시대, 자신의 장소에서, 교인들을 위해 하나님의 진리를 신학적으로 성실하게 수호해야 할 책임이 있다. 하지만 지난 백 년 동안, 목회자들은 교리를 전문 학자들에게 일임했다.

19세기로 거슬러 올라가보면, 미국 대학교의 대다수 학장들은 목회자였던 것을 알 수 있다. 그 후부터는 상황이 변했다.

내가 "그레이스 커뮤니티 교회"에서 일한 지 8년이 지난 1977년에,

제임스 몽고메리 보이스가 전화를 걸어왔다. 그는 "성경의 무오성에 관한 시카고 선언문"을 작성한 "국제성경무오협회"에 참여해 일해 볼 생각이 없느냐고 물었다. 나는 크게 놀라지 않을 수 없었다. 당시 나는 "그레이스 커뮤니티 교회"를 담임하는 삼십 대의 평범한 목회자였을 뿐, 그럴 만한 자격을 갖추지 못한 상태였다.

시카고에서 첫 모임을 가졌을 때, 놀랍게도 목회자는 나와 제임스 보이스 단 둘 뿐이었고, 나머지 98명은 모두 학술 기관에서 온 사람들이었다. 그들이 나를 선택한 이유는 보이스와 잘 어울릴 수 있는 사람을 찾기가 어려웠기 때문이라는 것을 직감할 수 있었다. 나는 제임스 보이스와 로저 니콜과 함께 앉아 대화를 나눌 기회가 있었지만, 혹시나 나의 무지가 드러날까 봐 입을 굳게 다문 채 어떤 상황인지 알겠다는 듯 간간이 고개만 끄덕였다.

목회자들은 자신들의 고귀한 소명을 저버리고, 그것을 저급한 기능으로 대체했다. 그들의 성공과 평판과 성취감은 그들의 유행 감각, 목회적인 기발한 생각, 음악적 감각, 매력적인 태도, 마케팅 감각 등에 의해 좌우되었다. 신학자다운 성경학자로 알려진 목회자를 발견하기가 매우 어렵다.

성경과 성경의 교리에 대해 정통한 전문가가 되고자 하는 목회자는 그리 많지 않다. 목회자의 소명을 옳게 이해하고, 성경 해석과 강해와 교리에 정통하고자 하는 사람들에게는 참으로 힘든 시기가 아닐 수 없다. 왜냐하면 그런 사람들은 비정상적인 양 취급되기 때문이다. 이제는 바뀌어야 한다. 목회자들은 신학자, 성경학자, 건강한 교리의 수호자가 되어야 한다.

사실 목회자는 교회를 이끄는 단순한 리더가 아닌 신학자다. 교회는 전문적인 학자가 아닌 목회자로부터 신학을 배운다. 싱클레어 퍼거슨은 "우리가 세상에 아무런 감명을 주지 못하는 이유는 우리 자신이 복음의 교리를 통해 아무런 감명도 느끼지 못하기 때문이다."라고 말했다.[1] 이것은 불행한 현실이다. 교회 역사 속에 등장하는 중요한 목회자들은 모두 신학에 정통했다. 그들은 모두 목회자를 훈련하는 제도를 발전시켰다. 그 이유는 신학자다운 목회자를 양성하는 것이 성숙한 교회가 추구해야 할 가장 고귀한 의무라고 생각했기 때문이다.

『웨스트민스터 신앙고백』은 1650년경에 작성되었다. 이 위대한 신앙고백을 작성하기 위해 121명의 학자들이 몇 년의 시간을 보냈다. 그들은 명석한 생각을 지닌 당대의 성경학자이자 신학자였다. 121명 모두 목회자였다.

우리는 교회 안에서 신학을 부활시켜야 할 필요가 있다. 학계는 더 이상 성경을 위한 안전한 장소가 될 수 없다. 우리는 교회 안에서 신학을 되찾아야 한다.

계몽주의를 통해 신학이 교회로부터 분리되면서 학계가 신학을 지배하기 시작했다. 19세기 이후로 목회자들은 성경적인 신학의 영향으로부터 꾸준히 멀어졌다. 오늘날, 이런 잘못을 바로 잡아야 할 필요성을 의식하는 목회자들이 성경을 학계로부터 구해내기 위해 열심히 노력하고 있다.

신학의 중요성

신학은 얼마나 중요한가? 신학이란 말 자체는 성경에 계시된 명제적 진리를 의미한다. 목회자는 이 진리를 다룬다. 교리는 모든 것의 근간이다. 교리는 우리의 신념과 확신을 지탱하는 틀, 곧 우리의 삶을 통제하는 원칙이다.

바울은 고린도후서 5장에서 자기에게 동기를 부여한 사실들을 언급하면서 흥미로운 말을 남겼다. 잘 알다시피, 그는 그리스도를 위해 많은 것을 참아냈고, 많은 고난을 당했으며, 많은 사역의 도전에 직면했다. 그는 생애 말년에는 소아시아에 있는 모든 사람이 자기를 저버렸다고까지 말했다. 그가 겪었던 고통이 고린도후서에 여실히 드러나 있다.

만일 우리가 그런 사람을 본다면 "무엇이 그를 움직이는가? 무엇이 그를 이끌어 그 길을 계속 걷게 만드는가?"라고 물을 것이 분명하다. 그 대답은 "그리스도의 사랑이 우리를 강권하시는도다"(14절)라는 말씀에 있다. 바울에게 동기를 부여한 것은 바로 그리스도의 사랑이었다.

만일 오늘날 사람들에게 하나님의 사랑에 관해 묻는다면, 대부분 하나님은 세상에 있는 모든 사람을 똑같이 무조건적으로 사랑하신다고 대답할 것이 분명하다. 그렇다면 바울은 어떻게 대답했을까?

그는 "우리가 생각하건대 한 사람이 모든 사람을 대신하여 죽었은즉 모든 사람이 죽은 것이라 그가 모든 사람을 대신하여 죽으심은 살아 있는 자들로 하여금 다시는 그들 자신을 위하여 살지 않고 오직 그들을 대신하여 죽었다가 다시 살아나신 이를 위하여 살게 하려 함이라"(14-15절)라고 말했다.

이 두 구절은 특별한 구원, 곧 제한 속죄를 가르친다. 예수님은 자기 안에서 죽은 사람들을 위해 죽으셨다. 바울은 예수 그리스도의 죽음이 사랑의 잠재적인 표현과 같은 것이기 때문에 그것으로부터 동기를 부여받는다고 말하지 않았다. 그는 그리스도께서 자기 자신을 위해 죽었다가 다시 살아나셨기 때문이라고 그 이유를 밝혔다.

그것이 바울이 이해한 구원이었다. 그에게 동기를 부여한 것은 그리스도의 제한 속죄였다. 바울은 그리스도의 것이었다.

신학은 중요한가? 신학은 삶에 대한 우리의 관점을 변화시키는가? 당연히 그렇다. 그러나 안타깝게도 오늘날 교회는 "교리 결핍증"을 앓고 있다. 성공적인 목회자로 간주되는 사람들 가운데 교리에 무관심한 사람들이 그토록 많은 이유가 여기에 있다.

요한복음 17장에서 배우는 예수님의 사역의 기초

나의 관심은 신학을 진지하게 생각하도록 돕는 데 있다. 이를 위해 요한복음 17장을 잠시 생각해 보자.

수난절 금요일 새벽의 어둠 속으로 깊이 들어가면, 가룟 유다가 무리를 이끌고 겟세마네 동산으로 향하는 모습을 볼 수 있다. 예수님도 다락방에서 나와 예루살렘 동쪽으로 발길을 돌려 동산으로 향하셨다. 그분은 그곳에서 체포되어 그날 십자가에 처형되셨다. 그 전에 예수님은 요한복음 13-16장에서 제자들에게 경고와 약속의 말씀을 주셨다. 그리고 그들이 있는 자리에서 요한복음 17장의 기도를 드리셨다. 그들은 예수님의 기도를 그들의 귀로 똑똑히 들을 수 있었다. 그런 기도를 읽는다는 것은 실로 가슴 벅찬 일이 아닐 수 없다.

출애굽기 28장으로 거슬러 올라가면, 하나님이 성막과 제사장 제도를 확립하고, 대제사장이 입을 의복까지 자세하게 지시하시는 대목이 나온다. 대제사장은 이스라엘 열두 지파를 대표하는 옷을 입어야 했다. 그는 속죄일에 지성소에 들어가 속죄의 희생을 드리고, 기도의 상징인 향을 불사르면서 자신의 어깨와 마음으로 하나님의 백성인 이스라엘을 짊어져야 했다.

그런 일이 요한복음 17장에서 정확하게 되풀이되었다. 대제사장이신 예수 그리스도께서 자신의 마음과 어깨에 사랑하는 자기 백성을 짊어지고 하늘의 지성소에 들어가셨다. 그분은 성부 하나님 앞에서 그렇게 하셨다. 구약 시대의 대제사장들은 속죄일에 지성소에 들어갔다가 서둘러 그곳에서 다시 나왔지만 그리스도께서는 그 안에 들어가 앉으셨고, 여전히 그곳에 머물러 계신다.

히브리서 7장은 그분이 항상 살아서 우리를 위해 중보 기도를 드리신다고 가르친다. 그분은 하늘에서 우리를 위해 기도하신다. 요한복음 17장은 주 예수님이 지금 하고 계시는 사역을 묘사한다. 히브리서는 예수님이 중보 기도를 드리신다고 가르치고, 요한복음 17장은 그 기도의 내용이 무엇인지를 보여준다.

이 사건은 무엇과도 비교할 수 없을 만큼 독특하다. 그러나 교회 안에서 이 사건이 중요하게 취급되지 않는 것은 참으로 불행한 일이다. 내가 아는 한, 요한복음 17장에 관한 설교를 들어본 적이 거의 드물다. 우리는 십자가와 그리스도의 죽음과 부활에 관해 말하기를 좋아한다. 물론 그래야 마땅하다. 우리는 십자가와 부활을 예언의 성취이자 복음서에 기록된 실제 역사로 인정하고, 신약 성경의 저자들이 설명한 대로 말하기를 좋아한다. 그러나 나는 이 영광스런 두 가지 사건(그리스도의 죽음과 부활)도 요한복음 17장의 내용과 비교할 수 없다고 조심스레 말하고 싶다.

이 대제사장의 기도는 예수 그리스도의 가장 위대한 사역이다. 뜻밖인가? 우리의 성화를 돕기 위한 묵상이 필요하다면 예수님의 대제사장적 사역을 이해해야 할 필요가 있다.

"더욱 그로 말미암아"

바울은 로마서에서 "그러므로 우리가 믿음으로 의롭다 하심을 받았으니 우리 주 예수 그리스도로 말미암아 하나님과 화평을 누리자 또한 그로 말미암아 우리가 믿음으로 서 있는 이 은혜에 들어감을 얻었으며 하나님의 영광을 바라고 즐거워하느니라"(롬 5:1, 2)라고 말했다. 본문은 의롭다 하심을 받은 것에 초점을 맞춘다.

바울은 계속해서 "우리가 아직 연약할 때에 기약대로 그리스도께서 경건하지 않은 자를 위하여 죽으셨도다 의인을 위하여 죽는 자가 쉽지 않고 선인을 위하여 용감히 죽는 자가 혹 있거니와 우리가 아직 죄인 되었을 때에 그리스도께서 우리를 위하여 죽으심으로 하나님께서 우리에 대한 자기의 사랑을 확증하셨느니라"(6-8절)라고 말했다.

그러고 나서, 그는 9절에서 "그러면 이제…더욱 그로 말미암아"라고 덧붙였다. 십자가보다 더 중요한 것이 있단 말일까? "그러면 이제 우리가 그의 피로 말미암아 의롭다 하심을 받았으니 더욱 그로 말미암아 진노하심에서 구원을 받을 것이니."

바울은 예수님의 피로 의롭다 하심을 받았기 때문에 "더욱 그로 말미암아 진노하심에서 구원을 받을 것"이라고 선언했다. 또한 그는 "곧 우리가 원수 되었을 때에 그의 아들의 죽으심으로 말미암아 하나님과 화목하게 되었은즉 화목하게 된 자로서는 더욱 그의 살아나심으로 말미암아 구원을 받을 것이니라"(10절)라고 말했다.

바울은 예수님의 십자가와 부활은 놀라운 진리이지만, 우리의 구원에는 그 이상의 것이 포함되어 있다고 말했다. 그것은 바로 우리의 구원이 그분의 삶을 통해 이루어져 간다는 진리였다.

그는 15절에서 "그러나 이 은사는 그 범죄와 같지 아니하니 곧 한 사람의 범죄를 인하여 많은 사람이 죽었은즉 더욱 하나님의 은혜와 또한 한 사람 예수 그리스도의 은혜로 말미암은 선물은 많은 사람에게 넘쳤느니라"라고 말했다. 바울은 아담과 그리스도를 비교했고, 9절에서와 똑같이 "더욱"이라는 용어를 사용했다.

또한 17절은 "한 사람의 범죄로 말미암아 사망이 그 한 사람을 통하여 왕 노릇 하였은즉 더욱 은혜와 의의 선물을 넘치게 받는 자들은 한 분 예수 그리스도를 통하여 생명 안에서 왕 노릇 하리로다"라고 말씀한다. 비교해서 말하면, 그리스도의 사역이 아담의 사역보다 훨씬 더 뛰어나다. 우리는 "더욱"이라는 말이 얼마나 중요한지를 이해해야 한다. 그리스도의 사역이 아담의 사역보다 훨씬 더 뛰어난 것처럼, 그분이 살아서 우리를 위해 하시는 일이 그분의 죽음보다 훨씬 더 뛰어나다.

히브리서 9장 12-14절은 이렇게 말씀한다.

> "염소와 송아지의 피로 하지 아니하고 오직 자기의 피로 영원한 속죄를 이루사 단번에 성소에 들어가셨느니라 염소와 황소의 피와 및 암송아지의 재를 부정한 자에게 뿌려 그 육체를 정결하게 하여 거룩하게 하거든 하물며 영원하신 성령으로 말미암아 흠 없는 자기를 하나님께 드린 그리스도의 피가 어찌 너희 양심을 죽은 행실에서 깨끗하게 하고 살아 계신 하나님을 섬기게 하지 못하겠느냐."

그리스도의 희생은 동물 희생보다 훨씬 더 뛰어나다. 그리스도께서는 아담보다 훨씬 더 뛰어나시고, 항상 살아서 우리를 영광으로 인도하시는 그리스도의 사역은 십자가의 사역보다 훨씬 더 뛰어나다. 그분은 몇 시간에 걸쳐 서서히 숨을 거두셨고, 사흘 만에 다시 살아나셨다. 지금은 항상 살아 계셔서 우리를 위해 중보 기도를 드리신다.

히브리서 7장 23-25절은 이 진리를 분명하게 보여준다. "제사장 된 그들의 수효가 많은 것은 죽음으로 말미암아 항상 있지 못함이로되 예수는 영원히 계시므로 그 제사장 직분도 갈리지 아니하느니라 그러므로 자기를 힘입어 하나님께 나아가는 자들을 온전히 구원하실 수 있으니 이는 그가 항상 살아 계셔서 그들을 위하여 간구하심이라."

이 진리를 어떻게 간과할 수 있겠는가? 이 진리에 비춰보면, 요한복음 17장이 갑자기 말로 다할 수 없는 귀한 가치를 지닌 보화처럼 다가온다. 이것이 예수님이 행하시는 중보 사역이다. 우리는 요한복음 17장에서 중보자이신 주 예수 그리스도와 마주친다. 그분은 그곳에서 자기 백성을 위해 기도하셨다.

기도의 내용

요한복음 17장의 기도는 신학과 교리로 이루어져 있다. 신학이 없으면 말씀을 전할 수도 없고, 심지어는 기도조차도 할 수 없다. 예수님의 중보 사역은 건강한 교리에 근거했다. 그분은 교리에 근거해, 성부 하나님께 호소하셨다.

요한복음 17장은 구원론에 관한 조직신학적인 내용을 기도로 표현한다. 예수님은 곧 진리이시니 그렇게 기도하시는 것이 당연하지 않겠는가? 예수님은 열한 제자는 물론 우리 모두가 들을 수 있게 기도하셨다. 그분은 우리 모두가 이 기도를 이해하기를 원하신다.

요한복음 17장 13절은 "지금 내가 아버지께로 가오니 내가 세상에서 이 말을 하옵는 것은 그들로 내 기쁨을 그들 안에 충만히 가지게 하려 함이니이다"라고 말씀한다.

이 기도를 드리는 이유는 오직 하나, 신자들의 기쁨을 위해서다. 그날 밤, 제자들에게 필요한 것은 많은 기쁨이었다. 그리스도께서는 건전한 교리로 우리 모두를 위로하신다. 그리스도께서는 성부 하나님이 응답하실 것을 아시고 그분에 관한 신학을 기도로 표현해 다시 그분께 드리셨다.

그리스도께서는 누구를 위해 그런 기도를 드리셨을까? 9절은 "내가 그들을 위하여 비옵나니 내가 비옵는 것은 세상을 위함이 아니요 내게 주신 자들을 위함이니이다 그들은 아버지의 것이로소이다"라고 말씀한다.

예수님은 제자들과 믿는 모든 자들을 대신해 기도하셨다. 그분은 20절에서 "내가 비옵는 것은 이 사람들만 위함이 아니요 또 그들의 말로 말미암아 나를 믿는 사람들도 위함이니"라고 말씀하셨다. 예수님은 모든 신자들(당시의 신자들은 물론, 나중에 믿음을 갖게 될 신자들)을 위해 기도하셨다.

나는 요한복음 17장이 성경에서 가장 큰 위로를 전하는 본문이라고 확신한다. 그 이유는 신자들의 구원의 확실성이야말로 우리에게 가장 큰 위로를 주는 진리이기 때문이다.

지성소 안으로

지성소 안으로 들어가서 우리를 대신해 하늘을 향해 기도하시는 거룩한 신학자의 음성에 귀를 기울여 보자. 이 기도는 예수님의 승천이 이루어진 때부터 구원의 역사가 끝나는 시점까지 그분이 하시게 될 사역을 미리 보여준다. 이것은 예수님이 세상에서 신자들을 위해 사역하시던 때부터 장차 하늘에서 그들을 위해 사역하실 때까지의 중간 과정에서 이루어지는 사역에 해당한다.

예수님은 지난 2000년 동안 요한복음 17장에서 발견되는 기도를 끊이지 않고 드리셨다. 마태복음 6장에 기록된 기도는 주님의 기도가 아닌 제자들의 기도다. 왜냐하면 주님은 그 기도를 드리실 수 없기 때문이다. 그분은 죄를 지은 적이 없기 때문에 "우리의 죄를 사하여 주시옵고"라고 기도하실 수 없다. 주님의 기도는 요한복음 17장이다. 주님은 그 기도의 첫 부분에서 자기를 하늘로 인도해 달라고(곧 기도를 마친 뒤에 곧 일어날 극적인 사건들을 잘 견뎌낼 수 있게 해달라고) 하나님께 기도하셨다.

요한복음 17장 1-5절은 예수님 자신의 영광을 구하는 기도다. 예수님은 자신을 영화롭게 해 구원받은 자들을 위해 중보 기도를 드릴 수 있게 해달라고 기도하셨다.

6절에서부터 17장 마지막 구절까지는 신자들, 곧 우리를 위한 중보 기도였다. 예수 그리스도의 중보 사역은 지금 이 순간에도 계속되고 있다. 우리는 여기에서 절대적으로 완전한 신학을 지니고 계신 완전하신 신학자가 가르치는 신학을 배울 수 있다.

구원과 삼위일체

예수님의 구원론은 하나님에 대한 교리(신론)에서부터 시작한다. 예수님은 자신의 기도로 성부 하나님에 관해 가르치셨다. 요한복음 17장 11절에서는 "거룩하신 아버지"라는 문구가, 25절에서는 "의로우신 아버지"라는 문구가 각각 발견된다. 또한 3절은 유일하신 참 하나님이 존재하신다고 가르친다.

의존적이지 않은 영원한 존재는 오직 하나님뿐이다. 그분과 같은 존재는 어디에도 없다. 다른 모든 것은 의존적이고, 존재하기 위해 그분께 의존한다. 하나님은 의롭고 거룩하고 유일하신 참 하나님이지만, 본질적으로 어떤 누구에게 친절을 베풀 것을 강요받지 않으신다.

최근에 이와 관련해, 하나님과 알라에 관해 혼선이 빚어지고 있다. 하나님과 알라는 동일하지 않다. 알라는 삼위일체가 아니라 홀로 영원히 존재하는 신으로 묘사된다. 영원히 혼자인 그는 사랑할 대상이 없기 때문에 사랑할 수가 없다. 알라는 관계적 속성을 지니고 있지 않다. 영원히 혼자인 존재가 어떻게 사랑할 수 있겠는가? 그런 면에서, 알라는 마귀의 한 형태다. 이것이 이슬람교에 사랑이나 은혜나 자비나 동정심이 존재하지 않는 이유다.

그러나 예수님은 참으로 놀랍게도 요한복음 17장 23, 24절에서 성부 하나님을 향해 기도하면서 이렇게 말씀하셨다. "곧 내가 그들 안에 있고 아버지께서 내 안에 계시어 그들로 온전함을 이루어 하나가 되게 하려 함은 아버지께서 나를 보내신 것과 또 나를 사랑하심같이 그들도 사랑하신 것을 세상으로 알게 하려 함이로소이다 아버지여 내게 주신 자도 나 있는 곳에 나와 함께 있어 아버지께서 창세 전부터 나를 사랑하시므로 내게 주신 나의 영광을 그들로 보게 하시기를 원하옵나이다."

또한 그분은 26절에서 "내가 아버지의 이름을 그들에게 알게 하였고 또 알게 하리니 이는 나를 사랑하신 사랑이 그들 안에 있고 나도 그들 안에 있게 하려 함이니이다"라고 덧붙이셨다. 예수님은 성삼위 하나님의 관계를 영원한 사랑으로 정의하셨다. 참된 하나님은 사랑이시다. 왜냐하면 참된 하나님은 항상 사랑하시기 때문이다.

1절이 가르치는 하나님에 관한 교리(신론)를 좀 더 자세히 살펴볼 필요가 있다. "아버지여 때가 이르렀사오니 아들을 영화롭게 하사 아들로 아버지를 영화롭게 하옵소서." 이 말씀은 하나님의 영원하신 아들을 증언한다.

또한 5절은 "아버지여 창세 전에 내가 아버지와 함께 가졌던 영화로써 지금도 아버지와 함께 나를 영화롭게 하옵소서"라고 말씀한다. 성부와 성자께서 영원 전부터 사랑의 관계를 맺으신 것을 알 수 있다. 성부와 성자께서는 영원한 본질, 영원한 사랑, 영원한 영광을 공유하신다.

이것이 요한이 자신의 복음서를 "태초에 말씀이 계시니라 이 말씀이 하나님과 함께 계셨으니 이 말씀은 곧 하나님이시니라 그가 태초에 하나님과 함께 계셨고 만물이 그로 말미암아 지은 바 되었으니 지은 것이 하나도 그가 없이는 된 것이 없느니라"(요 1:1-3)라는 말씀으로 시작한 이유다.

그는 같은 장 14절에서는 "말씀이 육신이 되어 우리 가운데 거하시매 우리가 그의 영광을 보니 아버지의 독생자의 영광이요 은혜와 진리가 충만하더라"라고 말했다. 그리고 18절은 "본래 하나님을 본 사람이 없으되 아버지 품 속에 있는 독생하신 하나님이 나타내셨느니라"라고 말씀한다. 바울 사도도 이 진리를 분명하게 이해했다. 그는 그리스도 안에 "지혜와 지식의 모든 보화가 감추어져 있고", "신성의 모든 충만이 육체로 거하신다"고 말했다(골 2:3, 9).

구원은 거룩하고, 영원하고, 사랑이 많으신 삼위일체 하나님께 근거한다. 사랑할 능력이 없는 유일신은 누군가를 구원하는 일에 아무런 관심이 없다. 성경의 하나님은 사랑이시다. 예수님은 영원 전부터 하나님과 함께 스스로 존재하셨다.

성자 하나님은 요한복음 17장에서 다시 하늘로 올라가 영원 전부터 성부 하나님과 공유해 온 영원한 연합과 사랑과 영광을 다시 누리게 해달라고 기도하셨다.

예수님의 기도에는 "아버지여, 저를 다시 데려가소서. 왜냐하면 그것이 저의 본래 모습이기 때문입니다. 아버지께서는 제게 모든 육체를 다스리는 권세를 주셨습니다. 또한 제가 영생을 주도록 허락하셨습니다. 이것이 저의 참 모습입니다. 제가 영생인 이유는 제가 행한 일 때문입니다. 저는 아버지를 세상에서 영화롭게 했습니다. 제게 명령하신 일을 다 이루었습니다. 이제 저를 다시 데려가 주소서."라는 의미가 담겨 있었다.

여기에서 삼위일체 하나님의 위격적 특성이 분명하게 드러난다. 구원이 가능한 이유는 하나님이 삼위로 존재하시고, 또한 사랑이시기 때문이다.

하나님의 본질에 관한 또 하나의 놀라운 진술이 요한복음 17장 10절에서 발견된다. "내 것은 다 아버지의 것이요 아버지의 것은 내 것이온데." 유한한 존재인 우리는 이 기도의 전반부("내 것은 다 아버지의 것이요")만 말할 수 있다. 우리는 후반부("아버지의 것은 내 것이온데")는 말할 수 없다. 그렇게 말할 수 있는 존재는 하나님뿐이다.

구원의 교리는 성부와 성자 하나님의 관계에서 시작한다. 바울은 디모데에게 "하나님이 우리를 구원하사 거룩하신 소명으로 부르심은 우리의 행위대로 하심이 아니요 오직 자기의 뜻과 영원 전부터 그리스도 예수 안에서 우리에게 주신 은혜대로 하심이라"(딤후 1:9)라고 말했다.

구원의 역사는 성삼위 하나님 안에서 이루어진 계획으로부터 시작했다. 하나님은 사랑이시기 때문에 사랑할 수 있는 자녀들을 더 많이 가지고 싶어 하셨다.

구원과 선택 교리

구원론 중에서 두 번째로 중요한 교리는 선택의 교리다. 영원하신 성자께서 영생을 주시는 사람들이 누구인지는 분명하게 식별된다. 예수님은 요한복음 17장 2절에서 "아들에게 주신 모든 사람에게 영생을 주게 하시려고"라고 말씀하셨다.

그분은 누구에게 영생을 주실까? 그 대답이 9절에서 발견된다. "내가 비옵는 것은 세상을 위함이 아니요." 예수님은 성부께서 자기에게 주신 모든 사람들을 위해 기도하셨다(요 17:2). 예수님은 11절에서 같은 표현을 사용해 "거룩하신 아버지여 내게 주신 아버지의 이름으로 그들을 보전하사"라고 말씀하셨다. 성부께서는 성자에게 이름을 주신 것만큼 확실하게 그분에게 또한 사람들을 주셨다.

이 진리가 요한복음에서 언급된 것은 이곳이 처음이 아니다. 예수님은 요한복음 6장 37절에서 "아버지께서 내게 주시는 자는 다 내게로 올 것이요 내게 오는 자는 내가 결코 내쫓지 아니하리라"라고 말씀하셨다. 성부께서 예수님에게 주시는 사람들이 모두 그분에게 올 것이라는 점을 기억하는 것이 중요하다.

그분은 자기에게 나오는 자들을 거절하지 않으실 것이다. 신학자들은 이를 불가항력적 은혜로 일컫는다. 그 이유는 무엇일까? 그 이유는 38, 39절에서 찾을 수 있다. "내가 하늘에서 내려온 것은 내 뜻을 행하려 함이 아니요 나를 보내신 이의 뜻을 행하려 함이니라 나를 보내신 이의 뜻은 내게 주신 자 중에 내가 하나도 잃어버리지 아니하고 마지막 날에 다시 살리는 이것이니라."

또한 65절은 "그러므로 전에 너희에게 말하기를 내 아버지께서 오게 하여 주지 아니하시면 누구든지 내게 올 수 없다 하였노라"라고 말씀한다. 이것이 하나님의 주권적인 선택의 교리다.

하나님은 예수님에게 주실 사람을 어떻게 선택하셨을까? 이 질문에 대한 대답은 두 곳에서 발견된다. 첫째, 요한복음 17장 6절은 "세상 중에서 내게 주신 사람들에게 내가 아버지의 이름을 나타내었나이다 그들은 아버지의 것이었는데 내게 주셨으며 그들은 아버지의 말씀을 지키었나이다"라고 말씀한다. 둘째, 9절은 "내가 그들을 위하여 비옵나니 내가 비옵는 것은 세상을 위함이 아니요 내게 주신 자들을 위함이니이다 그들은 아버지의 것이로소이다"라고 말씀한다. 신자들이 하나님의 소유가 되는 것은 그분의 주권적인 작정과 자유로운 선택에 의해 이루어진다. 이것이 "창세 전에 그리스도 안에서 우리를 택하사"(엡 1:4)라는 성경 말씀의 의미다.

요한계시록에 보면, 창세 전부터 어린 양의 생명책에 이름들이 기록되었다는 내용이 발견된다. 성부 하나님은 역사 안에서 적절한 때가 되면 그들을 불러 성자에게 사랑의 선물로 주신다. 성자께서는 그들을 받아주신다. 그들을 영광에 이르게 하는 것은 그분의 책임이다. 그것이 그분이 우리를 위해 끊임없이 중보 기도를 드리시는 이유다. 하나님의 목적은 무엇이든 특정한 수단을 통해 이루어진다. 우리를 영광에 이르게 하는 것이 하나님의 목적이고, 그 수단은 예수 그리스도의 중보 기도다.

예수님은 요한복음 17장 9절에서 "내가 그들을 위해 비옵나니"라고 말씀하셨다. 예수님은 세상을 위해서가 아니라 성부께서 선택하신 사람들을 위해 기도하신다. 또한 예수님은 20절에서 "내가 비옵는 것은 이 사람들만 위함이 아니요 또 그들의 말로 말미암아 나를 믿는 사람들도 위함이니"라고 말씀하셨다.

"그리스도께서는 온 세상을 위해 죽으셨다."라고 말하는 사람들이 많다. 만일 그리스도께서 온 세상을 위해 죽으셨다면 그분의 뜻과 성부 하나님의 뜻은 서로 어긋난다. 왜냐하면 성부 하나님은 자신이 선택하신 사람들만 구원하기로 작정하셨기 때문이다. 따라서 그리스도께서는 온 세상을 위해 죽지 않으신 것이 분명하다. 만일 그랬다면, 그분은 하나님의 뜻을 어기신 셈이 된다.

성부 하나님은 칼빈주의자와 같고, 성자 하나님은 아르미니우스주의자와 같다고 말하는 것은 터무니없다. 성삼위 하나님의 뜻은 오직 한 가지뿐이다. 예수님은 성부 하나님의 소유가 아닌 사람들을 위해 기도하지도 않으셨고, 그분의 소유가 아닌 자들을 위해 죽지도 않으셨다.

가룟 유다의 경우는 어땠을까? 요한복음 17장 12절은 "내가 그들과 함께 있을 때에 내게 주신 아버지의 이름으로 그들을 보전하고 지키었나이다 그 중의 하나도 멸망하지 않고 다만 멸망의 자식뿐이오니 이는 성경을 응하게 함이니이다"라고 설명한다. 유다는 단지 성경이 말씀하는 것을 정확하게 이루었을 뿐이다. 그는 하나님의 자녀가 아니었다. 그는 항상 멸망과 정죄의 자녀였다.

하나님은 사랑으로 정의된다. 그분의 사랑은 너무나 커서 성자와 성령을 사랑하는 것으로 그치지 않는다. 그분은 사랑을 줄 수 있는 많은 자녀들을 원하신다. 이것이 그분이 사람들을 선택해 성자에게 주시는 이유다. 성자께서는 그들에게 영생을 주시고, 그들을 위해 중보 기도를 드리신다.

구원과 성육신 교리

이 모든 일이 이루어지기 위해서는 죄인들에게 구원자가 필요했다. 왜냐하면 성부께서는 불의한 사람들을 천국으로 인도할 수 없으셨기 때문이다. 이것이 세 번째 교리, 즉 성육신의 교리가 요구되는 이유다.

앞서 삼위일체의 교리를 살펴보면서, 그리스도의 신성을 언급한 바 있다. 우리는 또한 요한복음 17장에서 그분의 인성을 발견한다. 예수님은 8절에서 "내가 아버지께로부터 나온 줄을 참으로 아오며"라고 말씀하셨다. 그것이 성육신, 곧 동정녀 탄생이다. 3절에서도 "그가 보내신 자 예수 그리스도"라는 문구가 발견되고, 18절과 21절과 23절과 25절에서도 각각 "아버지께서 나를 세상에 보내신 것같이", "아버지께서 나를 보내신 것을", "아버지께서 나를 보내신 것과", "아버지께서 나를 보내신 줄"이라는 문구가 발견된다.

예수님은 요한복음에서 거의 30회나 성부께서 자기를 보내셨다고 말씀하셨다. 그분은 요한복음 17장 4절("아버지께서 내게 하라고 주신 일을 내가 이루어 아버지를 이 세상에서 영화롭게 하였사오니")에서도 또다시 자신의 인성을 언급하셨다. 예수님은 13절에서는 승천을 통해 다시 성부께로 돌아갈 것을 예고하셨다. 이처럼 요한복음 17장은 예수님의 신성과 인성을 언급하는 내용으로 가득하다.

더욱 중요한 것은 예수님의 사역이다. 예수님은 4절에서 "아버지께서 내게 하라고 주신 일을 내가 이루어 아버지를 이 세상에서 영화롭게 하였사오니"라고 말씀하셨다. 성육신을 이해하면 그리스도의 본성만이 아니라 그분의 사역까지 이해할 수 있다. 그분에게는 선택받은 자들에게 영생을 주어야 할 책임이 주어졌다. 그렇다면 그분은 그 책임을 어떻게 이루셨을까? 두 가지가 필요했다.

속죄

첫째, 예수님은 죄를 속량하셔야 했다. 신학자들은 이것을 수동적인 의로 일컫는다. 예수님은 자기 목숨을 많은 사람을 위한 대속물로 주기 위해 오셨다. 그분은 자신의 육체로 우리의 죄를 짊어지셨다. "그가 찔림은 우리의 허물 때문이요 그가 상함은 우리의 죄악 때문이라"(사 53:5). 예수님은 자신의 신부가 될 사람들을 대신해 속죄의 죽음을 당하셔야 했다. 그분은 성부 하나님의 정의를 만족시켜 그분의 진노를 달래기 위해 죽음의 대가를 치르셔야 했다. 성부 하나님은 예수님을 죽은 자 가운데서 살리심으로써 그분의 희생을 인정하셨다. 예수님은 죽으셔야 했고, 또한 사셔야 했다.

의

둘째, 예수님은 요한복음 17장 4절에서 "아버지를 이 세상에서 영화롭게 하였사오니"라고 말씀하셨다. 성부께서는 "이는 내 사랑하는 아들이요 내 기뻐하는 자라"(마 3:17)라는 말씀으로 예수님이 그렇게 하셨다는 것을 기꺼이 인정하셨다. 예수님은 세상에서 오직 하나님을 영화롭게 하는 일만 하셨다. 그분은 거룩하고, 순결하고, 순전하셨다. 예수님은 요한복음 17장 19절에서 "그들을 위하여 내가 나를 거룩하게 하오니"라고 말씀하셨다. 이것은 예수님의 능동적인 의를 보여주는 말씀이다. 그분이 완전한 삶을 사신 덕분에 우리가 그런 삶을 산 것처럼 간주되고, 그분이 우리를 대신해 죽으신 덕분에 그 죽음이 우리의 것으로 간주되었다. 이것이 예수 그리스도의 수동적이고 능동적인 대리 속죄의 의미다.

예수님은 또한 12절에서 "내가 그들과 함께 있을 때에 내게 주신 아버지의 이름으로 그들을 보전하고 지키었나이다 그 중의 하나도 멸망하지 않고"라고 말씀하셨다. 예수님은 세상에서 온전히 의로운 삶을 사셨고, 그 삶이 그분을 믿는 신자들의 것으로 간주되었다. 예수님은 죄인들을 대신해 죽으셨다. 그분은 처음부터 끝까지 자기 백성을 안전하게 보호하셨다.

우리는 주님이 우리가 안전하고, 우리의 구원이 영원하다고 말씀하셨기 때문에 모든 것이 저절로 이루어지는 것처럼 생각하는 경향이 있다. 그러나 예수님은 세상에 계시는 동안 자기 백성을 지키기 위해 하나님이 정해주신 방법을 받아들이셨다. 그분이 모든 육체를 다스리는 권세를 받아 영생을 주실 수 있게 된 이유는 스스로를 거룩하게 하고, 의로운 삶을 사심으로써 자기 백성에게 그 의가 돌아갈 수 있게 하시고, 또한 속죄의 죽음을 감당하심으로써 죄인들을 대신해 하나님의 정의를 만족시키셨기 때문이다. 예수님은 요한복음 17장 3절에서 성부 하나님께 "영생은 곧 유일하신 참 하나님과 그가 보내신 자 예수 그리스도를 아는 것이니이다"라고 말씀하셨다.

간단히 말해, 구원은 하나님을 알고, 그리스도를 아는 것이다. 이 지식은 성경에 계시된 신학에서 비롯한다. 우리 모두 신학이 선택 사안이 아니라는 것을 다시 한 번 기억할 수 있기를 바란다.

PRAYER

주님, 이 놀라운 성경 말씀을 자세히 살펴보면서
그 안에 담긴 풍성한 진리를 생각할 수 있는
축복을 허락해 주셔서 감사합니다.

십자가와 그리스도께서 행하신 사역을 돌아보며
부활을 묵상하는 것은 진정 놀라운 일이지만
지금 이 순간에 그분이 살아서
아버지의 오른편에서 우리를 위해
중보 기도를 드리고 계신다는 것을 아는 것은
더욱더 큰 위로와 힘을 느끼게 합니다.
진정 엄숙하고도 거룩한 깨달음이 아닐 수 없습니다.

우리의 구원자이신 주님을 위해
모든 삶 속에서 아버지의 온전하신 뜻을 이루어 주시기를
구주 예수님의 이름으로 간절히 기도합니다. 아멘.

2
John MacArthur

"그들을 진리로 거룩하게 하옵소서
아버지의 말씀은 진리니이다"_요 17:17

목회자다운 신학자
: 예수님의 사역의 기초 2

존 맥아더, 2016
요한복음 17장

목회자인 우리는 성경학자나 신학자가 되어야 할 의무가 있다. 이는 성경에 능통해 그 말씀을 하나님의 백성에게 효과적으로 전달할 수 있어야 한다는 뜻이다. 그런 신학적인 정신을 보여주는 가장 훌륭한 본보기는 우리 주 예수 그리스도이시다.

요한복음 17장을 보면, 그분의 가르침과 기도와 말씀이 모두 다 신학에 근거하고 있는 것을 알 수 있다. 히브리서는 우리의 대제사장이신 주 예수 그리스도에 관해 많은 진리를 가르치지만, 요한복음 17장은 그분의 중보 사역에만 초점을 맞춘다. 그리스도께서 승천하신 후에 하늘에서 어떤 일을 하고 계시는지를 보여주는 성경 본문은 요한복음 17장밖에 없다.

이 중보 사역은 매우 중요하다. 십자가나 부활의 중요성을 무시해도 좋다는 말은 결코 아니다. 하지만 십자가는 몇 시간, 부활은 며칠 만에 모두 끝났지만 예수님의 중보 사역은 수천 년 동안 계속되고 있다. 히브리서 7장 25절은 "이는 그가 항상 살아 계셔서 그들을 위하여 간구하심이라"라고 말씀한다. 예수님은 우리를 공격하는 죄의 권세에 맞서게 하기 위해 지난 2000년 동안 우리를 위해 중보 기도를 드리셨다. 예수님은 고난 주간 성 금요일 새벽의 어둠 속에서도 그런 사역의 본을 보여주셨다. 그분은 겟세마네 동산에서 체포되어 십자가에 못 박히셨다. 그분은 열한 제자가 듣는 가운데 그들을 대신해 기도하셨다. 요한복음 17장 20절에 따르면, 예수님은 단지 그들만이 아니라 "그들의 말로 말미암아 나를(자기를) 믿는 사람들"을 위해 기도하셨다. 그분은 구원의 역사 속에서 믿음을 갖게 될 모든 신자를 위해 기도하셨다. 그분의 기도는 곧 구원에 관한 교리였다.

이미 살펴본 대로, 복음이 하나님께로부터 시작되는 것처럼 주님의 기도도 그분께로부터 시작했다. 예수님은 거룩하고 의로우신 성부께 기도했다. 우리는 예수님의 기도를 통해 하나님이 삼위로 존재하신다는 것을 알 수 있다. 하나님은 사랑이시다. 왜냐하면 성부와 성자와 성령께서 영원히 서로 관계를 맺어 오셨고, 그 관계는 신비롭고, 무한하고, 친밀한 사랑에 근거하기 때문이다. 아울러 주님의 기도에는 선택의 교리에 관한 다양한 진술만이 아니라 성육신의 교리(성부께서 예수님을 세상에 보내셨다는 것)가 포함되어 있다. 예수님은 4절에서 "아버지께서 내게 하라고 주신 일을 내가 이루어 아버지를 이 세상에서 영화롭게 하였사오니"라고 말씀하셨다.

거룩한 계시

이 밖에도 예수님의 기도는 우리에게 또 다른 교리, 즉 계시에 관한 교리를 가르친다. 그리스도께서는 선택받은 사람들을 위해 살다가 죽으셨기 때문에 그들은 복음을 믿어 구원을 받아야 할 필요가 있다. 복음이 없으면 구원도 없다. 복음은 변하지 않는 확고한 방법으로 제시되어야 한다. 진리는 구원의 역사가 진행되는 동안 계속해서 전파되어야 한다. 예수님이 드린 대제사장의 기도는 성자께서 이 진리를 전하셨다고 가르친다. 요한복음 17장 6절은 "세상 중에서 내게 주신 사람들에게 내가 아버지의 이름을 나타내었나이다"라고 말씀한다. 예수님은 하나님을 제자들에게 나타내셨다. 그분이 그들에게 하나님의 뜻을 나타내신 이유는 성부께서 자기에게 하라고 명령하신 일만을 행하시기 때문이다. 성자의 양식은 자기를 보내신 하나님의 뜻을 행하는 것이었다(요 4:34). 그분은 성부 하나님을 온전하게 나타내셨다.

요한복음 17장 맨 마지막에 기록된 말씀에서도 예수님은 똑같은 말씀을 전하셨다. "내가 아버지의 이름을 그들에게 알게 하였고"(26절). 예수님은 구원의 역사가 진행되는 동안 계속해서 하나님을 나타내신다. 그렇다면 그분은 어떻게 하나님을 나타내고, 그분의 이름을 알게 하셨을까(또 어떻게 계속해서 그 일을 하고 계실까)?

첫째, 예수님은 자신의 인격으로 하나님을 나타내셨다. 요한복음 1장 14절은 "말씀이 육신이 되어 우리 가운데 거하시매 우리가 그의 영광을 보니 아버지의 독생자의 영광이요 은혜와 진리가 충만하더라"라고 말씀한다. 또한 18절은 "본래 하나님을 본 사람이 없으되 아버지 품 속에 있는 독생하신 하나님이 나타내셨느니라"라고 말씀한다. "나타내다."는 "의미를 밝혀 해설하다."라는 의미를 담고 있다. 예수님은 성부 하나님을 "해설하신다." 그분은 요한복음 12장 45절에서 "나를 보는 자는 나를 보내신 이를 보는 것이니라"라고까지 말씀하셨다. 그분은 요한복음 14장 9절에서도 "나를 본 자는 아버지를 보았거늘"이라고 말씀하셨다.

이 밖에도 골로새서 2장 9절은 "그 안에는 신성의 모든 충만이 육체로 거하시고"라고 말씀하고, 히브리서 1장 3절은 "이는 하나님의 영광의 광채시요 그 본체의 형상이시라"라고 말씀한다.

둘째, 예수님은 자신의 인격뿐만 아니라 자신의 말씀으로 하나님을 나타내셨다. 예를 들어, 요한복음 12장 44-50절은 이렇게 말씀한다.

"예수께서 외쳐 이르시되 나를 믿는 자는 나를 믿는 것이 아니요 나를 보내신 이를 믿는 것이며 나를 보는 자는 나를 보내신 이를 보는 것이니라 나는 빛으로 세상에 왔나니 무릇 나를 믿는 자로 어둠에 거하지 않게 하려 함이로라 사람이 내 말을 듣고 지키지 아니할지라도 내가 그를 심판하지 아니하노라 내가 온 것은 세상을 심판하려 함이 아니요 세상을 구원하려 함이로라 나를 저버리고 내 말을 받지 아니하는 자를 심판할 이가 있으니 곧 내가 한 그 말이 마지막 날에 그를 심판하리라 내가 내 자의로 말한 것이 아니요 나를 보내신 아버지께서 내가 말할 것과 이를 것을 친히 명령하여 주셨으니 나는 그의 명령이 영생인 줄 아노라 그러므로 내가 이르는 것은 내 아버지께서 내게 말씀하신 그대로니라 하시니라."

하나님에 관한 무오하고, 거룩하고, 본성적인 계시가 예수님을 통해 나타났다. 예수님은 요한복음 17장 8절에서 "나는 아버지께서 내게 주신 말씀들을 그들에게 주었사오며 그들은 이것을 받고 내가 아버지께로부터 나온 줄을 참으로 아오며 아버지께서 나를 보내신 줄도 믿었사옵나이다"라고 말씀하셨다. 그리고 14절에서도 "내가 아버지의 말씀을 그들에게 주었사오매"라고 말씀하셨다.

예수님은 구약 성경을 온전히 믿으셨다. 사복음서를 살펴보면, 예수님이 구약 성경을 언급하신 사례가 약 80회 나타난다. 그 가운데 스물일곱 곳에서는 자신이 하시는 말씀이 새로운 계시라는 것을 분명하게 의식하셨다. 예수님은 "그들을 진리로 거룩하게 하옵소서 아버지의 말씀은 진리니이다"(요 17:17)라고 말씀하셨을 때 이미 신약 성경의 능력을 알고 계셨다. 그분은 이미 기록된 성경을 언급하셨을 뿐 아니라 앞으로 기록될 말씀(자기 백성의 성화에 절대적으로 필요한 말씀)을 기대하셨다. 그들은 19절이 말씀하는 대로 "진리로 거룩함을 얻게 될" 것이었다.

주님은 이미 그날 밤에 앞으로 성령께서 무슨 역할을 하실 것인지를 알고 계셨다. 그분은 요한복음 14장 16, 17절에서 "내가 아버지께 구하겠으니 그가 또 다른 보혜사를 너희에게 주사 영원토록 너희와 함께 있게 하리니 그는 진리의 영이라 세상은 능히 그를 받지 못하나니 이는 그를 보지도 못하고 알지도 못함이라 그러나 너희는 그를 아나니 그는 너희와 함께 거하심이요 또 너희 속에 계시겠음이라"라고 말씀하셨다. 아울러 26절은 "보혜사 곧 아버지께서 내 이름으로 보내실 성령 그가 너희에게 모든 것을 가르치고 내가 너희에게 말한 모든 것을 생각나게 하리라"라고 가르친다.

이것이 사도들과 그들의 협력자들이 절대적으로 정확무오한 복음서를 기록할 수 있었던 이유다.

예수님은 요한복음 15장 26, 27절과 16장 12, 13, 15절에서도 이렇게 말씀하셨다. "내가 아버지께로부터 너희에게 보낼 보혜사 곧 아버지께로부터 나오시는 진리의 성령이 오실 때에 그가 나를 증언하실 것이요 너희도 처음부터 나와 함께 있었으므로 증언하느니라." "내가 아직도 너희에게 이를 것이 많으나 지금은 너희가 감당하지 못하리라 그러나 진리의 성령이 오시면 그가 너희를 모든 진리 가운데로 인도하시리니 그가 스스로 말하지 않고 오직 들은 것을 말하며 장래 일을 너희에게 알리시리라…무릇 아버지께 있는 것은 다 내 것이라 그러므로 내가 말하기를 그가 내 것을 가지고 너희에게 알리시리라 하였노라."

진리는 성부로부터 성자와 성령을 거쳐 사도들에게 전달되었다. 성부와 성자와 성령께서는 진리이시다. 주님은 계시와 성경의 진정성을 분명하게 확신하셨다. 이 계시는 구원과 직접적으로 관련된다. 그 이유는 우리의 변화가 우리 밖에 있는 것에 전적으로 의존하기 때문이다. 성육하신 성자께서는 자신의 복음을 선포하셨다.

아마도 복음 전파의 필요성을 로마서 10장 13-15절보다 더 명확하게 밝힌 성경 구절은 없을 것이다. "누구든지 주의 이름을 부르는 자는 구원을 받으리라 그런즉 그들이 믿지 아니하는 이를 어찌 부르리요 듣지도 못한 이를 어찌 믿으리요 전파하는 자가 없이 어찌 들으리요 보내심을 받지 아니하였으면 어찌 전파하리요 기록된 바 아름답도다 좋은 소식을 전하는 자들의 발이여 함과 같으니라."

또한 17절은 "믿음은 들음에서 나며 들음은 그리스도의 말씀으로 말미암았느니라"라고 말씀한다. 이것이 베드로가 베드로전서 1장 23절에서 "너희가 거듭난 것은 썩어질 씨로 된 것이 아니요 썩지 아니할 씨로 된 것이니 살아 있고 항상 있는 하나님의 말씀으로 되었느니라"라고 말한 이유다.

예수님은 요한복음 17장 8절에서 제자들이 말씀을 받고, 이해하고, 믿었다고 말씀하셨다. 이것이 구원을 주는 믿음의 특징이다. 하나님이 주신 계시는 구원의 능력은 물론, 성화의 능력을 지닌다. "그들을 진리로 거룩하게 하옵소서"(17절). 그리스도의 영께서는 성경에 영감을 불어넣으셨다. 성경은 영원하다. 말씀을 받고, 이해하고, 믿는 사람은 성자로부터 영생을 얻는다.

중생 교리

이런 보배로운 진리의 다음 단계는 중생의 교리다. 중생은 회개와 믿음을 가능하게 하는 하나님의 사역이다. 우리는 어둠 속에서 눈멀고, 무지한 상태로 태어났기 때문에 죄를 피할 수 없다. 따라서 우리는 영적으로 살아나야 한다.

요한복음 3장에 보면, 예수님이 니고데모와 나누신 흥미로운 대화가 발견된다. 유대의 종교 지도자인 그가 예수님을 찾아온 이유는 마음에 한 가지 의문을 품고 있었기 때문이다. 니고데모는 어떻게 다시 태어날 수 있는지, 또 어떻게 하나님의 나라에 들어갈 수 있는지를 알고 싶어 했다. 예수님은 "진실로 진실로 네게 이르노니 사람이 거듭나지 아니하면 하나님의 나라를 볼 수 없느니라"(3절)라고 말씀하셨다.

니고데모는 그 말씀을 듣고는 "사람이 늙으면 어떻게 날 수 있사옵나이까"(4절)라고 물었다.

예수님의 대답은 참으로 놀라웠다. 그분은 "진실로 진실로 네게 이르노니 사람이 물과 성령으로 나지 아니하면 하나님의 나라에 들어갈 수 없느니라 육으로 난 것은 육이요 영으로 난 것은 영이니 내가 네게 거듭나야 하겠다 하는 말을 놀랍게 여기지 말라"(5-7절)라고 말씀하셨다.

"어떻게?"라는 질문에 대한 대답은 아직 주어지지 않았다. 예수님은

8절에서 "바람이 임의로 불매 네가 그 소리는 들어도 어디서 와서 어디로 가는지 알지 못하나니 성령으로 난 사람도 다 그러하니라"라고 덧붙이셨다. 참으로 기이한 대답이 아닐 수 없었다. 예수님은 니고데모에게 구원은 성령의 사역이라고 말씀하셨다. 성령께서는 자신이 원할 때, 원하는 사람에게 구원을 베푸신다.

요한복음 17장 2, 3절은 "아버지께서 아들에게 주신 모든 사람에게 영생을 주게 하시려고…영생은 곧 유일하신 참 하나님과 그가 보내신 자 예수 그리스도를 아는 것이니이다"라고 말씀한다. 영생은 현재적 현실이다. 영생을 소유하는 것은 하나님을 알고, 그리스도를 앎으로써 사망과 어둠과 무지와 소외와 눈먼 상태에서 벗어나 생명과 빛으로 나오는 것을 의미한다. 바울이 말한 대로, 그것은 하나님의 일을 이해하지 못하는 자연인의 상태에서 벗어나 그리스도의 마음을 가진 사람이 되는 것이다.

요한복음 10장 27절은 "내 양은 내 음성을 들으며 나는 그들을 알며 그들은 나를 따르느니라"라고 말씀한다. 아울러 요한복음 8장 19절은 "너희는 나를 알지 못하고 내 아버지도 알지 못하는도다 나를 알았더라면 내 아버지도 알았으리라"라고 말씀한다. 이것은 일종의 일괄 거래와 비슷하다. 성부와 성자를 모두 알지 못하면 두 분 중에 어느 한 분도 알 수 없다.

영생은 무엇인가? 영생은 하나님에 관한 지식을 통해 새롭게 변화되는 것이다. 요한일서 5장 20절은 "또 아는 것은 하나님의 아들이 이르러 우리에게 지각을 주사 우리로 참된 자를 알게 하신 것과 또한 우리가 참된 자 곧 그의 아들 예수 그리스도 안에 있는 것이니 그는 참 하나님이시요 영생이시라"라고 말씀한다. 영생은 하나님이 우리에게 주시는 무엇이 아니다. 우리가 하나님 안에 있고, 하나님이 우리 안에 계시는 것이 곧 영생이다. 우리는 중생을 통해 세상으로부터 옮겨져 그리스도께서 계시는 영역으로 이끌려 들어간다. 이것이 예수님이 아래와 같이 말씀하신 이유다.

> "너희가 세상에 속하였으면 세상이 자기의 것을 사랑할 것이나 너희는 세상에 속한 자가 아니요 도리어 내가 너희를 세상에서 택하였기 때문에 세상이 너희를 미워하느니라 내가 너희에게 종이 주인보다 더 크지 못하다 한 말을 기억하라 사람들이 나를 박해하였은즉 너희도 박해할 것이요 내 말을 지켰은즉 너희 말도 지킬 것이라 그러나 사람들이 내 이름으로 말미암아 이 모든 일을 너희에게 하리니 이는 나를 보내신 이를 알지 못함이라"(요 15:19-21).

세상과 그리스도의 나라는 서로 충돌한다. 중생하면 세상에서 이끌려 나와 그곳으로부터 벗어난다. 예수님은 24, 25절에서도 "내가 아무도 못한 일을 그들 중에서 하지 아니하였더라면 그들에게 죄가 없었으려니와 지금은 그들이 나와 내 아버지를 보았고 또 미워하였도다 그러나 이는 그들의 율법에 기록된 바 그들이 이유 없이 나를 미워하였다 한 말을 응하게 하려 함이라"라고 말씀하셨다.

그러나 우리는 하나님의 거듭난 자녀로서 더 이상 세상에 속하지 않지만 여전히 세상에서 해야 할 일이 있다.

> "그러나 내가 실상을 말하노니 내가 떠나가는 것이 너희에게 유익이라 내가 떠나가지 아니하면 보혜사가 너희에게로 오시지 아니할 것이요 가면

내가 그를 너희에게로 보내리니 그가 와서 죄에 대하여, 의에 대하여, 심판에 대하여 세상을 책망하시리라 죄에 대하여라 함은 그들이 나를 믿지 아니함이요 의에 대하여라 함은 내가 아버지께로 가니 너희가 다시 나를 보지 못함이요 심판에 대하여라 함은 이 세상 임금이 심판을 받았음이라"
(요 16:7-11).

혹시 '내가 이 일과 무슨 관계가 있단 말인가?'라고 생각할지도 모른다. 그런 의문에 대해 요한복음 17장 18절은 "아버지께서 나를 세상에 보내신 것같이 나도 그들을 세상에 보내었고"라고 대답한다. 그리스도께서는 의인이 아닌 죄인을 구원하기 위해 세상에 오셨다. 그분이 세상에 오신 목적은 복음을 전하고, 또 우리에게 세상 사람들에게 복음을 전하는 일을 맡기시기 위해서였다. 죄인들에게 죄를 깨우쳐 그리스도께로 나아가게 만드는 성령의 내적 사역이 우리의 복음 전도를 통해 이루어진다.

우리는 하나님이 세우신 검사들이다. 그리스도인인 우리는 죄인들을 기소한다. 에베소서 5장 11절은 그런 일이 어떻게 일어나는지를 구체적으로 설명한다. "너희는 열매 없는 어둠의 일에 참여하지 말고 도리어 책망하라." 우리는 죄인들의 죄를 드러내고, 그들을 고발한다. 고린도전서 14장 24절은 "그러나 다 예언을 하면 믿지 아니하는 자들이나 알지 못하는 자들이 들어와서 모든 사람에게 책망을 들으며 모든 사람에게 판단을 받고"라는 말씀으로 이런 사실을 분명하게 확증한다. 만일 우리가 죄인들을 고발하지 않는다면 우리의 임무를 등한시하는 것이다.

구약 시대에는 고발과 책망과 단죄가 선지자들의 법정적 사역의 중요한 특징이었다. 유다서 1장 14, 15절이 그런 사실을 잘 보여준다. "아담의 칠대 손 에녹이 이 사람들에 대하여도 예언하여 이르되 보라 주께서 그 수만의 거룩한 자와 함께 임하셨나니 이는 뭇 사람을 심판하사 모든 경건하지 않은 자가 경건하지 않게 행한 모든 경건하지 않은 일과 또 경건하지 않은 죄인들이 주를 거슬러 한 모든 완악한 말로 말미암아 그들을 정죄하려 하심이라 하였느니라."

그러나 요즘 사람들은 그런 식으로 말씀을 전하지 않는다. 구약 시대의 선지자들은 하나님이 세우신 고발인들이었다. 세례 요한은 구약 시대의 마지막 고발인이었다. 그 때문에 그는 참수를 당했다. 예수님은 포도원 농부의 비유를 통해 이스라엘을 엄히 꾸짖으셨다. 포도원 주인이 자기 종들을 포도원에 보냈지만 그곳의 농부들은 그들을 계속해서 죽였다. 마침내 주인은 자기 아들을 보냈지만 그들은 그마저 죽여 없앴다. 유대의 지도자들이 예수님을 죽인 이유는 그분이 그들의 불의를 책망하셨기 때문이다. 우리는 중생을 경험하는 순간 즉시 세상을 책망하는 고발인이 된다. 이것이 우리가 행하는 사역에서 중요한 비중을 차지해야 한다. 그 이유는 복음이 정죄로부터의 구원을 가져다주기 때문이다.

물론 중생은 긍정적인 측면도 있다. 예수님은 요한복음 17장 10절에서 "내가 그들로 말미암아 영광을 받았나이다"라고 말씀하셨다. 중생하기 전의 우리는 하나님의 영광에 미치지 못했다. 그러나 이제는 우리가 중생했기 때문에 하나님이 우리 안에서 영광을 받으신다. 예수 그리스도의 얼굴에서 빛나는 하나님의 영광이 우리 안에 거하고, 우리는 하나님의 성전이 되었다. 그와 동시에 우리는 세상과 분리되어 그 안에서 이방인이 되었다. 세상은 우리를 크게 적대시한다.

그리스도와의 연합 교리

예수 그리스도의 대제사장적인 기도에 나타난 여섯 번째 교리는 그리스도와의 연합이라는 교리와 자연스레 연결된다. 예수님은 요한복음 17장 11절에서 "그들도 하나가 되게 하옵소서"라고 성부께 간구하셨다.

이것은 피상적인 연합이 아니다. 예수님은 자기를 믿는 자들이 "우리와 같이" 하나가 될 것이라고 말씀하셨다. 성삼위 하나님은 서로 갈등을 겪지 않으신다. 이 구절은 만일 우리가 충분히 열심히 노력하면 서로 잘 지낼 수 있을 것이라는 의미와는 거리가 멀다. 예수님이 여기에서 말씀하신 것은 단순히 체험적인 관계가 아닌 존재론적 관계를 가리킨다. 그분은 하나님의 생명을 공유하는 연합을 말씀하셨다.

예수님은 21절에서 "아버지여, 아버지께서 내 안에, 내가 아버지 안에 있는 것같이 그들도 다 하나가 되어 우리 안에 있게 하사"라고 기도하셨다. 그분은 23절에서도 "곧 내가 그들 안에 있고 아버지께서 내 안에 계시어 그들로 온전함을 이루어"라고 기도하셨다. 마치 우리가 삼위일체 하나님 안으로 빨려 들어가는 듯한 느낌을 준다. 성부께서 성자 안에, 성자께서 성부 안에 거하시고, 성령께서 성부와 성자 안에 거하신다. 그리고 성령께서 우리 안에 거하시고, 우리가 성령 안에 거한다. 이 연합은 너무 강력해서 세상은 "아버지께서 나(예수님)를 보내신 것"을 모를 수가 없다(23절 참조).

이것은 이해하기 어려운 개념이요 구원을 통해 주어지는 심오한 현실이 아닐 수 없다. 예수님은 요한복음 14장 16-20절에서 이렇게 말씀하셨다.

"내가 아버지께 구하겠으니 그가 또 다른 보혜사를 너희에게 주사 영원토록 너희와 함께 있게 하리니 그는 진리의 영이라 세상은 능히 그를 받지 못하나니 이는 그를 보지도 못하고 알지도 못함이라 그러나 너희는 그를 아나니 그는 너희와 함께 거하심이요 또 너희 속에 계시겠음이라 내가 너희를 고아와 같이 버려두지 아니하고 너희에게로 오리라 조금 있으면 세상은 다시 나를 보지 못할 것이로되 너희는 나를 보리니 이는 내가 살아 있고 너희도 살아 있겠음이라 그날에는 내가 아버지 안에, 너희가 내 안에, 내가 너희 안에 있는 것을 너희가 알리라."

너무나도 놀라운 현실이다. 우리는 삼위일체 하나님 안에 참여하는 특권을 누린다. 우리는 하나님과 같은 생명을 공유한다. "예수께서 대답하여 이르시되 사람이 나를 사랑하면 내 말을 지키리니 내 아버지께서 그를 사랑하실 것이요 우리가 그에게 가서 거처를 그와 함께 하리라"(23절).

구원은 천국행 열차표나 죄의 용서나 심판으로부터의 구원만을 의미하지 않는다. 구원은 삼위일체 하나님의 영원한 생명에 참여하는 것을 의미한다. 우리는 하나님과 그리스도와 성령을 멀리서 간접적으로 알지 않고, 직접 봄으로써 알 수 있다. 우리는 성삼위 하나님을 불분명하게 아는 것이 아니라 아무런 혼동 없이 분명하게 알 수 있다. 우리는 하나님을 의심스럽고 불안정하게 아는 것이 아니라 담대하고, 자신 있게 알 수 있다.

우리는 하나님과 연합했기 때문에 죄가 우리가 생각하는 것보다 훨씬 더 낯설게 느껴져야 마땅하다. 이런 이유로 바울은 고린도전서 6장 19절에서 "너희 몸은 너희가 하나님께로부터 받은 바 너희 가운데 계신 성령의 전인 줄 알지 못하느냐 너희는 너희 자신의 것이 아니라."라고 말했다. 우리는 성삼위 하나님과 분리될 수 없다. 하나님과의 연합은 세상의 온갖 위로와 풍요로움보다 무한히 더 기쁘고, 복된 것이다. 만일 그렇지 않다면 천국도 행복하지 않을 것이다. 하나님이 세상에서 우리가 느끼는 기쁨의 전부가 되지 못한다면 천국도 기쁘지 않을 것이다.

성화 교리

성삼위 하나님과의 연합은 우리의 삶에 영향을 미칠 수밖에 없다. 우리는 신분상으로는 그리스도 안에서 완전함을 얻었지만, 예수님은 성화의 중요성을 강조하셨다. 예수님은 요한복음 17장 15절에서 "내가 비옵는 것은 그들을 세상에서 데려가시기를 위함이 아니요"라고 말씀하셨다. 우리는 세상에 남겨졌지만, 예수님은 성부께 우리가 "악에 빠지지 않게 보전되기를" 간구하셨다. 우리는 영원의 차원에서는 안전하지만 한시적인 차원에서는 안전하지 못하다. 왜냐하면 온갖 위험에 둘러싸여 살고 있기 때문이다.

요한복음 17장에서 가장 놀라운 말씀은 16절이다. 예수님은 그곳에서 "내가 세상에 속하지 아니함같이 그들도 세상에 속하지 아니하였사옵나이다"라고 말씀하셨다. 예수님은 자기처럼 제자들도 세상에 속하지 않는다고 말씀하셨다. 그러나 그들은 세상에 머물러야 했다. 예수님은 성부께 돌아가실 것이지만 그들은 그렇지 않았다. 예수님께서 마치 "내 사역은 끝났지만 그들의 사역은 이제 시작이다."라고 말씀하신 것처럼 들린다.

세상에 남아 있는 신자들은 언제 닥칠지 모르는 위험에 직면해 있다. 요한일서 5장 19절은 "온 세상은 악한 자 안에 처한 것이며"라고 말씀한다. 악한 자, 곧 사탄이 우리를 삼키고, 속이고, 파괴하려고 애쓴다. 그를 도망치게 만들려면 힘써 대적해야 한다. 피해를 입지 않으려면 단단히 무장을 갖춰야 한다. 우리는 사탄의 책략을 알아야 한다. 요한복음 17장 17절은 "그들을 진리로 거룩하게 하옵소서 아버지의 말씀은 진리니이다"라고 말씀한다. 우리는 성령의 능력 안에서 말씀으로 거룩해질 수 있다. 우리는 그리스도를 본받아야 한다. 그분은 "그들을 위하여 내가 나를 거룩하게 하오니 이는 그들도 진리로 거룩함을 얻게 하려 함이니이다"(19절)라고 말씀하셨다. 진리로 자기를 거룩하게 했다는 예수님의 말씀은 죄로부터 온전히 구별되었다는 의미를 담고 있다.

그렇다면 죄로부터 온전히 구별되었다는 것은 무슨 의미일까? 예수님은 요한복음 4장 34절에서 "나의 양식은 나를 보내신 이의 뜻을 행하며 그의 일을 온전히 이루는 이것이니라"라고 말씀하셨다. 그분은 또한 요한복음 5장 19, 30절에서 "내가 진실로 진실로 너희에게 이르노니 아들이 아버지께서 하시는 일을 보지 않고는 아무것도 스스로 할 수 없나니 아버지께서 행하시는 그것을 아들도 그와 같이 행하느니라…내가 아무것도 스스로 할 수 없노라"라고 말씀하셨다.

또한 요한복음 6장 38절은 "내가 하늘에서 내려 온 것은 내 뜻을 행하려 함이 아니요 나를 보내신 이의 뜻을 행하려 함이니라"라고 말씀하고, 7장 18절은 "스스로 말하는 자는 자기 영광만 구하되 보내신 이의 영광을 구하는 자는 참되니 그 속에 불의가 없느니라"라고 말씀한다. 예수님은 세상에 계시는 동안 오로지 하나님의 영광과 뜻만을 추구하셨다.

성화는 복종을 통해 이루어진다. 완전한 복종은 완전한 성화를 이룬다. 예수님은 완전한 복종으로 스스로를 거룩하게 하셨다. 성화는 하나님의 말씀과 뜻에 온전히 복종하는 것이다. 주님은 무슨 능력으로 성화를 이루셨는가? 물론 그분은 하나님이시다. 그러나 성육하신 상태로 그분이 이루신 모든 것은 그분 안에서 역사하신 성령의 능력으로 이루어졌다. 주님은 우리를 위한 완전한 본보기이시다. 그분은 성령으로 행하셨다. 그것이 그분의 삶이 사랑, 기쁨, 평화, 친절, 양선, 믿음, 온유, 절제와 같은 특성을 드러낸 이유였다.

영화 교리

예수님의 기도에서 발견되는 마지막 교리는 영화다. 요한복음 17장에서만 해도 영화의 교리가 여러 차례 언급되어 나타난다. 요한복음 17장 1절은 "예수께서 이 말씀을 하시고 눈을 들어 하늘을 우러러 이르시되 아버지여 때가 이르렀사오니 아들을 영화롭게 하사 아들로 아버지를 영화롭게 하게 하옵소서"라고 말씀한다. 또한 5절은 "아버지여 창세 전에 내가 아버지와 함께 가졌던 영화로써 지금도 아버지와 함께 나를 영화롭게 하옵소서"라고 말씀하고, 24절은 "아버지여 내게 주신 자도 나 있는 곳에 나와 함께 있어 아버지께서 창세 전부터 나를 사랑하시므로 내게 주신 나의 영광을 그들로 보게 하시기를 원하옵나이다"라고 말씀한다.

예수님은 제자들이 창세 전부터 성부로부터 영원히 사랑을 받는 것이 무엇을 의미하는지를 이해하기를 원하셨다. 하나님의 아들이신 그리스도의 구원 사역과 중보 사역을 통해 하나님에 의해 주권적으로 선택된 사람들이 모두 하나가 되고, 또 그분의 신부가 되어 그분에게 주어졌다. 그들은 하나님의 말씀을 전파하고, 기록하고, 선포하는 도구로 사용되었고, 하나님의 말씀으로 거룩하게 되었다. 성자의 죽음을 통해 죗값이 청산되고, 주님의 온전한 의를 덧입은 사람들, 곧 영원한 생명을 소유한 자들은 모두 천국에 들어간다.

예수님은 12절에서 "내가 그들과 함께 있을 때에 내게 주신 아버지의 이름으로 그들을 보전하고 지키었나이다 그 중의 하나도 멸망하지 않고"라고 말씀하셨다. 또한 그분은 11절에서 "나는 세상에 더 있지 아니하오나 그들은 세상에 있사옵고 나는 아버지께로 가옵나니 거룩하신 아버지여 내게 주신 아버지의 이름으로 그들을 보전하사 우리와 같이 그들도 하나가 되게 하옵소서"라고 말씀하셨다.

주님은 우리를 마지막까지 보호하실 것이다. 이 놀라운 진리가 유다서 1장 24절에서도 똑같이 발견된다. "능히 너희를 보호하사 거침이 없게 하시고 너희로 그 영광 앞에 흠이 없이 기쁨으로 서게 하실 이." 무슨 의미인지 이해하겠는가? 우리는 모두 안전하게 구원받을 것이다. 우리는 전능하신 하나님으로부터 영원히 구원받을 것이다.

하나님이 이 모든 일을 하시는 이유는 무엇일까? 그분은 왜 우리를 구원하고, 보존하고, 보호하고, 영원한 영광에 이르게 하실까? 예수님은 십자가의 죽음을 몇 시간 앞둔 상황에서 자기 앞에 있는 고난을 기꺼이 감당하려는 이유를 밝히셨다. 요한복음 13장 1절은 가장 아름다운 성경 말씀 가운데 하나가 아닐 수 없다. "유월절 전에 예수께서 자기가 세상을 떠나 아버지께로 돌아가실 때가 이른 줄 아시고 세상에 있는 자기 사람들을 사랑하시되 끝까지 사랑하시니라." 주님은 우리를 끝까지 사랑하신다.

구원받지 못한 죄인이었던 시절에 우리는 사랑을 받을 만한 구석이 전혀 없었다. 그러나 하나님은 자기 백성을 사랑하셨고, 그들에게 일방적으로 무한한 사랑을 쏟아 부으셨다. 그 무한한 사랑이 예수님이 드리신 기도의 마지막 부분에 밝히 드러나 있다.

> "곧 내가 그들 안에 있고 아버지께서 내 안에 계시어 그들로 온전함을 이루어 하나가 되게 하려 함은 아버지께서 나를 보내신 것과 또 나를 사랑하심같이 그들도 사랑하신 것을 세상으로 알게 하려 함이로소이다 아버지여 내게 주신 자도 나 있는 곳에 나와 함께 있어 아버지께서 창세 전부터 나를 사랑하시므로 내게 주신 나의 영광을 그들로 보게 하시기를 원하옵나이다"(요 17:23, 24).

진정 황홀하기 그지없는 진리가 아닐 수 없다. 예수님은 성부로부터 무한하고, 영원하고, 친밀한 사랑을 받는 것이 무엇을 의미하는지를 알고, 경험할 수 있도록 우리를 영광 가운데로 인도하기를 원하신다. 성부께서는 어떻게 성자를 사랑하신 것처럼 우리를 사랑하실 수 있을까? 그 이유는 우리가 그분의 사랑하시는 아들 안에 있기 때문이다. 하나님이 우리를 사랑하신다는 성경 말씀은 결코 피상적인 사랑을 의미하지 않는다. 영원하고, 무한하신 하나님은 우리를 극진히 사랑하신다.

성자께서는 우리를 천국으로 인도하기 위해 이 영광스런 진리에 근거해 그때나 지금이나 항상 우리를 위해 기도하신다. 우리는 성부께서 자신의 아들을 사랑하신 방식으로 영원히 사랑받게 될 것이다. 우리도 그리스도처럼 해야 한다. 우리는 신학을 알고, 가르쳐야 할 뿐 아니라 우리 안에 철저히 스며들게 하여 그것을 기도로 고할 수 있어야 한다.

PRAYER

아버지여, 상상을 초월하는 이 놀라운 진리를
성경을 통해 가르쳐 주시니 감사합니다.
저희의 영혼에 황홀함과 기쁨이 넘치나이다.

그리스도께서 사랑을 받으시는 것처럼 저희가 사랑을 받고,
장차 영광 가운데서 그리스도께서 항상 사랑을 받으신 것처럼
사랑을 받을 수 있다니 너무나 놀랍습니다.
참으로 위대한 계획이고, 위대한 구원이며,
위대하신 구원자가 아닐 수 없습니다.

주 예수님, 지금도 저희를 위해 중보 기도를 드리고 계시오니
주님의 이름을 찬양하나이다.
항상 깨어 계셔서 저희가 넘어지지 않도록 보호해 주시니 감사합니다.
주님은 성부 하나님의 자녀들을 불러 모아 그분의 온전하고,
영원한 사랑을 받게 하십니다.
저희는 그런 대접을 받을 자격이 전혀 없습니다.
그러나 주님, 저희가 그런 대접을 받는다고 하니
기쁨과 위로가 넘칠 뿐 아니라, 성삼위 하나님 안에 거하고
성삼위 하나님이 그 안에 거하시는 자들은
죄를 멀리해야 한다는 것을 깨닫습니다.

저희를 복음의 영광을 선포하는 도구로 사용하옵소서.
구주 예수님의 이름으로 기도합니다. 아멘.

3
William Barrick

"여호와 하나님이 동방의 에덴에 동산을 창설하시고
그 지으신 사람을 거기 두시니라" _ 창 2:8

아담의 역사성을 이해하라

윌리엄 배릭, 2013
창세기 2:8

아담의 역사성은 최근에 논의되는 주제다. 지난 몇 달 동안 이 주제를 다룬 논문과 책들이 많이 출간되었다. 이 글을 쓰는 동안에도 나는 곧 있을 토론회에서 이 주제와 관련된 강연을 준비하는 중이다. 내가 가는 곳 어디에나 "역사적인 아담의 재발견"이라는 문제에 관심을 기울이는 사람들이 있는 듯하다. 이 말을 제목으로 택해야 하는 상황이 좀 혼란스럽다. 왜냐하면 아담은 줄곧 사실로 존재해 왔기 때문이다.

자동차에 벤치 시트가 장착되어 있던 시절에, 아내는 내 곁에 꼭 붙어 앉곤 했다. 자동차의 구조와 안전 규정이 바뀌면서 자동차 제작자들은 안전벨트가 달린 버킷 시트를 장착했다. 아내는 요즘에는 자동차 좌석에 앉으면 마치 서로가 다른 쪽에 떨어져 앉아 있는 듯한 느낌이 든다고 한다. 그녀는 이따금 함께 붙어 앉던 시절이 그립다고 말한다. 그러면 나는 아내에게 "나는 예나 지금이나 똑같이 앉아 있소."라고 말한다.

역사적인 아담의 문제도 이와 비슷하다. 그는 조금도 변함없이 성경 안에 항상 존재한다. 따라서 "그를 재발견한다."는 말은 온당하지 않다. 만일 하나님이 하늘에서 아담에게 지금 세상에서 이루어지는 논의를 들을 수 있도록 허락하신다면 아마 그는 도대체 무슨 일인지 어리둥절해 할 것이 분명하다.

그러나 이런 논의가 필요한 이유는 몇 가지 중요한 질문이 제기되었기 때문이다. 아담은 최초의 인간이었는가, 아니면 그는 씨족이나 부족, 또한 한 민족의 수장이었는가? 그는 하나의 상징인가, 아니면 실제 인간인가? 그는 진화의 산물인가? 만일 진화의 산물이라면 그는 어떤 모습이었을까? 또 하와는 어떤 모습이었을까? 만일 그녀가 아담의 갈빗대로 만들어진 여인이라면 그와 유전자 구조가 동일했을 것이다. 그러나 그렇다면 그것은 진화와 어떤 관계가 있을까? 이런 이유로 나는 아담의 역사성을 성경에 근거해 분석한 내용을 제시하고 싶다.

아담은 얼마나 중요한가?

창조론의 지도자였던 듀안 기시는 최근에 93세를 일기로 세상을 떠나 주님의 품으로 돌아갔다. 몇 년 전, 그는 한 콘퍼런스에서 이렇게 말했다. "하나님과 아담은 에덴동산에서 대화를 나누었다. 아담은 '주님, 여자가 필요합니다. 아름답고, 매혹적이며, 요리와 가사에 능하고, 제 시중을 잘 드는 여자이어야 합니다.'라고 말했다. 하나님은 '나는 네게 그런 여자를 만들어줄 수 있다. 그러나 그러려면 팔과 다리가 하나씩 필요하다.'라고 대답하셨다. 그러자 아담은 '그럼 갈빗대 하나면 어떤 여자를 가질 수 있겠습니까?'라고 말했다."

듀안 기시를 아는 사람들 가운데는 그가 그런 농담한 것을 나보다 훨씬 더 잘 기억하는 사람들이 많다. 이 농담은 문제의 핵심과 관련이 있다. 아담은 과연 실제로 존재했는가? 오늘날 아담의 이야기를 신화나 전설, 또는 비유(영적인 진리)로 생각하는 사람들이 많다. 사람들은 마치 하나님이 예수님을 통해서는 특별한 일을 하실 수 있었지만 구약 성경에서는 그렇게 하실 수 없으셨던 것처럼 신약 성경의 기적만을 인정하는 경향이 있다. 그들은 동정녀 탄생은 믿으면서도 하나님이 하늘과 땅과 인간을 창조하셨다는 것은 믿기를 어려워한다.

여기 마스터스 신학교와 그레이스 커뮤니티 교회에 모인 우리들은 아담이 역사적인 인물이고, 온 인류의 첫 조상이라고 확신한다. 아담 이전에는 인간이 존재하지 않았다. 아담 이전의 인종과 같은 것은 존재하지 않는다. 우리는 역사적인 아담의 실존이 성경이 가르치는 많은 진리와 밀접하게 연관되어 있다고 믿는다. 역사적인 아담은 모든 창조 활동의 근간이다. 하나님이 아담을 흙으로 만들어 그의 코에 생기를 불어 넣으셨다는 것을 믿지 못한다면 어떻게 그분이 우주를 창조하셨다고 믿을 수 있겠는가?

역사적인 아담은 인류의 역사와 본질을 지지하는 토대이다. 그의 존재가 인류에 대한 우리의 이해를 결정한다. 즉 인간이 하나님의 형상으로 창조된 특별한 피조물로서 다른 모든 피조물과는 달리 독특하게 설계되었는지 여부가 그의 존재에 의해 결정된다. 또한 역사적인 아담은 죄의 기원과 본질과도 밀접하게 연결된다. 아담이 인류의 첫 조상이 아니라면 어떻게 인류 안에 죄가 생겨날 수 있겠는가? 만일 그가 많은 사람들 가운데 하나였다면(즉 아담 이전의 것으로 추정되는 원시인의 화석이 존재한다면) 그보다 앞서 살았던 사람들에게 그의 죄가 영향을 미칠 수 있겠는가?

역사적인 아담은 죽음의 존재와 본질과도 밀접하게 관련된다. 바울은 로마서 5장 12절에서 "한 사람으로 말미암아 죄가 세상에 들어오고 죄로 말미암아 사망이 들어왔나니"라고 말했다. 따라서 역사적인 아담은 죄로부터의 구원과도 밀접하게 관련된다. 첫 번째 아담이 비유였다면 두 번째 아담이신 예수 그리스도께서는 어떻게 되는 것인가? 만일 두 번째 아담이 비유라면 어떻게 그분이 하나님이 받으실 만한 향기로운 속죄 제물이 되실 수 있겠는가?

역사적인 아담은 역사적인 사건들에 관한 창세기의 기록과도 밀접하게 연결된다. 맥아더 박사가 종종 말한 대로 창세기의 처음 몇 장의 기록을 문자 그대로 믿지 않는다면 과연 성경을 어디에서부터 문자 그대로 믿어야 한단 말인가? 역사적인 아담은 성경의 권위와 영감과 무오성을 지탱하는 토대다.

여러 가지 전제들

이 문제를 다룰 때 거부해야 할 전제들과 믿어야 할 전제들을 몇 가지 열거하면 다음과 같다.

첫째, 우리는 "오래된 지구"라는 개념을 거부한다. 지구의 나이는 몇천 년일 수는 있지만 몇 십억 년은 아니다.

둘째, 우리는 문서설(모세 오경이 야훼 문서, 엘로힘 문서, 신명기 문서, 제사장 문서가 수백 년에 걸쳐 편집되어 나타난 결과라는 견해)을 거부한다.

셋째, 우리는 창세기의 저자가 하나님이시라고 믿는다. 이 사실은 창조 기사를 통해 명백하게 드러난다. 창조 이전에는 하나님 외에는 아무도 존재하지 않았다. 하나님은 욥에게 "내가 땅의 기초를 놓을 때에 네가 어디 있었느냐"(욥 38:4)라고 말씀하셨다. 이 말씀은 만일 욥이 존재했다면 그가 곧 하나님일 것이라는 의미를 담고 있다. 만일 욥이 하나님이었다면 그는 사물을 창조할 수 있고, 별들의 이름을 부를 수 있고, 천체의 진로를 결정할 수 있었을 것이다. 그러나 욥은 그런 일들을 할 수 없었고, 인간의 마음도 들여다 볼 수 없었으며, 인류를 심판할 수도 없었다. 그는 전지전능하지 않았고, 모든 곳에 편재하지 않았다. 한마디로 그는 하나님이 아니었다.

그런 이유로 욥은 자신의 어려운 상황이나 죄의 권세와 영향력과 형벌로부터 스스로 구원할 능력이 없었다. 욥이 입을 가려야 했던 이유는 자신의 결백만을 주장하느라고 하나님이 마치 큰 잘못을 저지르신 것처럼 보이게 만들었기 때문이다. 하나님은 욥의 생각을 바로 잡아 주셨다. 그분은 성경의 궁극적인 저자이시다. 그분은 창조 사역을 친히 주도하셨다. 창세기 1장은 바로 하나님 자신에 관한 증언이다.

넷째, 우리는 창세기 1장부터 요한계시록 22장까지 성경 전체의 역사적 정확성을 믿는다.

다섯째, 우리는 성경 해석에 일관된 해석 방법을 적용해야 한다고 믿는다. 창세기 11장에서부터 해석 방법을 다르게 하는 것은 옳지 않다. 처음부터 끝까지 동일한 해석 방법을 적용해야 한다.

마지막으로, 우리는 창세기 1-11장의 보편적인 성격을 믿는다. 그것은 이스라엘 이전의 인류 역사를 다룬다. 창세기 1-11장은 이스라엘 민족만을 위해 기록된 이스라엘의 성경이 아니다. 모세가 저술했지만 그 역사적인 기록은 그의 시대를 앞선다. 그것은 족장들의 시대에 속한다. 그렇다면 모세는 어디에서 그런 정보를 얻었을까? 아마도 그는 그때까지 보존된 문서를 소유했을 것이다. 그는 (누가가 다른 문헌들을 활용해 복음서를 기록한 것처럼) 그것을 활용해 창세기의 그 부분을 기록했을 것이다. 그것이 아니라면 성령 하나님이 계시를 통해 당시에 일어났던 일들을 직접 알려주셨는지도 모른다.

모세가 그 정보를 어떻게 얻었는지에 관한 문제와 상관없이, 창세기의 처음 열한 장은 이스라엘에 관한 기록이 아니다. 그런 점에서 구약학자 피터 엔스는 실수를 저질렀다. 그는 아담이 이스라엘 사람이었고, 그의 역사는 곧 이스라엘에 관한 것이며, 창세기는 모두 이스라엘을 위한 것이라고 말했다.[1] 이것은 사실이 아니다. 창세기 1-11장은 구원과 구속 및 하나님이 계획하고, 세우시는 왕국의 보편적인 성격에 관해 증언한다.

창세기 1-11장은 모든 인류를 위한 하나님의 계획과 목적을 진술한다. 이것은 보편적인 성격을 띤다. 왜냐하면 인류의 첫 시작을 다루고 있고, 또 모든 인류를 대상으로 하기 때문이다. 구약 성경과 신약 성경이 인류가 아담으로부터 기원했다고 인정하고 있는 사실이 이 점을 분명하게 입증한다. 구약 성경 말라기 2장 10절은 "우리는 한 아버지를 가지지 아니하였느냐"라고 말씀한다. 나는 『새 미국 표준역』 성경의 번역자들이 아버지를 대문자로 표기하지 않은 것이 옳았다고 생각한다. 왜냐하면 말라기 선지자는 하나님이 아닌 인간을 염두에 두고 그렇게 말했기 때문이다. 인류는 한 아버지, 곧 아담에게서 비롯했다.

신약 성경도 그와 똑같은 진리를 가르친다. 바울 사도는 사도행전 17장 26절에서 "인류의 모든 족속을 한 혈통으로 만드사"("한 사람으로부터 모든 인류를 만드사", 『새 미국 표준역』 참조)라고 말했다. 『새 미국 표준역』 개정판은 지시 대상을 명확하게 하기 위해 "사람"을 이탤릭체로 표기했다. 바울이 말하려는 것이 앞의 구절을 통해 분명하게 드러난다. 그는 모든 인류가 그 한 사람을 창조해 생명의 숨결을 불어넣으신 하나님에 의해 존재하게 되었다고 설명했다. 최초의 인간인 아담을 가리키며 그를 통해 모든 인류가 태어났다고 설명하려는 바울의 의도가 문맥 안에 분명하게 드러난다.

아담과 진화

역사적 아담을 거부하는 사람들은 진화론을 그 근거로 내세울 때가 많다. 그들은 생물학적인 진화를 토대로 성경을 그 본래의 의미와 다르게 해석하려고 애쓴다. 아담의 역사성을 다룰 때 많은 사람이 진화론을 전제로 삼는다. 그들은 현대 과학의 주장을 받아들여 진화론과 오래된 지구의 개념에서부터 시작한다. 그러나 성경을 읽고, 해석하는 것처럼 과학적 주장의 근거를 엄밀히 조사하고, 해석하려는 노력이 필요하다. 과학자들의 견해를 무작정 증거로 받아들여서는 안 된다. 그들은 단지 증거에 대한 자신들의 해석을 제시하는 것뿐이다.

이스라엘은 신화적인 문화였는가?

어떤 사람들은 이스라엘의 문화는 신화적이었다는 사실을 그리스도인들이 등한시한다고 비판한다. 그들은 성경 저자들은 초보적인 세계관을 지니고 있었다고 믿는다. 즉 그들은 이스라엘 사람들이 편평한 지구(하늘은 둥근 돔 형태로 닫혀 있고, 땅은 바다 위에 둥근 형태로 떠있다는 견해-삼중 구조로 된 지구)를 믿었다고 생각한다. 그들은 성경 저자들이 하늘은 기초(산들) 위에 세워진 둥근 천장과 같고, 거기에는 비를 내리는 문과 창문이 달려 있었으며, 하나님은 하늘 위의 구름 안에 거하고 계시고, 세상은 기둥에 의해 물 위에 안전하게 고정되어 있다고 믿었다(세상이 알려진 유일한 영역이었고, 그것에서 벗어난 영역은 알 수 없는 것으로 믿었다)고 주장했다. 만일 성경 저자들이 그런 식으로 과학 이전의 세계관을 지녔다면 "성경이 과학이나 역사와 아무 상관이 없는데 어떻게 그 기록을 정확한 것으로 받아들일 수 있는가?"라는 문제가 제기된다.

이 물음에 대답하려면 먼저 전제를 살펴봐야 한다. 과연 그런 견해가 홍수 이전 시대의 족장들이 세상에 관해 생각했던 것을 정확하게 묘사한 것일까? 창세기 4장은 야금술, 철제 도구, 악기 등을 언급한다. 이것은 음악을 만드는 능력, 즉 정교한 작곡 능력을 암시한다. 창세기 4장에 언급된 사람들은 이스라엘 민족이 등장하기 오래 전에 살았지만 과학에 전혀 무지하지 않았다.

고대 세계의 문학적 장치

또한 비평가들은 고대 이스라엘이 문학적 장치에 대한 이해가 없었다고(즉 직유나 은유나 비유를 사용할 능력이 없었다고) 생각해야 한다고 말한다. 그러나 욥은 욥기 9장 6절에서 하나님에 관해 "그가 땅을 그 자리에서 움직이시니 그 기둥들이 흔들리도다"라고 말했다. 욥이 말한 "기둥들"은 실제 기둥일까, 비유일까? 욥는 나중에 욥기 26장 7절에서 "그는 북쪽을 허공에 펴시며 땅을 아무것도 없는 곳에 매다시며"라고 말했다. 욥은 땅의 기둥들을 말했고, 또한 땅이 허공에 매달려 있다고 말했다. 그렇다면 이것은 자체 모순적인 발언이거나 아니면 비유이거나 둘 중에 하나다. 욥은 또한 "나의 날은 베틀의 북보다 빠르니 희망 없이 보내는구나"(욥 7:6)라고 말했다. 이를 문자적인 진술로 생각하기보다는 욥이 비유를 사용할 줄 아는 지성을 소유했다고 이해하는 편이 더 낫다.

아브라함과 동시대이거나 그 이전에 살았던 사람, 곧 BC 2000년 이전에 살았던 사람이 그런 능력을 지녔다면 이스라엘 민족은 더더욱 그렇지 않았겠는가? 그들이 비유를 사용하는 법을 알지 못했을 리가 없지 않겠는가? 고대 중국인들, 고대 수메르인들, 고대 애굽인들의 경우에는 상징적인 표현을 인정하면서 이스라엘의 세계관은 비유의 사용과 상관없이 해석해야 한다고 주장하는 것은 반유대주의에 해당한다. 다른 문화권들의 의사소통 방식은 인정하면서 이스라엘의 경우에는 그것을 인정하지 않는 것은 온당하지 못하다.

BC 1600년에 기록된 글자가 시내 반도의 세라비트 엘-카딤의 애굽 광산의 벽에서 발견되었다. 그것은 당시 사람들이 글을 쓸 수 있었을 뿐 아니라 읽고, 이해할 수 있었다는 것을 의미한다. 그 글자는 모세가 오경을 쓰기 200년 전의 것이었다. 그 벽에는 창세기 21장 33절에서 하나님께 적용된 "엘 올람"(영원하신 하나님)이라는 글귀와 똑같은 글귀가 적혀 있다. 그동안 자유주의 신학자들은 유대인들을 존중하지 않았다. 그들은 유대인들과 그들의 증거를 다른 문화권에서 발견되는 다른 증거들과 다르게 취급했다. 그래서는 안 된다.

성경 저자들은 다른 민족들과 다른 세계관을 지녔다. 그것이 우리에게 성경에 주어진 이유다. 그들은 하나님의 백성이었고, 하나님은 그들에게 자기를 계시하셨다. 그들은 창조주 하나님, 곧 전지전능한 유일하신 하나님을 대표했다. 오직 여호와 하나님 한 분만 존재하신다. 이스라엘은 그분을 증언하기 위해 선택되었다. 그들은 다른 민족들의 신화와 전설을 받아들이지 않고, 오히려 그것에 맞서 그들의 그릇된 견해에 대항했다.

고대 근동 지역에서는 서로 다른 민족들과 문화들이 다양한 창조와 홍수 이야기를 만들어냈다. 창조나 홍수에 관한 그들의 이야기는 일정하지 않았다. 요즘에 어떤 사람들은 성경에 그런 사건들이 언급되었다는 것을 이유로 들어 성경이 그런 문화권에서 회자되던 이야기들을 빌려왔다고 주장한다. 그것은 성경 저자들이 다른 문화로부터 정보를 얻었다는 것을 전제한다. 그러나 우리는 구약 성경이 신화적인 시대에 기록되었다는 개념과 그런 식의 전제를 인정하지 않는다.

신화적인 개념을 논박한 자료들

이스라엘이 돔 형태의 하늘과 편평한 땅을 믿었다고 생각하는 것은 현대의 환상이다. 성경의 증거는 분명하다. 신화적인 논의와 관련해 도움이 되는 자료를 몇 가지 언급하면 다음과 같다. 제프리 버튼 러셀은 1991년에 『편평한 지구를 창안하다』라는 책을 출판했다. 그는 그 책에서 고대 근동 지역의 신화적인 개념을 자세히 밝혔다. 그는 우리가 고대인들이 그런 세계관을 지녔다고 생각하는 이유는 현대에 사는 우리가 그들보다 더 지성적이라고 생각하기 때문이라고 말했다.[2]

2006년, 오스트레일리아 사람인 노엘 윅스는 『웨스트민스터 신학

저널』에 "역사적 상황에서의 우주론"이라는 논문을 발표해 이스라엘이 신화적인 견해를 지녔다는 주장을 논박했다.[3]

조나단 헨리도 2009년에 출간된 『세대주의 신학 저널』에 "구약 성경 연구와 동일과정설"이라는 논문을 발표했다.[4]

창조 사역에 관한 해석

창세기 1장 1-25절은 엿새 동안의 과정을 순서대로 기록하고 있다. 창조는 문자 그대로 엿새 동안에 이루어졌다. 그 엿새는 모두 아침과 저녁으로 이루어진 하루였다. 그것이 문자적인 의미를 지니지 않는다면 각 날의 의미에 관한 문제가 제기될 수밖에 없다. 그러나 "아침"이 아침을 가리키고, "저녁"이 저녁을 가리킨다면 창세기 1장의 엿새는 제각각 실제적인 하루를 의미하는 것이 분명하다.

출애굽기 20장 8-11절은 안식일을 지키라고 명령한다. 그 명령은 창조 사역에 근거한다. 하나님이 엿새 동안 일하셨기 때문에 사람도 엿새 동안 일해야 한다. 그러나 창세기 1장의 엿새가 실제로 수백만 년을 의미한다면 우리는 첫 번째 하루 동안에도 수백만 년을 일해야 하고, 두 번째 하루 동안에도 수백만 년 동안 일해야 한다. 그러다 보면 우리는 결국 안식일을 지킬 수 없다.

앞서 언급한 대로 창조 사역은 우주적인 사건이다. 아담은 단지 이스라엘의 조상이 아니라 온 인류의 조상이다. 창조 기사는 하나님 중심적이다. 그것은 하나님에 관한 것, 곧 그분이 어떤 분이시며, 또 다른 피조물들과 얼마나 다른 존재이신지를 분명하게 보여준다. 하나님은 말씀으로 세상을 창조한 전지전능하신 창조주이시다. 일부 고대 근동 지역의 신화가 말하는 것과는 달리, 하나님은 미리 존재하는 영원한 물질을 오줌으로 적셔 세상을 만들지 않으셨다. 그분은 우주적인 알을 품어 세상을 부화시키지 않으셨다. 하나님은 말씀으로 만물을 창조하셨고, 자신이 지으신 생명체를 위해 지구를 완벽하게 준비하셨다.

아담과 하나님의 형상

창세기의 처음 25개 구절 안에 "씨"라는 용어가 여섯 차례 등장한다. 모두 식물과 관련해 언급되었다. 식물은 제각기 종류대로 자랐다. 그리고 나서 창세기 1장 26절에서부터 2장 3절까지를 살펴보면 하나님과 관련해서 1인칭 복수 대명사가 사용된 것을 알 수 있다. "하나님이 이르시되 우리의 형상을 따라 우리의 모양대로 우리가 사람을 만들고"(1:26). 이 대명사는 신성의 복수성, 곧 성삼위 하나님을 가리키는 의미로 해석된다.

이 말은 천사들의 모임을 가리키지도 않고, 흔히 주장하는 대로 하나님이 왕이 말하는 방식으로 자기 자신을 가리켜 말씀했다는 의미를 담고 있지도 않다. 폴 주옹은 『성경 히브리어 문법』에서 성경 히브리어에는 그런 문법적 개념이 존재하지 않는다고 강조했다.[5] 오히려 이런 유형의 진술은 성경에서 중요한 요점을 말하고자 할 때 나타난다. 즉 그것은 다음에 언급될 사건의 중요성을 암시한다. 이 경우에는 하나님의 형상으로 창조될 인간에게 강조점이 있다. 동물 가운데 하나님의 형상으로 창조된 것은 아무것도 없다. 인간이 먼저 창조되고 나서 하나님의 형상이 나중에 주입되지도 않았다. 인간은 처음부터 하나님의 형상으로 창조되었다. "하나님이…남자와 여자를 창조하시고"(1:27). 이 말씀은 인간 창조를 개괄적으로 묘사한다. 그 세부 내용은 모세가 2장에서 언급한 사건을 통해 나타난다.

모세는 이런 서술 기법을 창세기 전체에 적용했다. 그는 종종 먼저 사건들을 일반적으로 진술하고 나서 그 다음에 자세한 내용을 전하는 방법을 취했다(예를 들면, 바벨탑 사건). 창세기 1장과 2장은 서로 다른 창조 기사를 다루지 않는다. 서로 다른 두 가지 창조가 있었던 것이 아니다. 히브리어 문법을 엄격하게 적용해서 읽으면 두 기사가 내적인 일관성을 지닌다는 사실을 확인할 수 있다. 연대는 바뀌지 않았고, 또 잘못 기록되지 않았다. 그것은 동일한 사건에 대한 기록이다. 단지 인간에게 초점을 맞춰 하나님이 인류에게 생육하고, 번성하여 땅에 충만하라고 명령하신 사실을 강조할 뿐이다.

고대의 독자들은 창세기 1장 마지막을 읽으면서 '그렇다면 그들은 과연 그 명령을 어떻게 이행했을까?'라고 생각했을 것이다. 창세기 2장 4-24절은 그런 물음에 대한 대답을 제시한다. 거기에는 인간에 대한 정보가 더 많이 나타나고, 그가 하나님이 명령하신 것을 어떻게 지켰는지를 보여주는 내용이 담겨 있다.

인간을 뜻하는 히브리어는 "아담"이다. 창세기에서 중요한 의미를 지닌 명사가 처음 언급될 때는 대개 정관사를 붙이지 않았다. 정관사는 처음 언급된 명사를 다시 가리키는 수단으로 사용되었다. 흥미롭게도 이름으로 사용된 "아담"이라는 용어는 창세기 2장 20절에서야 처음 나타난다. 아담은 모든 짐승들에게 이름을 붙였지만 그를 위한 배우자는 발견되지 않았다. 그의 이름이 처음 언급된 것은 그가 짐승들의 이름을 지어주던 상황에서였다. 이런 사실이 중요한 이유는 무엇일까? 그 이유는 하나님이 사물들을 창조하면서 이름을 지어주셨기 때문이다.

우리는 하나님의 형상으로 창조되었기 때문에 사물들의 이름을 지어줄 수 있는 권위를 지닌다. 아담은 짐승들의 이름을 지어줌으로써 이 권위를 입증해 보였다. 또한 그는 언어와 말과 이성적 추론을 사용했다. 그는 완전한 기능과 지성을 갖춘 인간, 곧 고도로 발달된 언어적, 정신적, 심리적 능력을 지닌 존재였다. 그는 짐승들의 이름을 지어줌으로써 하나님의 형상을 나타냈다.

창세기 2장 7절은 하나님이 흙으로 한 사람의 개인을 창조하셨다고 말씀한다. 하나님은 그의 코에 생기를 불어 넣으셨다. 그러자 아담은 생령, 곧 살아 있는 존재가 되었다. 하나님은 그를 위해 특별히 준비한 동산에 그를 두셨다. "여호와 하나님이 동방의 에덴에 동산을 창설하시고 그 지으신 사람을 거기 두시니라"(8절).

아울러 하나님은 사람에게 선악을 알게 하는 나무의 열매를 먹지 말라고 명령하셨고(17절), "사람이 혼자 사는 것이 좋지 아니하니"(18절)라고 말씀하셨다. 이 일이 여섯째 날이 지나기 전에, 곧 창세기 1장 31절 이전에 일어났다는 점을 기억하는 것이 중요하다. 하나님이 보시기에 "심히 좋았다"는 것은 "좋지 아니한" 일이 여섯째 날에 해결되었다는 것을 의미한다.

왜 하나님은 "좋지 아니하니"라고 말씀하셨을까? 그 이유는 사람이 혼자였기 때문이다. 그가 하나의 부족이나 민족을 상징했다면 그는 혼자일 수 없다. 만일 아담 이전에 인종이 있었다면 그는 혼자일 수 없다. 본문은 당시에 오직 한 사람이 있었다고 말씀한다. 그는 혼자였다.

그것은 좋지 않았다. 하나님의 궁극적인 목적은 그가 혼자이지 않는 것이었다. 하나님은 짐승들을 살펴보았지만 그의 적절한 짝은 발견되지 않았다. 만일 아담이 진화의 산물이었다면(짐승으로부터 진화되었다면) 하나님이 그에게 적합한 짝을 발견하셨을 것이 분명하다. 그러나 그런 일은 일어나지 않았다. 왜냐하면 짐승들 가운데 하나님의 형상으로 창조된 것은 아무것도 없었기 때문이다.

아담의 적합한 짝이 되려면 그처럼 하나님의 형상을 지닌 존재이어야 했다. 따라서 하나님은 아담의 갈빗대를 사용해 그의 짝인 여자를 만드셨다(창 2:21, 22). 여자의 존재는 아담에게 시적 감흥을 불러일으켰다. 성경에 기록된 아담의 최초의 말은 "이는"을 세 차례나 반복해서 지은 삼행시였다.

그의 시는 여자가 그의 "뼈 중의 뼈요 살 중의 살"이라는 표현에서 절정에 이르렀다. 이것은 진화론을 간단히 일축할 뿐 아니라 아담의 역사성에 관한 많은 진실을 알려준다. 그 이유는 시적 운율을 만들어 낼 정도로 정교한 자질과 지성을 갖춘 존재는 완전하고, 전지하신 하나님의 피조물이어야 마땅하기 때문이다.

아담과 타락

창세기에 기록된 한 남자와 한 여자의 이야기는 인류의 타락을 언급한 3장까지 이어진다. 그것은 한 부족이나 한 민족의 타락이 아니었다. 그것은 한 사람의 타락이었다. 이 기사는 역사적인 기록인 것이 분명하다. 왜냐하면 다음 장에서 역사적 사실(최초의 살인과 가인과 아벨의 역사)이 언급되어 있기 때문이다. 역사는 아담에서부터 노아에게 이르는 계보를 다룬 5장에서도 발견된다. 이 기사는 신화가 아니라 문자 그대로의 역사로 간주해야 한다.

타락과 그로 인한 저주 때문에 고통과 수고와 죽음이 생겨났다. 이것은 비유적인 고통이나 수고나 죽음이 아니라 현실적인 죽음과 수고와 고통이다. 최초의 남자와 여자가 동산에서 쫓겨난 것은 역사적 사실이다. 창세기 1장 31절은 모든 것이 심히 좋았다고 진술한다. 그런데 좋지 않은 일이 발생했다. 모든 것이 심히 잘못되었다. 물론 그렇다고 해서 하나님이 깜짝 놀라 다른 대안을 마련하셔야 했다고 생각해서는 안 된다. 하나님은 세상을 창조하기 전에 이미 구원의 계획을 세워두고 계셨다. 그분은 본래의 계획을 실행하는 중이셨다.

이것이 창세기 3장 15절에 "후손", 곧 씨가 언급된 이유였다. 씨에 대한 설명은 어떻게 인간이 자신의 종에 따라 후손을 이어가는지를 설명하는 데 도움을 준다. 여인의 씨로 태어난 후손이 뱀의 후손을 물리치고 승리를 거둘 것이다.

창세기 3장에 줄곧 2인칭 단수 대명사가 사용된 것에 주목하라. 이것은 하나님이 항상 아담에게 말씀하셨다는 것을 의미한다. 그 이유는 바울이 말한 대로 "아담이 속은 것이 아니고 여자가 속았기" 때문이다 (딤전 2:14). 아담은 정신이 멀쩡한 상태에서 그 일에 가담했다. 그는 의도적으로 하나님을 거역했기 때문에 일어난 일에 대해 책임이 있었다. 약속된 구원의 씨인 예수님의 역사성을 인정하는 것처럼 타락을 야기한 아담의 역사성도 인정해야 한다.

아담과 정경

에스겔서 28장 13절은 에덴동산을 역사적인 실제 장소로 언급한다. 말라기 2장 15절은 창세기 2장에 언급된 사실을 돌아보며 거기에 나타난 하나님의 계획을 근거로 "네 심령을 삼가 지켜 어려서 맞이한 아내에게 거짓을 행하지 말지니라"라고 가르쳤다. 이런 사례들은 창세기의 기록이 비유가 아니라 문자 그대로의 절대적인 역사적 사실이라는 것을 보여준다.

또한 역대기상 1장 1절에서는 아담으로부터 시작하는 계보가 발견된다. 이것이 중요한 이유는 예수님 당시에 역대기가 구약 성경의 마지막 책이었기 때문이다.

예수님은 누가복음 11장 51, 52절에서 하나님의 선지자들을 살해한 사실을 언급하셨다. 그분은 그런 일이 "아벨의 피로부터"(창세기 4장) "사가랴의 피까지"(역대기에 기록된 마지막 선지자. 대하 24:22) 이어졌었다고 말씀하셨다. 그것은 구약 성경의 첫 번째 책과 마지막 책이었다. 예수님은 첫 번째 책과 마지막 책을 언급하셨다. 이처럼 구약 성경은 아담에게서 시작해서 아담으로 끝난다.

신약 성경의 첫 번째 책도 계보로부터 시작한다. "예수 그리스도의 계보라"(마 1:1). 마태복음의 저자는 성령의 감동을 받아 새로운 아담이신 예수 그리스도가 나타나셨다고 기록했다.

우리는 두 번째 아담을 이해하기 전에 첫 번째 아담을 이해해야 할 필요가 있다. 마태복음 1장의 계보를 주의 깊게 읽어보면, 헬라어 원문에 "게네시스"라는 용어가 여러 차례 나타나는 것을 알 수 있다. 이 용어는 "시작과 탄생의 개념"을 지닌 창세기의 제목과 똑같다.

이처럼 성경 저자는 의도적으로 하나님의 말씀을 하나로 통합했다 (구약 성경은 아담에게서 시작해서 아담으로 끝나고, 신약 성경은 두 번째 아담에게서 시작해서 새 하늘과 새 땅에 있는 두 번째 아담으로 끝난다). 이것은 의도적으로 설계된 것이다. 이런 구조는 아담의 역사성을 인정해야만 성립될 수 있다. 누군가의 상상에서 비롯한 비유적인 아담을 토대로는 그런 구조가 성립될 수 없다.

아담과 예수 그리스도

누가복음 3장 38절의 계보는 아담을 하나님의 아들로 소개한다. 다시 말해 그는 하나님에 의해 만들어졌다. 바울은 로마서 5장 12절에서 "그러므로 한 사람으로 말미암아 죄가 세상에 들어오고 죄로 말미암아 사망이 들어왔나니 이와 같이 모든 사람이 죄를 지었으므로 사망이 모든 사람에게 이르렀느니라"라고 말했다. 그는 계속해서 14절에서는 "그러나 아담으로부터 모세까지⋯사망이 왕 노릇 하였나니"라고 말했고, 15절에서는 "그러나 이 은사는 그 범죄와 같지 아니하니 곧 한 사람의 범죄를 인하여 많은 사람이 죽었은즉 더욱 하나님의 은혜와 또한 한 사람 예수 그리스도의 은혜로 말미암은 선물은 많은 사람에게 넘쳤느니라"라고 설명했다.

바울은 첫 번째 아담에서부터 두 번째 아담에 이르기까지 역사 전체를 다루었다. 첫 번째 아담은 사망을 가져왔고, 두 번째 아담은 생명을 가져왔다.

고린도전서 15장도 그와 비슷한 방식으로 그리스도의 부활의 역사성을 진술하는 문맥에서 첫 번째 아담과 마지막 아담을 언급했다. 고린도전서 15장에서 아담의 역사성과 합법성과 현실성을 인정하지 않으면 두 번째 아담과 그분의 부활을 의심할 수밖에 없다. 또한 부활이 역사적 사실이 아니라면 우리가 모든 사람 가운데서 가장 불쌍하다. 바울의 가르침은 당시의 랍비들과 일치하지 않았다. 그들은 이미 하나님의 말씀의 진리에서 벗어났다. 그들은 메시아와 구약 성경의 예언과 아담이 인류의 역사적인 조상이라는 사실을 비롯해 많은 사실을 부인했던 불신자들이었다.

아담의 역사성은 그리스도의 역사성을 증언한다. 아담의 역사성은 복음의 핵심 진리 가운데 하나다. 아담이 역사적인 인물이라는 것을 부인하면 그리스도의 부활을 부인할 수밖에 없다. 그리스도의 부활을 부인하는 것은 곧 기독교 신앙의 토대를 파괴하는 것이다.

무엇을 신뢰할 것인가?

요즘 학자들은 성경과 고대 근동 지역 문서들의 유사성을 지나치게 강조한다. 그러나 그 둘을 서로 비교해 보면 유사점보다 상이점이 더 많다는 것을 알 수 있다. 따라서 우리는 성경을 고대 근동 지역 문서에 비춰 해석하려고 해서는 안 된다.

그런 문서는 다신론을 인정하지만 성경은 유일신론을 인정한다. 고대 근동 지역 문서는 물리적인 형상을 신으로 숭배하지만 성경은 그런 우상을 없애라고 가르친다. 고대 근동 지역의 문서는 인간을 낮게 평가하지만 성경은 인간을 높게 평가한다. 고대 근동 지역 문서들이 전하는 창조 기사에서는 갈등과 혼돈이 발견되지만 성경에서는 그런 혼돈이 발견되지 않는다. 고대 근동 지역의 문서에는 일관된 윤리 체계가 발견되지 않지만 성경에서는 하나님의 성품에 근거한 율법에 복종하라는 명령이 발견된다.

물론 이런 모든 상이점에도 불구하고, 창조나 홍수와 같은 실제 사건을 공유한 기억 때문에 둘 사이에는 상당한 유사성이 존재하기도 한다. 아마도 하나님은 아담에게 만물을 어떻게 창조했고, 그가 왜 존재하게 되었는지를 설명해 주셨을 것이다. 사실, 아담은 하나님의 창조 사역을 전한 최초의 증인으로 간주될 수 있다. 타락한 세상 안에 있는 다른 모든 것들과 마찬가지로 공유된 기억도 다양한 고대 문화에 의해 왜곡되어 본래의 창조 기사에 그 연원을 둔 온갖 종류의 신화를 만들어냈다.

고대 근동 지역 문서를 성경보다 우위에 올려놓아서는 안 된다. 성경 이외의 기록을 성경보다 더 중시하는 것은 성경의 권위를 훼손하는 것이다.

간단히 말해, 영적 권위에 관해서는 세 가지 가능성이 존재한다. 첫째는 기록된 계시를 통해 나타나는 하나님의 권위이고, 둘째는 교회와 "무오한" 교황의 권위이며(여기에는 단지 가톨릭 교회만이 아니라 성경 교사나 장로회의 의장, 또는 목회자까지 포함된다), 셋째는 스스로에게 주권을 부여한 인간의 이성의 권위이다. 특히 인간의 이성은 성경이 가르치는 방식으로 어떤 것을 이해하는 것이 무의미하다고 생각한다. 어느 것을 선택할 것인가? 지금까지 논의한 문제와 관련해 어느 것을 자신의 권위로 삼을 것인가?

성경은 영원하다

성경은 진화를 재고하라고 요구한다. 방법론이 어떤 주장을 사실로 만드는 것은 아니다. 과학자는 단지 해석자일 뿐이다. 만물의 기원을 따지는 과학은 인간이 조종하고, 활용하는 과학과는 다르다. 그 이유는 실험실에서 창조를 재현하는 것이 불가능하기 때문이다. 더욱이 과학은 변하지 않는 상태로 머물지 않는다. 40년 전만 해도 과학자들은 산이 지각 균형에 의해 형성되었다고 주장했다. 지각 균형이란 퇴적 작용을 통해 지각에 침전물이 쌓이면서 지표면을 아래로 짓누르게 되고, 그 결과로 다른 부분이 솟아올라 산이 형성되었다는 이론이다. 오늘날에는 아무도 그렇게 믿지 않는다. 산은 판상의 섭입(攝入, 판상이 다른 판상 아래로 미끄러져 내려가는 현상/역자주)에 의해 형성된다. 이런 이해의 변화가 40년 만에 이루어졌다. 이것은 과학이 항상 동일하지 않고, 변한다는 것을 보여주는 증거다.

그러나 하나님의 말씀은 미쁘다. "풀은 마르고 꽃은 시드나 우리 하나님의 말씀은 영원히 서리라"(사 40:8). 하나님과 그분의 말씀을 아담의 역사성을 비롯해 창조 기사와 관련된 모든 문제를 결정하는 권위로 삼기를 바란다.

4
John MacArthur

"태초에 하나님이 천지를 창조하시니라" _ 창 1:1

창조론에 대한
신학적 입장을 정립하라

존 맥아더, 2009
창세기 1-2장

　신학은 예전에는 학문의 여왕으로 불렸다. 그것은 성경의 가르침이 과학을 비롯한 다른 모든 분야를 지배했다는 뜻이다. 사실 그렇게 불리는 것이 당연하다. 왜냐하면 하나님의 말씀은 정확무오한 절대적 진리이기 때문이다. 성경은 다른 모든 개념들의 원천이다. 성경은 이론이 아닌 사실이요 현실이자 진리다. 성경은 어떤 것을 과학적으로 이해하는 것에서도 조금도 뒤처지지 않는다. 창조 기사의 경우는 특별히 그렇다.

모든 것을 아시는 하나님

　우주와 그 안에 있는 만물을 창조한 존재는 그것이 어떻게 작동하는지를 잘 알고 있을 것이 분명하다. 그런 존재는 그것을 이해하기 위해 과학의 발전을 기다릴 필요가 없다. 그런 존재는 사물의 체계를 찾아내어 그 이치를 알려줄 누군가를 필요로 하지 않는다. 창조주께서는 우주를 설계하고, 유지하기 때문에 지구가 구형이고, 지축을 중심으로 회전한다는 사실을 잘 아신다. 창조주께서는 지구가 어떤 것에도 매달려 있지 않고, 거대한 태양계 내에서 일정한 궤도를 따라 공전한다는 사실을 아신다. 그분은 엄청나게 큰 은하계와 이루 다 헤아릴 수 없는 수많은 별들과 블랙홀을 스티븐 호킹보다 더 잘 아신다.

창조주께서는 공기와 물의 순환은 물론 화학과 생물학에 관한 완벽한 지식을 소유하신다. 그분은 상상할 수 없이 복잡한 우주를 설계하고, 창조하고, 유지하기에 충분한 지성과 능력을 소유하고 계시기 때문에 그런 사실을 묘사한 정확무오한 책을 저술하는 것과 같이 비교적 단순한 일은 손쉽게 하실 수 있다. 따라서 그분이 말씀하시는 것은 항상 이해 가능한 논리적 일관성을 지닌다.

만일 창조주께서 책을 쓰지 않으셨다면 아무도 창조에 관한 것을 알지 못했을 것이다. 왜냐하면 당시에는 오직 창조주께서만 존재하셨기 때문이다. 사람들은 사물을 관찰하고, 결론을 내릴 수는 있지만 그 모든 것이 어떻게 생겨났는지는 절대로 알 수 없다.

만일 창조주께서 자신의 창조 사역에 관한 책을 썼다면, 달이 태양보다 고작 5만 리그(1리그는 약 4.2km-역자주) 더 높고, 자체적으로 빛을 발산한다거나 지구가 편평한 삼각형이고, 7단계로 구성되었으며, 꿀과 설탕과 버터와 와인으로 만들어졌다거나 몸을 움직일 때마다 지진을 일으키는 수많은 코끼리의 머리 위에 지구가 얹혀 있다는 식의 말씀은 하지 않으실 것이 분명하다. 이 모든 것은 힌두교의 경전에 나오는 말이다. 그것은 창조주 하나님이 기록하지 않았다.

또한 창조주께서는 도교의 경전이 말하는 대로 육체는 단지 13개의 지체로 구성되어 있고, 그것을 통해 죽음이 찾아올 수 있다거나, 불교의 경전이 말하는 대로 지진은 바람이 물을 움직이고, 물이 땅을 움직여 발생하는 현상이라고는 말씀하지 않으실 것이 분명하다. 이 밖에도 우주의 창조주께서 책을 쓰셨다면, 모르몬교의 경전이 말하는 대로 인간들이 출생하고 거기서 기쁨을 누리기 위해 아담이 타락했다고 말씀하지 않으실 것이 틀림없다.

진정한 창조주께서는 모든 것을 옳게 이해하고, 자신이 완전하게 창조하신 것을 낱낱이 알고 계신다. 따라서 창조주께서 우리에게 주신 계시는 한 치도 틀림이 없는 정확한 기록이다.

태초에

성경은 다른 모든 주제는 물론 우주의 기원에 관한 증언에서도 절대적인 신뢰성을 지닌다. 성경은 단순하고, 분명하고, 오류 없는 진술로 증언을 시작한다. "태초에 하나님이 천지를 창조하시니라"(창 1:1). 하나님은 그 말의 의미를 그 누구도 오해하지 못하도록 명확하게 진술하셨다.

1903년, 영국 철학자 허버트 스펜서가 사망했다. 그는 성경과 하나님과 그리스도를 거부했지만 명석한 학자로 인정되었다. 그 이유는 그가 존재하는 모든 것에 적용되는 다섯 가지 범주(시간, 작용인, 행위, 공간, 물질)를 말했기 때문이다. 그러나 성경은 그보다 앞서 이미 세상에 그런 범주를 적용했다. "태초에"(시간), "하나님이"(작용인), "하늘"(공간)과 "땅"(물질)을 "창조하시니라"(행위). "태초에 하나님이 천지를 창조하시니라"

는 말씀은 매우 단순하지만 그 의미는 심오하기 이를 데 없다. 하나님은 무로부터 존재하는 모든 것을 창조하셨고, 그 사역을 엿새 만에 이루셨다. 다음 세 가지 용어를 잠시 고찰해 보면 성경적인 창조 기사가 얼마나 강력한 설득력을 지니는지 알 수 있다.

신뢰성

가장 먼저 생각해야 할 용어는 "신뢰성"이다. 간단히 말해 성경이 가르치는 것을 믿거나 믿지 않거나 둘 중에 하나다. 성경을 받아들이거나 거부할 수는 있지만 그것을 고칠 수는 없다. 그런 기록에 대해 흔히 나타나는 반응은 "그렇다면 과학은 무엇인가? 지성적으로 정직하려면 창세기의 기사에 과학을 적용해야 하지 않겠는가?"라는 것이다. 그리스도인들이여, 과학적인 지식을 갖추어야만 창조를 이해할 수 있다는 생각을 버려라. 모든 과학은 관찰, 검증, 반복에 근거한다. 창조를 지켜본 관찰자는 없다. 창조는 그 수단을 검증할 수도 없고, 다시 반복할 수도 없다.

창조 과학자들이 할 수 있는 일이라고는 진화가 일어나지 않았다는 것을 입증하는 것이다. 그들은 그것을 입증해 줄 좋은 증거를 제시할 수는 있지만 그것이 창조 자체에 관해 알려주는 것은 아무것도 없다. 우리가 창조에 관해 인정해야 할 한 가지는 그것이 과학적인 법칙에 의해 일어나지 않았다는 것이다. 그것은 우주적인 규모의 기적이었다. 창조 과학을 확립하려는 수고로움을 자제한다면 무익한 노력에서 자유로울 수 있다. 이것이 창세기를 비롯해 성경의 여러 곳에서 하나님이 세상을 창조하셨다는 말씀이 거듭 언급되어 나타나는 이유다. 성경 어디를 보더라도 진화의 과정을 암묵적으로나 명백하게 언급하는 말은 단 한마디도 없다.

창조에 관한 역사적인 기록은 창세기 1장에서, 인간 창조를 좀 더 상세히 설명한 내용은 창세기 2장에서 각각 발견된다. "식물들도 종들이 변하고, 발전하고, 변형되지 않는가?"라고 말할지도 모른다. 물론 그 말은 사실이다. 식물과 동물 모두 그런 변화를 거친다. 그러나 그런 사실 가운데 창조와 관련된 것은 아무것도 없다. 그런 사실은 엿새 동안 일어난 일에 관해 그 어떤 정보도 알려주지 않는다.

예를 들어, 나사로가 죽었다가 살아난 바로 다음 날에 그를 만났다고 가정해 보자. 그와 대화를 나누면서 "죽었을 때 무슨 일을 했습니까? 어디에 있었습니까? 손 좀 만져볼 수 있을까요? 팔 좀 만져볼 수 있을까요? 얼굴을 좀 문질러 볼 수 있을까요? 어떤 심정을 느낍니까? 죽었다가 살아나기 전과 똑같다고 생각합니까? 죽기 전의 일들이 기억나십니까?"라고 묻는다. 지칠 때까지 그에게 갖가지 질문을 던질 수 있고, 그의 삶의 과정을 샅샅이 분석할 수 있다. 그가 어떻게 먹고, 어떻게 기능하고, 어떻게 생각하고, 어떻게 말하고, 어떻게 행동하는지를 관찰할 수 있다. 그러나 그런 모든 사실은 그가 어떻게 다시 생명을 얻게 되었는지에 대해 아무런 정보도 제공하지 못한다. 왜냐하면 그것은 초자연적인 기적이기 때문이다.

또한 예수님이 5,000명을 먹이시는 기적을 베푸셨을 때, 누군가가 어떤 사람의 손에서 그 음식을 빼앗으면서 "미안하지만 과학적인 실험을 위해 필요해서요. 물고기와 떡을 분석해 볼 생각입니다. 왜냐하면 지금까지 물고기와 떡이 난데없이 나타난 것을 본 사람이 아무도 없기 때문입니다."라고 말했다고 가정해 보자. 그리고 분석을 다 마치고 나서는 사람들에게 음식 맛이 어땠고, 다른 음식을 대할 때와 같은 태도로 그것을 대했는지를 묻는다. 그런 일들은 얼마든지 할 수 있다. 그러나 어떻게 물고기와 떡이 생겨났는지에 관한 진실은 알 수 없다.

창조는 창조주께서 성경에 계시하신 대로 우주적인 규모의 기적이었다고 밖에는 달리 이해하기 어렵다. 그것을 믿지 않는다면 믿지 않는다고 솔직하게 말하면 그만이다. 과학적으로 설명할 수 없는 우주적인 규모의 기적에 과학적인 개념을 부여하려고 애쓰지 말라. 그런 노력은 나사로의 몸을 관찰해 그가 어떻게 다시 살아났는지를 설명하려는 것과 마찬가지로 아무런 도움도 되지 못한다. 창조는 과학적인 사건이 아니다. 자연의 법칙은 아무런 역할도 하지 못했다. 그 이유는 창조를 통해 자연의 법칙이 창조되었기 때문이다.

창조에 필적할 수 있는 사건은 오직 하나님이 만물을 새롭게 하실 미래의 새 창조뿐이다. 이 두 사건은 반복할 수 있고, 측량할 수 있고, 관찰할 수 있는 고정된 과학적 법칙의 산물과는 거리가 멀다. 우리가 할 수 있는 일은 믿거나 믿지 않는 것뿐이다. 그렇다. 믿음이 필요하다.

이렇게 말하면 "하나님이 진화를 사용하셨을 가능성도 있지 않소?"라고 물을지도 모르겠다. 그러나 그것은 부적절하고, 주제넘은 질문이다. 대답은 "그런 가능성은 없다."이다. 하나님이 그러실 수 없는 이유는 진화가 죽음을 요구하기 때문이다. 창조와 타락 이전에는 죽음이 존재하지 않았다. 사변은 어리석다. 성경은 하나님이 엿새 동안 모든 것을 창조하셨다고 말씀한다. 그것은 사실이든 거짓이든 둘 중에 하나다. 만일 그것이 사실이 아니라면 즉각 문제가 발생한다. 왜냐하면 오류가 가득한 66권의 책이 우리에게 주어졌기 때문이다.

많은 사람이 창조 기사를 부인하는 이유는 하나님을 인정하고 싶어 하지 않기 때문이다. 그들은 하나님이 단지 창조주가 아닌 율법 수여

자요 재판관이시라는 것을 못마땅하게 여긴다. 창세기의 하나님을 제거하고, 그분의 도덕법을 무력하게 하기 위해 진화론이 창안되었다. 진화론은 타락한 죄인들이 하나님에 관한 생득적인 지식을 외면한 채 자신들을 구원하거나 정죄할 성경의 증언에 관한 책임을 회피하기 위해 고안해 낸 것에 지나지 않는다.

이들은 진화론을 받아들여 도덕적 책임과 죄책과 심판을 피하려고 애쓴다. 진화론은 기독교와 첨예하게 대립한다. 따라서 그리스도인이 진화론을 받아들인다는 것은 상상할 수 없는 일이다. 진화론은 성경의 계시를 거부한다. 소위 유신론적 진화론도 성경의 권위를 믿지 않고, 하나님의 계시를 밀어내고 그것을 진화로 대체했다. 모든 것을 판단하는 시금석은 과학이 아닌 성경이다. 성경을 신뢰하라.

한 가지 예를 들어 보자. 미국에서 가장 큰 사역 단체 가운데 속하는 단체가 하나 있다. 그 단체는 그리스도를 선포하고, 성경을 믿고, 복음 중심적인 사역을 행한다고 주장한다. 그 단체의 대표에게 만물의 기원과 창세기에 대한 입장을 묻는 편지 한 통이 날아왔다. 그는 자신이 속한 단체는 만물의 기원에 대해 어떤 입장도 표방하지 않는다고 대답했다. 그는 그것이 "부차적인" 문제에 해당하기 때문이라는 이유를 들었다. 그는 정통 기독교의 역사적인 교리들에 근거해 사람들을 하나로 통합하려는 노력을 기울이는 것이 자신들의 목적이며, 창조에 관한 문제는 신자의 영원한 안전이나 휴거와 같은 비본질적인 범주에 해당한다고 말했다. 만일 기독교 사역 단체나 교회가 하나님의 말씀을 실제로 믿는지 확인해 보고 싶으면 "창세기 1장을 어떻게 이해하느냐?"라고 묻는 것이 가장 효과적이다.

그 질문에 대한 대답을 들어보면 성경에 대한 그들의 입장을 쉽게 알 수 있다. 그들이 창세기 1장이나 2장을 부인하면 "그러면 성경을 어디에서부터 믿느냐? 창세기 3장이나 6장, 또는 9장이나 아니면 출애굽기에서부터 믿느냐?"라고 물어라. 또한 "그 밖에 또 성경의 어느 곳을 믿지 않느냐? 이사야서 53장은 어떠냐?"라고 물어라. 진정한 문제는 창조의 사실 여부가 아닌 말씀에 대한 믿음이다.

단순성

우리가 생각해야 할 두 번째 용어는 "단순성"이다. 정직하게 생각하면 창세기의 기사는 매우 단순하고, 명확하고, 간결하고, 명료하고, 확실하다. 성경에서 창조를 언급한 본문은 창세기 1장만이 아니다. "태초에 말씀이 계시니라 이 말씀이 하나님과 함께 계셨으니 이 말씀은 곧 하나님이시니라 그가 태초에 하나님과 함께 계셨고 만물이 그로 말미암아 지은 바 되었으니 지은 것이 하나도 그가 없이는 된 것이 없느니라"(요 1:1-3). "만물이 그에게서 창조되되 하늘과 땅에서 보이는 것들과 보이지 않는 것들과 혹은 왕권들이나 주권들이나 통치자들이나 권세들이나 만물이 다 그로 말미암고 그를 위하여 창조되었고"(골 1:16).

성경 말씀은 하나님의 계시답게 명료하고, 단순하다. 예를 들어, 시편 104편은 이렇게 말씀한다.

"내 영혼아 여호와를 송축하라 여호와 나의 하나님이여 주는 심히 위대하시며 존귀와 권위로 옷 입으셨나이다 주께서 옷을 입음같이 빛을 입으시며 하늘을 휘장같이 치시며 물에 자기 누각의 들보를 얹으시며 구름으로 자기 수레를 삼으시고 바람 날개로 다니시며 바람을 자기 사신으로 삼으시고 불꽃으로 자기 사역자를 삼으시며 땅에 기초를 놓으사 영원히 흔들리지 아니하게 하셨나이다 옷으로 덮음같이 주께서 땅을 깊은 바다로 덮으시매 물이 산들 위로 솟아올랐으나 주께서 꾸짖으시니 물은 도망하며 주의 우렛소리로 말미암아 빨리 가며 주께서 그들을 위하여 정하여 주신 곳으로 흘러갔고 산은 오르고 골짜기는 내려갔나이다 주께서 물의 경계를 정하여 넘치지 못하게 하시며 다시 돌아와 땅을 덮지 못하게 하셨나이다 여호와께서 샘을 골짜기에서 솟아나게 하시고 산 사이에 흐르게 하사 각종 들짐승에게 마시게 하시니 들나귀들도 해갈하며 공중의 새들도 그 가에서 깃들이며 나뭇가지 사이에서 지저귀는도다 그가 그의 누각에서부터 산에 물을 부어 주시니 주께서 하시는 일의 결실이 땅을 만족시켜 주는도다"(1-13절).

또한 시편 148편은 이렇게 말씀한다.

"할렐루야 하늘에서 여호와를 찬양하며 높은 데서 그를 찬양할지어다 그의 모든 천사여 찬양하며 모든 군대여 그를 찬양할지어다 해와 달아 그를 찬양하며 밝은 별들아 다 그를 찬양할지어다 하늘의 하늘도 그를 찬양하며 하늘 위에 있는 물들도 그를 찬양할지어다 그것들이 여호와의 이름을 찬양함은 그가 명령하시므로 지음을 받았음이로다"(1-5절).

창조 기사를 부인하는 것은 하나님의 영광을 깎아내리는 것이다. 이사야서 42장 5-8절은 이렇게 말씀한다.

"하늘을 창조하여 펴시고 땅과 그 소산을 내시며 땅 위의 백성에게 호흡을 주시며 땅에 행하는 자에게 영을 주시는 하나님 여호와께서 이같이 말씀하시되 나 여호와가 의로 너를 불렀은즉 내가 네 손을 잡아 너를 보호하며 너를 세워 백성의 언약과 이방의 빛이 되게 하리니 네가 눈먼 자들의 눈을 밝히며 갇힌 자를 감옥에서 이끌어 내며 흑암에 앉은 자를 감방에서 나오게 하리라 나는 여호와이니 이는 내 이름이라 나는 내 영광을 다른 자에게, 내 찬송을 우상에게 주지 아니하리라."

구원에 나타난 하나님의 창조력은 창조에 나타난 그분의 능력과 밀접하게 관련된다. 하나님을 예배하는 것은 곧 그분을 창조주로 예배하는 것이다. 요한계시록은 경배를 받으시는 하나님이 천지와 그 안에 있는 모든 것을 창조하셨다고 증언한다. 예배는 하나님을 만물의 창조주이자 그분을 믿는 자들의 창조주로 경배하는 것을 의미한다.

단순한 해석 방법을 적용해 창세기 1, 2장을 해석해 보자. 창세기의 내용을 문자 그대로 받아들인다면 처음 두 장을 시로 생각할 이유가 없다. 창세기는 시가 아니다. 물론 성경에는 창조 기사를 시적으로 묘사한 본문이 존재한다. 예를 들면, 시편 104편과 욥기의 몇 장이다. 그런 본문은 창세기 1장과는 다르다. 고대 히브리 시는 고유한 특징을 지닌다. 창세기 1장에서는 그런 특징이 발견되지 않는다. 따라서 창세기 1장이 시라는 주장은 옳지 않다.

우리는 신뢰성과 단순성을 유지해야 한다. 우리는 주 예수 그리스도의 교회로서 성경의 첫 시작에서부터 성경에 대한 입장을 분명히 해야 한다. 디모데전서 3장은 살아 계신 하나님의 교회가 "진리의 기둥과 터"(15절)라고 가르친다. 우리는 참되신 하나님과 그분의 참된 계시의 수호자요 선포자이다. 창세기의 단순명료한 창조 기사도 하나님의 참된 계시 안에 분명하게 포함되어 있다.

중요성

세 번째 용어는 "중요성"이다. 창조 기사는 부차적인 진술이 아니다. 그것은 계시의 주요 주제 안에 포함되는 핵심 진리이자 하나님의 본질적인 목적에 해당한다. 하나님의 우선순위는 무엇인가? 우주가 존재하는 이유는 무엇인가? 하나님은 왜 인간을 창조하셨는가? 무엇이 하나님의 우선순위이고, 무엇이 목적이고, 목표인가?

하나님은 아무런 목적 없이 어떤 일을 하지 않으신다. 우주의 존재와 현실은 궁극적인 목적을 지닌다. 하나님은 측량할 수 없이 방대한 상황들, 우발적인 사건들, 갖가지 변화 및 끊임없이 순환되는 사람들과 도시들을 통해 무엇인가를 이루고 계신다. 하나님의 사역은 마구잡이로 일어나는 사소한 일들을 통해 이루어지지 않는다. 창조 사역에서부터 섭리를 거쳐 완성에 이르는 과정에서 모든 사람과 모든 것이 움직여 나가는 일정한 목적이 있다.

조나단 에드워즈는 이 점을 이렇게 설명했다. "섭리는 인간사에서 이루어지는 모든 연속적인 변화들을 다스린다."[1] 창조에서 완성에 이르는 과정이 모두 하나님의 강력한 섭리를 통해 이루어져 가는 하나의 위대한 목적의 일부다. 분자 하나도 이 계획에서 벗어나 제멋대로 작동하지 않는다. 역사는 언젠가는 끝이 날 것이다. 그러나 그때에는 하나님의 목적, 곧 그분의 위대한 마지막 목적이 온전히 이루어질 것이다. 우주는 영원하지 않다. 하나님의 권능을 장엄하게 드러내는 이 우주는 시작이 있는 것처럼 끝이 있다. 베드로후서 3장 10절이 가르치는 대로, 우주는 장차 뜨거운 불에 풀어지고, 그것을 형성하고 있는 원자들이 모두 녹아내릴 것이다.

그런 일은 하나님의 계획이 온전히 성취되어 우주를 위한 그분의 목적이 더 이상 아무것도 남아 있지 않게 되었을 때 일어날 것이다. 그때가 이르기 전까지 하나님의 섭리가 모든 것을 다스리고, 명령하고, 지배하고, 통제함으로써 그 목적을 이루어나간다. 이사야서 46장 9절은 "너희는 옛적 일을 기억하라 나는 하나님이라 나 외에 다른 이가 없느니라 나는 하나님이라 나 같은 이가 없느니라"라고 말씀한다. 이 말씀은 하나님은 오직 한 분뿐이시라고 가르친다. 따라서 존재하는 것은 모두 유일하신 하나님의 목적 안에서 존재한다.

이사야서 46장 10절은 하나님이 "시초와 종말을 알리신다."라고 덧붙인다. 이 말씀은 "내가 처음 시작했을 때부터 이미 그 결말을 작정해 놓았다. 나는 옛적부터 일어날 모든 일을 작정했다. 나의 뜻은 영원할 것이다. 나는 내가 기뻐하는 것을 모두 이룰 것이다."라는 의미를 담고 있다. 같은 장 11절에도 "내가 말하였은즉 반드시 이룰 것이요 계획하였은즉 반드시 시행하리라"라는 말씀이 발견된다. 이것이 우리가 가져야 할 세계관이다. 만물의 창조주이신 하나님을 거부하는 것은 곧 피조 세계에 부여된 그분의 목적을 거부하는 것이다.

이것이 골로새서 1장이 만물이 하나님에 의해, 그분을 위해 창조되었다는 사실을 상기시켜 주는 이유다. 웅대한 목적은 구원, 곧 하나님의 아들인 그리스도의 신부(구원받은 자들)를 모으는 것이다. 창세 전에 어린 양의 생명책에 이름이 기록된 마지막 사람이 구원받는 순간에 모든 것이 끝날 것이다. 하나님의 창조와 섭리의 사역은 구원의 목적을 이루는 수단이다. 모든 사람, 모든 행위, 모든 사건이 다 죄인들의 구원이라는 위대한 목적에 이바지한다. 물질적인 현실이 모두 영적 목적에 종속된다.

구원과 구속 사역이 하나님의 목적이다. 보이는 우주와 세상의 창조는 아직 온전히 나타나지 않은 영원한 백성의 창조를 위한 환경을 제공한다.

바울은 이 진리를 이렇게 가르쳤다.

> "모든 성도 중에 지극히 작은 자보다 더 작은 나에게 이 은혜를 주신 것은 측량할 수 없는 그리스도의 풍성함을 이방인에게 전하게 하시고 영원부터 만물을 창조하신 하나님 속에 감추어졌던 비밀의 경륜이 어떠한 것을 드러내게 하려 하심이라 이는 이제 교회로 말미암아 하늘에 있는 통치자들과 권세들에게 하나님의 각종 지혜를 알게 하려 하심이니 곧 영원부터 우리 주 그리스도 예수 안에서 예정하신 뜻대로 하신 것이라"(엡 3:8-11).

하나님의 영원한 목적은 자기 아들의 신부를 속량해서 하늘로 인도하는 것과 그런 사역을 통해 거룩한 천사들이 보는 앞에서 그 은혜의 영광을 밝히 드러내는 것이다. 이 위대한 주제가 창조 사역을 통해 다양한 방식으로 나타난다.

고린도전서 15장 22절은 "아담 안에서 모든 사람이 죽은 것같이 그리스도 안에서 모든 사람이 삶을 얻으리라"라고 말씀한다. 모든 것이 한 사람으로 인한 결과다. 한 분이신 그리스도 안에서 사람들이 살고, 한 사람인 아담 안에서 사람들이 죽는다. 로마서 5장 18절은 "그런즉 한 범죄로 많은 사람이 정죄에 이른 것같이 한 의로운 행위로 말미암아 많은 사람이 의롭다 하심을 받아 생명에 이르렀느니라"라고 말씀한다. 창세기를 제멋대로 고쳐 이해하는 것은 구원의 교리를 제멋대로 고쳐 이해하는 것이다. 왜냐하면 정죄의 교리가 한 사람인 아담에게 근거하는 것처럼 구원은 한 분이신 그리스도께 근거하기 때문이다.

창세기에 구원을 암시하는 비유가 풍부하게 나타난다는 것을 이해하는 사람들은 그리 많지 않다. 그 가운데 하나는 고린도후서 4장 6절이다. "어두운 데에 빛이 비치라 말씀하셨던 그 하나님께서 예수 그리스도의 얼굴에 있는 하나님의 영광을 아는 빛을 우리 마음에 비추셨느니라." 이 비유의 의미는 "하나님이 빛을 순간적으로 창조하신 것처럼 영적 빛도 순간적으로 창조하신다."라는 것이다. 그것은 오랫동안 지속되는 과정이 아니다. 하나님은 창조 사역을 행하실 때 모든 것이 형태 없이 어둠에 처한 상황에서 순식간에 빛을 창조하셨다.

그와 마찬가지로 하나님은 구원 사역을 행하실 때도 죄인이 형태 없이 어둠에 처한 상황에서 순식간에 예수 그리스도의 얼굴에 있는 하나님의 영광의 빛을 그에게 비추셨다. 영적 빛의 기적은 물리적인 빛의 기적과 유사하다. 하나님의 능력으로 선택받은 사람들이 어둠에서 즉시 해방되는 것은 하나님의 입에서 "빛이 있으라"는 말씀이 떨어지는 순간에 즉시 어둠이 물러간 것과 비슷하다(하나님은 복음의 빛을 마음에 비춰 어둠을 물러나게 하신다).

빛이 창조된 뒤로 창조 사역이 며칠 동안 계속되었다. 조나단 에드워즈는 그 사실도 신자를 위한 비유라고 말했다. 신자는 빛을 받아 어둠에서 빠져나왔지만 여전히 어둠의 현실을 경험한다. 창조 사역이 진행되면서 모든 것이 더욱 아름답고, 더욱 완전해졌다. 창조 사역은 "하나님이 보시기에 좋았다"는 것에서부터 시작해서 "하나님이 보시기에 심히 좋았다"로 끝이 났다.

여섯째 날에 이루어진 인간 창조는 (예수 그리스도의 얼굴에 있는 하나님의 영광의 빛을 받은) 죄인의 새 탄생을 가리키는 비유다. 그 후부터 죄인은 더욱 아름답고, 더욱 충만한 경험, 곧 "심히 좋았다"라고 일컬어질 수 있는 경험을 향해 나아간다. 이 비유를 계속 이어나가면 은혜로 구원받은 죄인이 모든 것이 온통 빛이요 영원한 안식인 하늘의 지복을 누리게 될 날에까지 이른다.

새 창조

또한 창조 기사는 신자인 우리가 고대하는 새 창조와 밀접하게 연관된다. 베드로후서 3장 10절은 "그러나 주의 날이 도둑같이 오리니 그 날에는 하늘이 큰 소리로 떠나가고 물질이 뜨거운 불에 풀어지고 땅과 그 중에 있는 모든 일이 드러나리로다"라고 말씀한다. 이것은 피조 세계의 종말을 묘사한 말씀이다. 옛 피조 세계가 새롭게 되어 의가 영원히 거하는 "새 하늘과 새 땅"(13절)이 될 것이다. 우리는 피조 세계를 보시고 "심히 좋았다"고 말씀하신 하나님이 그것을 새롭게 회복시켜 훨씬 더 좋은 상태로 만드실 날을 희망한다.

안타깝게도 오늘날의 복음주의자들은 미래의 왕국보다는 환경 문제에 더 많은 관심을 기울인다. 『크리스천 투데이』는 지구온난화와 관련된 법안을 지지한다. 한 복음주의 지도자는 "지구는 하나님의 몸이다. 그분은 우리가 지구를 잘 보살피기를 원하신다."라고 말했다.[2] 피조 세계를 보살피는 일을 언급한 또 하나의 복음주의 선언문에는 다음과 같은 내용이 발견된다. "우리는 피조 세계를 청지기처럼 돌보지 못한 죄를 저질렀다. 따라서 우리는 창조주의 사역을 오염시키고, 왜곡시키고, 파괴한 잘못을 회개한다."[3] 또한 이 선언문은 "우리는 그리스도의 치유를 피조 세계에 확대시키는 일에 우리를 헌신한다."라고 말했다.[4]

하나님은 땅을 저주하셨는데 어떻게 또 그것을 치유하신단 말인가? 위에서 언급한 선언문은 "인간의 빈곤은 환경 붕괴의 결과다."라고 말했다.[5] 사실, 인간의 빈곤은 필요한 모든 수단을 동원해 피조 세계를 정복하지 못한 데서 비롯한 결과다. 하나님은 세상 만물을 선하게 창조하셨지만 인간이 죄를 지어 피조 세계 전체를 오염시켰다. 그 결과, 땅은 본래의 선한 것을 잃었다. 아마도 땅은 계속해서 더 황폐해질 것이다. 그러나 이는 땅에 대한 인간의 행위 때문이 아니라 하나님이 땅을 저주하셨기 때문이다.

인간의 보살핌이 없었다면, 곧 인간이 역사적으로 모든 지력을 기울여 세상에서의 삶을 좋게 만들려고 노력해오지 않았다면 이 땅은 인간이 거주할 수 없는 곳이 되었을 것이다. 우리는 땅이 우리를 죽이지 못하도록 이마에 땀을 흘려야 한다. 그러나 만일 우리가 땅을 정복한다면 그것에서 비롯하는 풍요로움을 만끽할 수 있을 것이다. 땅을 다스리는 인간과 그의 노력이 없다면 그것의 풍요로움을 결코 얻어낼 수 없을 것이다. 가장 진보된 사회는 땅과 그 모든 자원을 정복해 인간을 유익하게 한다. 그러나 진보하지 못한 사회는 모든 것을 환경에 맡긴 채 황폐한 땅에서 기아와 빈곤에 시달리며 살아간다.

더 적은 에너지가 아니라 더 많은 에너지가 필요하다. 더 적은 기술이 아니라 더 많은 기술이 필요하다. 가난한 자를 돕고 싶으면 더 이상 환경주의를 부르짖어서는 안 된다. 왜냐하면 환경주의는 가장 궁핍한 사람들을 해롭게 하기 때문이다. 많은 사람이 지구온난화를 막으려는 노력이 오히려 앞으로 수많은 사람을 죽이는 결과를 낳을 것이라고 예상한다. 왜냐하면 그런 노력은 저주의 치명적인 해악으로부터 사람들을 보호할 수 있는 발전을 저해할 것이기 때문이다. 과학계가 그런 그릇된 과학에 항거하지 않고 두 손을 놓고 있다는 것은 그들이 정치화되고, 포스트모던화되었다는 것을 의미한다.

어떤 과학자는 정치화되고, 포스트모던화된 거짓 과학의 전략을 "합의적 과학"이라 일컬었다. 이는 그것이 실제로 과학이 아니라 참된 과학을 방해하는 책략에 지나지 않는다는 뜻이다. 과학은 합의에 의해 이루어지지 않는다. 과학은 사실을 추구하는 탐구자를 요구한다. 그에 비해 합의는 과학적인 증거가 아닌 정치적, 사회적, 재정적 목표와 관련된 상황에만 관심을 기울인다.

비외른 롬보르라는 이름의 과학자가 『회의적인 환경주의자』라는 책을 펴냈다. 그러자 『사이언티픽 아메리칸』은 누구든 나서서 환경론자들이 주장하는 지구온난화를 옳게 조사해야 한다고 제안했다는 이유로 그를 과학계의 이단아로 비난했다. 그는 일부 과학자들이 말하는 대로 지난 30년 동안에 지구의 온도가 1도 상승했다는 것을 인정한다. 그러나 30년의 자료로는 충분하지 않다. 그것은 단기적인 변화일 뿐이다. 단기적인 변화는 생겼다가 사라지기도 한다.

가장 확실한 정보에 따르면 1880년 이후로 지구의 평균 온도가 오르락내리락 했다는 것이다. 1940년에서 1970년 사이에는 온도가 조금 내려갔고, 1970년부터 현재까지는 온도가 1도 올라갔다. 합리적인 과학은 태양의 흑점과 기후 변화가 밀접하게 연관되어 있다고 지적한다. 흑점이 많아지면 기후도 더 뜨거워진다. 기후가 변화하는 이유는 태양의 변화 때문이다. 기후 변화의 원인은 태양에서 발생하는 적외선의 변화 때문이다

이산화탄소가 지구온난화의 원인이라는 절대적인 증거는 없다. 오히려 그 반대, 즉 온난화가 더 많은 이산화탄소를 만들어낸다는 것이

사실일 가능성이 높다. 태양이 바다의 수온을 올려 물이 따뜻해지면 더 많은 이산화탄소가 방출된다. 사람들이나 산업 활동이 지구의 온도를 올린다고 단정할 만한 증거가 충분하지 않다.

그런데 왜 이리 야단들일까? 그 이유는 정치와 세상 풍조와 거짓 과학이 우리의 세계관을 결정하도록 방치하면 늘 줏대 없이 흔들릴 수밖에 없기 때문이다. 그러기보다는 만물의 창조주께서 우리를 위해 기록한 단순하고, 명확한 말씀을 충실하게 믿는 편이 훨씬 낫다.

성경은 인간이 자연의 적이 아닌 청지기라고 가르친다. 하나님이 인간에게 지구를 허락하신 이유는 그것을 사용하게 하기 위해서다. 지구는 마구잡이로 이루어지는 우연에 의해 수십억 년 동안 진화해 온 허약한 생태계가 아니다. 지구는 만물을 능력으로 지탱하시는 하나님에 의해 유지되는 강하고, 견고한 체계다. 이 세상은 원시 상태로 보존되기 위해 창조되지 않았다. 세상은 사용하기 위해 창조되었다.

하나님은 지구를 만드셨고, 유지하신다. 또한 그분은 장차 그 종말이 올 것이라고 예고하신다. 바라건대 우리 모두 그 날을 위해 준비하고, 또 정확무오한 하나님의 말씀에 충실함으로써 우리의 교인들을 잘 준비시킬 수 있기를 기도한다.

PRAYER

아버지여, 지금과 같은 방식으로
아버지를 드러내 보여주셔서 감사합니다.
아버지께서는 우주의 창조주요 유지자요 완성자이십니다.
아버지께서 우주를 말씀으로 창조하셨다는 놀라운 현실은
아버지께서 또한 말씀으로 순식간에
우주를 사라지게 만드실 수 있다는 사실을 상기시켜 줍니다.
그때가 되기까지 아버지께서는 세상을 유지하고 계십니다.

아버지여, 오직 아버지께서만이
진정한 창조의 진실을 알려주실 수 있습니다.
그리고 그렇게 해주셔서 참으로 감사합니다.

새로운 각오로 아버지의 말씀을 굳게 의지하고,
아버지의 말씀을 선포하며,
분명한 태도로 그 진리에 충실하고,
온전히 헌신할 수 있게 하옵소서.
이 모든 말씀을 그리스도의 이름으로 비나이다. 아멘.

5
Nathan Busenitz

"오직 의인은
믿음으로 말미암아 살리라" _롬 1:17

역사적인 기독교 신앙을 계승하라

나단 부세니츠, 2012
로마서 1:17

　지금으로부터 약 500년 전인 1510년 가을이었다. 로마 가톨릭 수도사 한 사람이 절박한 심정을 안고 평생 동안 영적 순례의 길을 걸어가기로 작정했다. 그는 그 순례의 길을 시작하기 5년 전에 독일의 한 수도원에 들어갔다. 그가 법률가가 되기를 원했던 그의 아버지로서는 참으로 놀랍고도, 실망스런 결정이 아닐 수 없었다.

　당시 스물한 살의 젊은이였던 그는 법률 학교에서 집으로 돌아가던 중에 사나운 폭풍우를 만났다. 벼락이 무섭게 내리치자 그는 곧 죽을 것 같은 생각이 들었다. 그는 목숨을 잃을까 봐 두려워 자신이 믿고 자라온 로마 가톨릭 신앙에 의지해 도움을 부르짖었다. "성 안나여, 저를 살려 주소서. 그러면 수도사가 되겠습니다." 그는 보름 뒤에 법률 학교를 그만 두고 수도사가 되었다. 그가 수도사가 된 이유는 죽음에 대한 두려움 때문이었다. 그리고 그 후부터 그는 하나님의 진노에 대한 두려움에 시달리며 살아야 했다.

　그는 수도원의 수도사들 가운데 가장 예민했다. 그는 최선을 다해 양심의 가책을 달래고, 하나님의 은혜를 얻으려고 몸부림쳤다. 그는 성례와 금식과 고해 성사에 몰두했고, 온갖 형태의 금욕(잠을 자지 않고 지내기, 이불을 덮지 않고 추운 겨울밤을 보내기, 죄를 속량하기 위해 채찍으로 자기 몸을 때리기 등)을 실천했다. 그는 나중에 이 시절을 떠올리며 만일 수도사의 삶을 통해 천국에 들어갈 공로를 세운 사람이 있다면 바로 자신이었을 것이라고 말했다. 심지어는 그를 지도했던 수도원 원장조차도 지나치게 자기 성찰적이고, 구원에 지나치게 집착했던 그를 염려해야 할 정도였다.

하나님의 의

이 젊은 수도사는 바울이 로마서에서 가르친 하나님의 의에 마음이 끌렸고, 특히 바울이 복음에 관해 가르친 로마서 1장 17절에 깊이 매료되었다. "복음에는 하나님의 의가 나타나서 믿음으로 믿음에 이르게 하나니 기록된 바 오직 의인은 믿음으로 말미암아 살리라 함과 같으니라."

그는 처음에는 이 구절의 의미를 올바로 이해하지 못했다. 중세 로마 가톨릭 교회의 전통이라는 렌즈를 끼고 그 구절을 읽었기 때문에 자연히 그 의미가 왜곡될 수밖에 없었다. 그는 구원을 얻으려면 자신의 노력으로 의롭게 되어야 한다고 생각했다. 그런데 그것이 바로 문제였다. 그는 자신이 의롭지 않다는 것을 알았다. 그는 하나님의 은혜를 얻기 위해 온갖 노력을 다 기울였지만 그분의 완전한 기준을 충족시킬 수는 없었다. 그가 훗날 이따금 말하곤 한 대로, 차츰 "하나님의 의"라는 문구가 싫어지기 시작했다. 왜냐하면 그 안에서 오직 자기 자신의 정죄된 모습만을 발견했기 때문이다. 그는 하나님의 완전한 의가 기준이고, 자신과 같은 죄인은 그 기준을 충족시킬 수 없기 때문에 정죄를 피하기가 불가능함을 깨달았다. 실망과 절망에 부딪친 그는 엄격한 수도원 생활에 더욱 열심히 매진했다. 그는 행위로 구원을 얻기 위해 온갖 노력을 기울였지만 갈수록 절망감만 더 커질 뿐이었다.

그러던 중, 그는 수도사가 된 지 5년이 지난 1510년에 마침내 평생 동안 영적 순례의 길을 걸어가기로 굳게 마음먹었다. 그 해 10월, 그는 동료 수도사 한 사람과 더불어 로마로 여행을 떠났다. 그는 로마에 있는 사제나 추기경이나 교황이라면 자신의 영혼 안에서 휘몰아치는 폭풍우를 달래줄 수 있을 것이라고 생각했다. 그는 사도들의 성상 앞에 경의를 표하고, 거룩한 도성에서 고해 성사를 하면 온전한 사면을 받을 것이라고 믿었다. 그는 눈앞에 로마가 모습을 드러내자 크게 흥분하며 무릎을 꿇고, "안녕, 거룩한 로마여! 이곳에서 순교자들이 피를 흘렸으니 갑절이나 거룩하도다."라고 부르짖었다.[1]

로마에서의 실망

그의 흥분은 곧 심한 절망으로 바뀌었다. 그는 로마의 종교적 열기에 동참해 성인들의 무덤을 방문하고, 고행 의식을 실천에 옮겼지만 이내 터무니없는 모순들을 감지했다. 그는 교황과 추기경과 사제들에게서 의로움을 발견하기는커녕 오히려 부패와 탐욕과 부도덕에 경악을 금할 수 없었다. 유명한 역사가 필립 샤프는 그런 그를 이렇게 묘사했다.

> (그 젊은이는)…성직자들의 불신앙과 경박함과 부도덕에 충격을 받았다. 재물과 사치스런 삶이 사도적 청빈과 자기 부정을 대체한 것처럼 보였다.

그는 교황 율리우스 2세의 궁정에서 속된 영화만을 발견했다. …또한 그는 교황 알렉산드로스 6세의 끔찍한 범죄에 대한 소식을 접하게 되었다. 그것은 독일에서는 거의 알려지지도 않았고, 믿어지지도 않는 일이었지만 로마인들은 모두 그것을 생생히 기억하며 의심 없는 사실로 언급했다. …그는 사람들이 "지옥이 있다면 로마가 그 위에 건설되었을 것"이라면서 그런 상황이 곧 종결되어야 한다고 말하는 소리를 들었다.[2]

오랫동안 자기 의를 추구하던 그는 절박한 상황에 부딪친 나머지 큰 기대를 갖고 순례 여행을 시작했다. 그는 대답을 구하기 위해 로마로 갔지만 그가 발견한 것은 오직 영적 파산뿐이었다. 그는 환상을 깨우친 채 실망감을 안고 독일로 다시 돌아왔다. 그는 "로마여! 전에는 가장 거룩한 도시였지만 이제는 최악의 도시가 되었구나."라고 말했다.[3]

독일로 돌아온 지 몇 년 뒤에, 마르틴 루터는 교황을 적그리스도로 일컬으며 공개적으로 도전장을 내밀었다. 그는 추기경들을 사기꾼으로 단죄하고, 로마 가톨릭 교회의 전통을 행위의 의를 추구하는 파괴적이고, 배교적인 체계로 간주해 강력하게 비판했다. 그러나 그런 일이 있기 전에 루터는 스스로의 영적 딜레마를 극복할 수 있는 해결책을 찾아야 했다. 최선의 노력을 기울였는데도 여전히 불의하다면 어떻게 해야 거룩하고 완전하신 하나님 앞에서 의롭게 될 수 있단 말인가?

종교개혁의 핵심

루터는 1513년과 1514년에 시편을 강의하고, 로마서를 연구하면서 마침내 그토록 오랫동안 발견하지 못한 영광스러운 진리를 깨닫게 되었다. 그는 비로소 "하나님의 의"가 그분의 의로운 요구(인간이 결코 충족시킬 수 없는 요구)만이 아니라 그분이 친히 제공한 의(하나님은 회개하고 믿는 자들에게 그리스도의 의를 전가하신다)를 아울러 포함한다는 깨달음에 이르렀다. 루터는 그런 깨달음을 통해 자신의 마음속에서 일어난 영광스러운 변화를 이렇게 묘사했다. "밤낮으로 묵상하던 중에 마침내 하나님의 은혜로…하나님의 의는, 그분이 주시는 선물, 곧 믿음으로 의인이 사는 것을 의미한다는 진리를 깨달았다. 나는 완전히 새롭게 태어나 활짝 열린 문을 통해 낙원으로 들어가는 듯한 심정을 느꼈다."[4]

스스로의 노력으로 하나님을 기쁘시게 해 의롭게 되려고 오랫동안 애써 왔고, 또 줄곧 죄책감에 시달려 온 마르틴 루터는 드디어 복음의 핵심을 이해하게 되었다. 그는 그리스도를 믿는 믿음을 통해 은혜로 의롭다 하심을 받는다는 진리를 발견했다. 루터와 그의 동료 개혁자들은 하나님의 은혜의 교리를 설교와 가르침의 핵심 주제로 삼았다. 그것은 당시 로마 가톨릭 교회가 가르치던 교리와는 정면으로 상충되었다. 종교개혁의 다섯 가지 슬로건, "오직 성경으로!"(sola Scriptura), "오직 믿음으로!"(sola fide), "오직 은혜로!"(sola gratia), "오직 그리스도로!"(solus Christus), "오직 하나님께만 영광을!"(soli Deo gloria)은 종교개혁이 발견한 복음의 핵심과 토대를 간략하게 요약한다.

"오직 성경으로!"는 하나님의 말씀이 교회를 위한 최고의 궁극적인 권위라는 사실을 가리킨다. "오직 믿음으로!"는 선행이 아닌 예수 그리스도의 인격과 사역을 믿는 믿음을 통해 "오직 은혜로!" 의롭다 하심을 받는다는 것을 의미한다. "오직 그리스도로!"는 그리스도께서 갈보리에서 단번에 드린 희생이 그분을 믿는 자들의 죗값을 온전히 청산하기에 충분하다는 것을 강조한다. 구원받은 자들은 스스로 구원을 위한 공로를 세울 수 없기 때문에 "오직 하나님께만 영광을!" 돌려야 한다.

종교개혁은 새로운 진리를 가르쳤는가?

여기에서 "루터가 이해한 복음은 새로운 것인가?"라는 한 가지 중요한 질문이 제기된다. 마르틴 루터와 다른 종교개혁자들은 그리스도께서 이루신 속죄 사역에 근거해 오직 믿음을 통해 은혜로 의롭다 하심을 받는다는 교리를 새롭게 창안했는가?

일부 로마 가톨릭주의자들은 그렇다고 주장할 것이다. 2007년 5월, 당시 "복음주의 신학협회"의 대표였던 프랜시스 벡위스는 개신교를 떠나 로마 가톨릭으로 개종하기 위해 직위를 사임한다고 발표했다. 그가 제시한 이유는 주로 교회의 역사와 관련된 것이었다. 그 가운데는 이런 말이 포함되어 있었다. "초기 교회는 개신교보다는 가톨릭에 더 가까웠다. 가톨릭 신자들이 기원 후 처음 몇 세기 동안의 고대 교회들은 물론이고, 그 이후로 종교개혁에 이르기 전까지의 교회들이 구원에 관해 역사적으로 이해해 온 것과 칭의를 가르치는 성경 본문들을 더 잘 설명할 수 있는 능력을 갖추고 있다."[5]

온라인 토론회에 나와 대화를 나누었던 한 로마 가톨릭 변증학자는 "개신교는 1500년대 이전에는 존재하지 않았다. 1500년대 이전에 지금과 같은 개신교 신앙과 관습이 존재했다고 주장하는 사람이 있으면 나와 보라."라고 소리쳤다. 그는 "오직 믿음으로!"와 "오직 성경으로!"와 같은 개신교의 교리가 16세기 이전에 존재했다는 것을 입증해 줄 사람을 찾고 있다면서 말하고자 하는 의도를 분명하게 드러냈다. 그는 복음주의의 복음이 종교개혁 이전에 존재하지 않았고, 개신교의 핵심 원리는 모두 마르틴 루터와 종교개혁자들이 창안한 것이라고 주장했다. 만일 그런 주장이 사실이라면 그 파장이 참으로 클 것이 분명하다.

종교개혁 이전의 개혁자들

그런 주장이 틀렸다는 것은 루터가 종교개혁 이전의 개혁자들, 곧 존 위클리프나 요한네스 후스와 같은 사람들의 터 위에서 개혁의 기치를 들었다는 사실을 제시하면 간단히 입증할 수 있다. 종교개혁을 역사의 한 시점, 곧 1517년에 일어났거나 루터를 통해 처음 시작된 현상으로 생각하는 사람들이 많다. 그러나 사실, 개혁은 일찍이 12세기부터 탄력을 받기 시작했다. 발도파 신자들은 1100년대에 교회를 위한 권위는 오직 성경뿐이라고 가르쳤다. 그들은 교황의 권위를 거부하고, 성경을 전하는 데 헌신했을 뿐 아니라 하나님의 말씀을 지역 언어로 번역해 사람들이 자국어로 성경을 읽을 수 있게 했다. 발도파는 16세기에 종교개혁 운동에 참여했다. 왜냐하면 종교개혁자들의 가르침이 자신들의 교리와 일치한다는 것을 알았기 때문이다.

마르틴 루터가 출현하기 2세기 전인 1300년대에는 존 위클리프라는 영국 학자가 가톨릭 체계의 부패를 비판하며 개혁을 요구했던 사실을 알 수 있다. "종교개혁의 새벽별"로 알려진 위클리프는 옥스퍼드의 동료 학자들과 함께 성경을 영어로 번역했다. 그로부터 한 세대가 지난 1400년대에는 요한네스 후스라는 보헤미아 출신의 설교자가 교황 제도를 반대하며 오직 그리스도만이 교회의 머리라고 가르쳤다(그는 발도파와 위클리프의 영향을 받았다). 그리스도께서 교회의 머리이시라면 교회를 위한 권위는 오직 그분의 말씀뿐이다("오직 성경으로!"). 그리고 그분의 말씀이 교회를 위한 권위라면 성경이 가르치는 복음이 구원의 참된 메시지인 것이 틀림없다.

후스는 1415년에 콘스탄츠 공의회에 안전하게 도착할 수 있게 해주겠다는 약속을 받았지만 체포되어 재판을 받고 화형에 처해졌다. 그로부터 1세기가 지난 후, 마르틴 루터는 요한네스 후스의 저서들을 발견했다. 루터는 후스의 저서들에 깊이 매료되었고, 나중에는 "작센의 후스"로 알려지게 되었다.

12세기의 발도파와 14세기의 위클리프와 15세기의 후스를 거치면서 종교개혁은 이미 1517년 전부터 강한 세력을 형성하기 시작했다. 루터는 스스로를 혁신가가 아닌, 자기보다 앞선 사람들의 터 위에 건설하는 사람으로 간주했다. 그렇지만 초기 교회에 관한 문제는 여전히 풀리지 않고 남는다. 과연 초기 교회의 신자들은 오직 믿음으로 은혜의 복음만을 굳게 붙잡았을까?

성경에 나타나는 "오직"의 원리들

교회사에 근거해 이 물음에 대한 대답을 구하기 전에 먼저 성경에서 발견되는 대답부터 살펴봐야 할 필요가 있다. 복음주의 그리스도인들은 오직 성경만을 절대적인 권위로 인정한다. 복음에 대한 우리의 이해는 성경의 가르침에 근거해야 한다. 오직 믿음을 통해 은혜로 의롭다 하심을 받는다는 교리는 성경으로 옹호해야 한다. 그렇지 않으면 그것을 옳게 옹호할 수 없다.

이 교리를 옹호하는 데 인용할 수 있는 성경 구절은 많다. 지면이 부족하기 때문에 몇 구절만 예로 들면 다음과 같다. 예수님은 누가복음 18장 13, 14절에서 바리새인의 기도와 세리의 기도를 비교하셨다. 그분은 자기의 의를 추구하는 행위로 의롭다 하심을 받는 것이 아니라고 분명하게 가르치셨다. 하나님은 아무 자격도 없는 세리와 같이 믿음으로 긍휼을 부르짖는 자를 의롭다고 여기신다. 로마서 3장 28절은 "사람이 의롭다 하심을 얻는 것은 율법의 행위에 있지 않고 믿음으로 되는 줄 우리가 인정하노라"라고 말씀한다. 로마서 4장은 아브라함을 이 진리를 뒷받침하는 본보기로 제시한다. 로마서 5장 1절도 "우리가 믿음으로 의롭다 하심을 받았으니 우리 주 예수 그리스도로 말미암아 하나님과 화평을 누리자"라고 말씀한다. 바울은 갈라디아서 3장 8절에서 "하나님이 이방을 믿음으로 말미암아 의로 정하실 것을 성경이 미리 알고"라고 강조했다. 에베소서 2장 8, 9절은 죄인들이 믿음을 통해 하나님의 은혜로 구원받으며, 구원은 행위의 결과가 아닌 하나님의 선물이라고 가르쳤다.

바울은 빌립보서 3장 8, 9절에서 선행을 통해 구원을 받으려는 시도가 무익하다는 사실을 재차 강조했다. 그는 "내가 가진 의는 율법에서 난 것이 아니요 오직 그리스도를 믿음으로 말미암은 것이니 곧 믿음으로 하나님께로부터 난 의라"라고 설명했다. 디도서 3장 5-7절은 하나님이 "우리가 행한 바 의로운 행위로 말미암지 아니하고 오직 그의 긍휼하심을 따라" 우리를 구원하신다고 가르쳤다.

이런 성경 구절들을 간단히 살펴보는 것만으로도 우리가 하나님 앞에서 의롭다 하심을 받는 것은 우리가 행한 선행이 아니라 그리스도께서 십자가에서 이루신 사역에 근거한다는 사실을 분명히 알 수 있다. 우리는 그리스도를 믿는 믿음을 통해 오직 은혜로 의롭다 하심을 받는다.

최초의 공의회

교회사는 어떻게 증언하는가? 최초의 그리스도인들은 이신칭의에 관한 성경의 가르침을 어떻게 이해했는가? 성경의 진리와 교회사의 증언이 하나로 합쳐진 것이 사도행전에서 발견된다. 누가가 60년대에 기록한 사도행전은 처음 30년의 교회 역사(오순절 성령 강림에서부터 바울이 로마에서 감옥에 갇혀 지내던 시기까지)를 기록한다.

사도행전은 누가복음이 끝나는 곳(그리스도의 부활 이후)에서부터 시작한다. 그 첫 장은 사도행전의 줄거리를 간단하게 요약하는 그리스도의 지상 명령(그리스도의 제자들이 예루살렘과 유대와 사마리아와 땅 끝까지 이르러 사람들을 제자로 삼으라는 것)에 초점을 맞춘다. 사도행전은 그 지상 명령이 이루어져 간 과정을 기록한다. 먼저 교회가 설립되고, 예루살렘과 유대에 복음이 전파되었고(행 2-7장), 곧이어 사마리아까지 확대되었다(8장). 사울이 회개했다(9장, 장차 그를 통해 로마 제국 곳곳에 복음이 전파될 예정이었다). 최초의 이방인 회심자 고넬료가 언급되었다(10장). 수리아 안디옥에 이방인 신자들과 유대인 신자들이 함께 모인 최초의 교회가 설립되었다(11장). 그때부터 사도행전 마지막까지의 내용은 바울이 여러 차례의 선교 여행을 통해 복음을 이방 세계에 전파한 과정을 기록한다(12장에서 야고보와 베드로를 간단히 다룬 내용만 예외다).

사도행전은 복음의 확장을 축하한다. 그러나 누가의 역사적인 기록의 중간쯤에 복음의 본질을 둘러싸고 심각한 논쟁이 불거진 사건이 나타난다(15장). 그 문제는 너무나도 중요했기 때문에 사도들은 논쟁을 해결할 목적으로 예루살렘에서 모임을 가졌다. 이 사도들의 모임은 예루살렘 공의회로 알려졌다. 그것은 오순절에 교회가 설립되고 나서 약 20년이 지난 후인 49년(또는 50년)에 개최된 교회 역사상 최초의 공의회였다(그 이후에 열린 중요한 공의회인 니케아 공의회보다는 275년 앞선 시기였다).

예루살렘 공의회는 "복음의 본질은 무엇인가? 은혜 외에 행위가 필요한가?"라는 중요한 문제를 해결하기 위해 소집되었다. 만일 올바른 메시지가 선포되지 않는다면 복음의 진보는 더 이상 지속되기 어려울 것이 분명했다.

참된 복음의 선포(행 13, 14장)

교회의 역사가 처음 시작된 오순절에는 교회에 유대인 신자들만 존재했다(행 2장). 당시는 사마리아인들이나 고넬료의 회심이 이루어지기 전, 곧 이방인 신자들이 그리스도의 몸에 속하기 전이었다(행 8, 10장). 누가는 고넬료의 회심을 시작으로 복음이 이방 땅에 확산되어 수리아 안디옥에 이방인 신자들로 구성된 교회가 설립된 경위를 기록했다(행 11:19-24).

이방인 신자들이 교회에 유입된 것은 유대인 신자들에게는 획기적인 변화가 아닐 수 없었다. 모세 이후로 1500년 동안 하나님은 이스라엘 민족을 통해 역사하셨다. 그러나 이제는 이방인들이 유대교로 개종하지 않고서도 구원받는 역사가 일어났다. 하나님은 베드로의 눈앞에서 고넬료를 구원하심으로써 사도들이 그런 변화에 대해 준비를 갖추도록 이끄셨다(행 11:1-18). 사도들은 안디옥에서 이방인들이 회심했다는 소식을 전해 듣고는 기뻐하며 바나바를 보내 그들을 돌보게 했다. 그 후 얼마 지나지 않아 바나바는 다소로 가서 바울을 찾아 데리고 와서 안디옥에서 함께 일했다(행 11:25, 26).

바울과 바나바는 상당한 사역의 결실을 거둔 후 47년경부터는 갈라디아 남부(현대의 터키)에 있는 이방 도시들을 돌아다니면서 복음을 전하기 시작했다. 그들은 먼저 구브로로 가서 버가를 거쳐 비시디아 안디옥에 이르렀다. 그들은 그곳의 회당에 들어갔고, 바울은 유대인 청중을 상대로 강력한 복음의 메시지를 전했다.

그 설교의 내용이 사도행전 13장 16-41절에 기록되어 있다. 바울의 설교는 예수님이 하나님이 죽은 자 가운데서 살리신 메시아이시고, 그분을 통해 죄인들이 구원을 받는다는 데 초점을 맞추었다. 그는 은혜의 복음을 강조하면서 38, 39절에서 "그러므로 형제들아 너희가 알 것은 이 사람을 힘입어 죄 사함을 너희에게 전하는 이것이며 또 모세의 율법으로 너희가 의롭다 하심을 얻지 못하던 모든 일에도 이 사람을 힘입어 믿는 자마다 의롭다 하심을 얻는 이것이라"라고 선언했다.

바울은 자기 의를 추구하는 율법주의를 신봉하던 1세기의 유대교와는 달리, 모세의 율법으로 이룰 수 없는 일을 그리스도를 믿는 믿음을 통해 이룰 수 있다고 강조했다. 율법을 지킴으로써가 아니라 그리스도를 믿음으로써 용서와 칭의를 받는다. 그것은 그 날 회당에서 바울의 설교를 듣던 사람들에게는 너무나도 혁신적인 가르침이 아닐 수 없었다. 그들 가운데 많은 사람이 그 가르침을 거부하며 바울과 바나바를 그곳에서 내쫓은 것은 조금도 놀랍지 않은 일이었다(45, 46, 50절).

바울과 바나바는 그 외에도 다른 여러 도시들을 돌아다니면서 복음을 전했고, 곳곳에 교회들을 설립하고 지도자들을 세우고 나서는 다시 본거지로 돌아왔다(행 14:27, 28). 그들의 첫 번째 선교 여행이 끝났다. 결과는 대성공이었다. 선교 여행은 여러 달이 걸렸고, 바울과 바나바는 심한 박해를 당하며 목숨을 잃을 뻔했던 위험을 겪었지만 갈라디아 남부 지역에 교회들이 설립되는 성과를 거두었다. 이방인들에게는 오직 믿음의 복음만이 전파되었다. 그로 인해 곧 논쟁이 불거졌다.

참된 복음의 왜곡(행 15:1-5)

사도행전 14장은 수리아 안디옥에 있는 교회가 첫 번째 선교 여행이 성공을 거둔 것을 기뻐하는 내용으로 끝을 맺는다. 그러나 그와는 대조적으로 15장은 다음과 같은 내용으로 시작한다.

> "어떤 사람들이 유대로부터 내려와서 형제들을 가르치되 너희가 모세의 법대로 할례를 받지 아니하면 능히 구원을 얻지 못하리라 하니 바울 및 바나바와 그들 사이에 적지 아니한 다툼과 변론이 일어난지라 형제들이 이 문제에 대하여 바울과 바나바와 및 그 중의 몇 사람을 예루살렘에 있는 사도와 장로들에게 보내기로 작정하니라 그들이 교회의 전송을 받고 베니게와 사마리아로 다니며 이방인들이 주께 돌아온 일을 말하여 형제들을 다 크게 기쁘게 하더라 예루살렘에 이르러 교회와 사도와 장로들에게 영접을 받고 하나님이 자기들과 함께 계셔 행하신 모든 일을 말하매 바리새파 중에 어떤 믿는 사람들이 일어나 말하되 이방인에게 할례를 행하고 모세의 율법을 지키라 명하는 것이 마땅하다 하니라"(1-5절).

선교 사역은 성공리에 끝났지만 교회는 갑작스레 복음의 본질을 둘러싼 논쟁에 휘말려 들었다. 그 문제는 "죄인은 어떻게 해야 구원받는가?"라는 물음으로 간단하게 요약할 수 있었다(행 16:30 참조).

바울은 사도행전 13장 38, 39절에서 그리스도를 믿는 믿음은 모세의 율법이 할 수 없는 일을 한다고 선언했다. 즉 믿음은 용서와 칭의를 가져다준다. 그러나 전에는 바리새인으로, 나중에는 유대주의자로 알려지게 된 사람들은 바울이 가르친 복음에 행위를 포함시키지 않으면 아무런 유익이 없다고 주장했다. 그들은 구원을 받으려면 믿음 외에도 할례와 율법 준수가 필요하다고 말했다(행 15:5). 큰 논쟁과 다툼이 불거진 것은 너무나도 당연했다. 왜냐하면 그것은 결코 사소한 문제가 아니었기 때문이다. 바울과 바나바는 사도들과 장로들의 의견을 구해 문제를 해결할 생각으로 예루살렘으로 향했다. 은혜로만 구원받는가, 아니면 믿음 외에 할례와 모세 율법을 지키는 행위가 더 필요한가?

바울은 예루살렘 공의회를 향해 가면서 무슨 생각을 했을까? 그가 그런 일이 있은 직후에 쓴 갈라디아서 2장에 보면 이런 내용이 발견된다. "내가 바나바와 함께 디도를 데리고 다시 예루살렘에 올라갔나니 계시를 따라 올라가 내가 이방 가운데서 전파하는 복음을 그들에게 제시하되 유력한 자들에게 사사로이 한 것은 내가 달음질하는 것이나 달음질한 것이 헛되지 않게 하려 함이라"(갈 2:1, 2).

바울은 예루살렘에 도착한 뒤에 공의회가 소집되기 전에 몇몇 사도들을 개인적으로 만나 자신이 이방인들에게 전한 복음(오직 믿음을 통해 은혜로 구원받는다는 복음)을 설명했다. 바울의 기록에는 주님의 형제인 야고보와 베드로와 요한의 이름이 명시되어 있다. 바울은 갈라디아서 2장 4, 5절에서 유대주의자들에 관해 이렇게 말했다. "이는 가만히 들어온 거짓 형제들 때문이라 그들이 가만히 들어온 것은 그리스도 예수 안에서 우리가 가진 자유를 엿보고 우리를 종으로 삼고자 함이로되 그들에게 우리가 한시도 복종하지 아니하였으니 이는 복음의 진리가 항상 너희 가운데 있게 하려 함이라." 이 말씀이 분명하게 말하는 대로 바울은 복음의 진리를 조금도 타협하지 않기로 굳게 결심했다.

참된 복음의 보존(행 15:6-11)

바울이 사도들을 개인적으로 만나고 나서 공의회가 열렸다. 바울은 당시의 상황을 이렇게 묘사했다.

"사도와 장로들이 이 일을 의논하러 모여 많은 변론이 있은 후에 베드로가 일어나 말하되 형제들아 너희도 알거니와 하나님이 이방인들로 내 입에서 복음의 말씀을 들어 믿게 하시려고 오래 전부터 너희 가운데서 나를 택하시고 또 마음을 아시는 하나님이 우리에게와 같이 그들에게도 성령을 주어 증언하시고 믿음으로 그들의 마음을 깨끗이 하사 그들이나 우리나 차별하지 아니하셨느니라 그런데 지금 너희가 어찌하여 하나님을 시험하여 우리 조상과 우리도 능히 메지 못하던 멍에를 제자들의 목에 두려느냐 그러나 우리는 그들이 우리와 동일하게 주 예수의 은혜로 구원받는 줄을 믿노라 하니라."

베드로는 이방인들이 복음을 듣고, 믿는 것이 옳다고 말했다. 그는 이방인들도 유대인 신자들이 오순절에 그랬던 것처럼 성령을 받았다고 강조했다. 또한 그는 하나님이 믿음으로 그들의 마음을 깨끗하게 하셨고, 모세의 율법은 구원에 필요하지 않은 짐을 지운다고 말했고, 유대인과 이방인을 막론하고 신자는 모두 주님의 은혜로 구원받는다고 결론지었다. 그는 율법의 행위와 상관없이 오직 그리스도를 믿는 믿음을 통해 은혜로 구원받는다는 복음을 분명하게 확증했다.

12절 이후의 내용은 야고보를 비롯해 예루살렘 공의회의 참석자 모든 사람이 베드로의 말대로 이방인 신자들이 모세 율법을 지킬 필요가 없다는 데에 동의했다고 진술한다.[6] 사도들은 예루살렘 공의회에서 바울과 바나바가 전한 복음을 기꺼이 인정했다. 바울과 바나바는 크게 기뻐하며 용기백배해 안디옥으로 돌아갔다(행 15:30, 31).

물론 유대주의자들은 공의회의 확고한 결정에도 불구하고 계속해서 문제를 일으켰다. 거짓 교사들은 바울과 바나바가 선교 여행을 통해 세운 교회들 안에서 믿음만으로는 구원을 받기에 충분하지 않다고 주장했다. 그들은 이방인 신자들이 구원을 받으려면 할례와 율법의 준수가 필요하다고 주장했다. 바울은 그로 인해 크게 염려하지 않을 수 없었다.

그는 두 가지 방식으로 상황에 대처했다. 하나는 자신이 세운 교회들을 방문해 그들의 믿음을 굳세게 하는 것이었고, 다른 하나는 편지를 띄워 강력하게 경고하는 것이었다.

"그리스도의 은혜로 너희를 부르신 이를 이같이 속히 떠나 다른 복음을 따르는 것을 내가 이상하게 여기노라 다른 복음은 없나니 다만 어떤 사람들이 너희를 교란하여 그리스도의 복음을 변하게 하려 함이라 그러나 우리나 혹은 하늘로부터 온 천사라도 우리가 너희에게 전한 복음 외에 다른 복음을 전하면 저주를 받을지어다 우리가 전에 말하였거니와 내가 지금 다시 말하노니 만일 누구든지 너희가 받은 것 외에 다른 복음을 전하면 저주를 받을지어다"(갈 1:6-9).

바울 사도는 칭의는 율법의 행위에 근거하지 않고 그리스도를 믿는 믿음을 통해 은혜로 주어진다고 강조했다(갈 3:1-14 참조). 바울은 사역을 하는 동안 내내 자신의 여러 서신에서 이 진리를 가장 중요하게 다루었다(롬 4, 5장; 엡 2:8, 9; 빌 3:7-11; 딛 3:4-7).

구원은 우리의 노력이 아닌 오직 은혜로 받는다는 성경의 진리가 루터와 그의 동료 개혁자들을 옭아맸던 행위의 의로부터 그들을 해방시켰다. 그렇다면 사도들 이후에 살았던 초기 기독교의 지도자들은 어땠을까? 그들도 그리스도를 믿는 믿음을 통해 오직 은혜로 의롭다 하심을 받는다는 것을 옳게 이해했을까?

교부들

복음주의자들은 "오직 믿음으로!"라는 종교개혁의 원리가 성경에 근거한다고 옳게 결론지었다. 그러나 종교개혁 이전에는 복음을 그런 식으로 이해하지 않았다고 잘못 생각하는 사람들이 많다. 사실, "오직 은혜로!"와 "오직 믿음으로!"를 암시하는 내용이 교부들을 비롯해 중세 신학자들의 글에서 종종 발견된다. 그 내용을 모두 다 소개하려면 한 권의 책이 족히 필요할 것이다.[7] 따라서 여기에서는 간단히 그 요점만 밝히는 것으로 만족하고자 한다.

로마의 클레멘스(100년경 사망)

로마의 클레멘스는 약 90년에서 100년까지 로마의 교회를 돌보았던 목회자였다. 그는 교회 지도자로서 요한 사도와 동시대를 살았다. 그는 바울의 제자일 뿐 아니라 어쩌면 빌립보서 4장 3절에 언급된 "글레멘드"일지도 모른다.

로마 가톨릭 교회는 클레멘스를 교황으로 간주한다. 그런 사실은 "오직 믿음으로!"를 주장한 그의 신념을 더욱더 의미심장하게 만든다. 그의 고린도서는 신약 성경 외에 가장 오래된 기독교 문서일 가능성이 높다. 그는 그 서신의 32장에서 이렇게 말했다.

그리스도 예수 안에서 그분의 뜻을 통해 부르심을 받은 우리는 우리 자신이나 우리의 지혜나 총명, 또는 우리의 경건함이나 우리가 거룩한 마음으로 행한 행위가 아닌 믿음으로 의롭다 하심을 받는다. 전능하신 하나님은 믿음으로, 태초부터 존재해 온 모든 사람을 의롭게 하셨다. 그분께 영원토록 영광이 있을지어다. 아멘.[8]

클레멘스는 신자가 이룬 행위의 공로와 상관없이 믿음으로 의롭다 하심을 받는다는 것을 분명하게 이해했다. 그는 "오직"이라는 용어를 사용하지는 않았지만 구원 신앙 외에 다른 모든 것을 배제했다("우리 자신이나 우리의 지혜나 총명, 또는 우리의 경건함이나 우리가 거룩한 마음으로 행한 행위"). 이런 것들은 우리를 의롭게 할 수 없다. 죄인들은 행위와 상관없이 믿음을 통해 은혜로 의롭다 하심을 받는다.

클레멘스의 증언 외에 다른 교부들의 증언도 모두 한결같았다.

폴리갑(69-155년경)

폴리갑은 2세기 전반에 서머나 교회에서 목회자로 활동했다. 죽음에 직면해서도 믿음을 굳게 지킨 그의 충실함이 『폴리갑의 순교』에 기록되어 있다. 그가 쓴 서신 중 유일하게 남아 있는 『빌립보 서신』에 보면 에베소서 2장 8, 9절의 진리가 고스란히 반영되어 있음을 알 수 있다.

너희가 처음부터 알려진 대로 믿음의 뿌리를 굳게 내리고, 인내로써 우리 주 예수 그리스도를 위해 열매를 맺는 것을 보니 참으로 기쁘기 그지없다. 주님은 심지어 죽음에 직면해서도 우리의 죄를 위해 인내하셨고, 하나님에 의해 다시 살리심을 받으셨으며, 음부의 혼란과 고통을 없애주셨다. 너희는 그분을 보지 못했지만 행위가 아닌 예수 그리스도를 통한 하나님의 뜻에 의해 은혜로 구원받았다는 것을 알고, (많은 사람이 경험하기를 원하는) 말로 다할 수 없는 영광스러운 기쁨으로 그분을 믿는다.[9]

폴리갑이 밝힌 대로 구원은 행위의 공로로 얻는 것이 아니라 하나님의 은혜로운 선물이다.

디오그네투스에게 보낸 편지(2세기)

이 익명의 서신은 한 불신자에게 보낸 초창기 복음 전도 문서다. 이 서신은 복음을 아름답게 제시하고 있는 까닭에 교부 시대 문헌 중 가장 큰 설득력을 지닌 문헌 가운데 하나로 손꼽힌다. 저자가 그리스도의 의가 구원 신앙을 통해 그분을 영접한 사람들에게 전가된다는 진리를 명확하게 이해하고 있는 것에 주목하라.

하나님은 자기 아들을 우리를 위한 대속물로 내주셨다. 하나님은 거룩하신 분으로 죄를 지은 자들을, 흠이 없으신 분으로 사악한 자들을, 의로우신 분으로 불의한 자들을, 정결하신 분으로 더러운 자들을, 영생하시는 분으로 유한한 생명을 지닌 자들을 대신하게 하셨다. 그분의 의 외에 다른 무엇이 우리의 죄를 덮어줄 수 있으랴? 하나님의 독생자 외에 다른 어떤 존재가 우리같이 사악하고 불경건한 자들을 의롭게 할 수 있으랴? 오, 참으로 은혜로운 교환이요, 진정 신비로운 효력이요, 모든 기대를 뛰어넘는 축복이 아닐 수 없도다. 많은 사람의 악이 의로우신 한 분 안에 감추어지고, 한 분의 의로움이 수많은 죄들을 의롭게 하누나.[10]

그로부터 14세기 후에 마르틴 루터도 구원의 순간에 일어나는 위대한 교환을 높이 찬양했다.[11] 그리스도께서 십자가에서 죄를 짊어지신 덕분에 신자들은 그분의 온전한 의를 덧입게 되었다(고후 5:21).

푸아티에의 힐라리우스(300-368년경)

4세기에 푸아티에의 힐라리우스는 마태복음 주석을 저술했다. 그는 의미심장하게도 그 저서에서 "믿음이 의롭게 한다."와 "우리는 믿음으로 의롭게 된다."라는 문구를 20회 이상 사용했다. 예를 들어, 그는 "삯은 선물이 아니다. 왜냐하면 일의 대가이기 때문이다. 그러나 하나님은 믿음의 칭의를 통해 모든 사람에게 값없이 은혜를 베푸셨다."라고 말했다.[12] 또한 그는 바리새인들의 적대 행위에 대해 이렇게 주석했다. "서기관들은 사람이 죄를 용서한다는 것에 당혹감을 금하지 못했다(그들은 예수 그리스도를 단지 사람으로만 생각했다). 율법은 죄를 사면할 수 없었고, 주님만이 죄를 용서할 수 있으셨다. 왜냐하면 오직 믿음만이 의롭게 하기 때문이다."[13] 이런 말과 이와 비슷한 말들을 고려하면 힐라리우스가 칭의는 행위와 상관없이 믿음으로 받는다는 사실을 분명하게 이해했다는 것을 알 수 있다.

가이사랴의 바실리우스(329-379년)

가이사랴의 바실리우스는 『겸손에 대한 설교』에서 신자들이 구원의 공로를 내세울 수 없는 이유를 이렇게 설명했다.

> 스스로의 의를 내세워 교만하지 않고, 자신에게 참된 의를 얻을 자격이 없다는 것과 오직 그리스도를 믿는 믿음으로 의롭다 하심을 받는다는 것

을 아는 것이야말로 하나님 안에서의 완전하고, 순수한 자랑이리라. 바울은 자신의 의를 멸시하고, 그리스도로 인한 의, 곧 믿음으로 받는 하나님의 의를 추구하는 것을 자랑으로 여겼다.[14]

바실리우스는 빌립보서 3장 1-11절에 기록된 바울의 말을 따라 신자들이 "오직 그리스도를 믿는 믿음으로 의롭다 하심을 받는다."고 강조했다. 바실리우스는 믿음만을 강조했고("오직 믿음으로!"), 자신의 구원을 위해 하나님 안에서만 자랑했다("오직 하나님께만 영광을!").

암브로시에스터(4세기)

암브로시에스터로 알려진 4세기의 바울 서신 주석가는 로마서 주석에서 믿음을 통해 은혜로 의롭다 하심을 받는다는 것을 확증하는 많은 말을 남겼다. 그 가운데 세 가지만 예로 들면 다음과 같다.

그들은 값없이 의롭다 하심을 받는다. 왜냐하면 스스로는 아무것도 할 수 없고, 또 어떤 대가로 제공할 수 없지만 하나님의 선물인 믿음을 통해서만 의롭다 하심을 받기 때문이다.[15]

바울은 믿음 없이 하나님 앞에서 의롭다 하심을 받을 사람은 아무도 없다는 것을 알고는 율법 아래에 사는 사람들에게 율법을 근거로 자랑하며, 스스로 아브라함의 자손이라고 주장할 이유가 조금도 없다고 말했다.[16]

행위나 율법을 지키는 것 없이 오직 믿음으로 하나님 앞에서 의롭다 하심을 받도록 작정된 사람들은 참으로 복되다.[17]

요한네스 크리소스토무스(347-407년)

유명한 4세기 설교자 요한네스 크리소스토무스는 자신의 『설교』에서 오직 믿음을 통해 은혜로 의롭다 하심을 받는다는 진리를 많이 언급했다. 그 가운데 몇 가지만 예로 들면 다음과 같다.

"믿음의 법"이란 무엇인가? 그것은 은혜로 구원받는다는 것이다. 여기에서 하나님의 능력이 드러난다. 하나님은 구원하실 뿐 아니라 심지어 의롭다 하시고, 또한 자랑하게 하신다. 이 역시 행위를 필요로 하지 않고, 오직 믿음만을 추구한다.[18]

우리 주님이 얼마나 선하신지 아는가? 세리는 자신이 온갖 사악함으로 가득하다는 것을 알고는 오직 "제게 긍휼을 베푸소서."라고 부르짖었다. 그러고는 의롭다 하심을 받고 돌아갔다.[19]

이 요점에 주목하라. 율법을 주신 하나님이 그것을 주시기 전에 이방인들은 믿음으로 의롭다 하심을 받도록 작정하셨다. …그들은 율법을 지키지 않는 자들은 저주를 받는다고 말했지만 그는 율법을 지키는 자가 저주를 받았고, 그것을 지키지 않는 자가 복을 받았다는 것을 입증했다. 또한 그들은 믿음만을 굳게 붙잡는 자가 저주를 받았다고 말했지만 그는 믿음만을 굳게 잡는 자가 복을 받는다는 것을 보여주었다.[20]

율법은 믿음만이 아니라 행위도 요구하지만 은혜는 믿음으로 구원하고, 또한 의롭게 한다.[21]

사람들은 너무나도 좋은 것을 받으면 믿을 수 없다는 듯 스스로에게 "이것이 꿈은 아닐까?"라고 묻는다. 하나님의 선물이 바로 그렇다. 그렇다면 도저히 믿을 수 없어 보이는 그 선물은 과연 무엇일까? 그것은 바로 율법이나 행위로는 의롭게 될 수 없는 죄인이요 원수인 사람들이 오직 믿음만으로 가장 큰 은혜를 받는 것이다. 바울은 로마서에서 이 주제를 길게 논했고, 여기에서도 또한 길게 언급했다. 그는 "미쁘다 모든 사람이 받을 만한 이 말이여 그리스도 예수께서 죄인을 구원하시려고 세상에 임하셨다"라고 말했다. 이것은 유대인들이 주로 관심이 많은 문제였기 때문에 그는 그들에게 율법을 붙잡으려고 하지 말라고 권유했다. 왜냐하면 믿음이 없이 율법으로 구원받을 수가 없기 때문이다. 바울이 그렇게 강력하게 말한 이유는, 일평생 삶을 헛되이 낭비하고 사악한 행위를 일삼아 온 사람이 오직 믿음만으로 구원받을 수 있다는 말은 그들에게 믿기 어렵게 들릴 것이 분명했기 때문이다. 이것이 그가 "이것은 믿어야 할 말씀이다."라고 힘주어 말했던 이유였다.[22]

하나님은 올바른 행위나 노력이나 거래와 교환이 아닌 오직 은혜로 인간을 의롭게 하신다. 바울도 "이제는 율법 외에 하나님의 한 의가 나타났으니"라는 말로 그 점을 분명하게 밝혔다. 하나님의 의는 어떤 노력이나 수고를 통해서가 아니라 예수 그리스도를 믿는 믿음을 통해 주어진다.[23]

마리우스 빅토리누스(4세기)

마리우스 빅토리누스는 자신의 에베소서 주석에서 "하나님은 우리가 세운 공로를 우리에게 되돌려주지 않으신다. 우리는 공로가 아닌 하나님의 은혜와 선하심으로 구원을 받는다."라고 말했다.[24] 나중에 그는 "에베소 사람들이 구원받은 것은 그들 자신에게서 난 것이 아니라 하나님의 선물이다. 그것은 그들의 행위에서 난 것이 아니다. 그것은 그들이 받을 자격이 있는 공로가 아닌 하나님의 은혜요 하나님의 선물이다."라고 덧붙였고,[25] "우리는 오직 그리스도를 믿는 믿음으로 구원받는다."라고 또다시 강조했다.[26] 그는 갈라디아서를 주석하면서는 아브라함을 이신칭의의 대표적인 사례로 언급했다.

> 족장들은 사람이 믿음으로 의롭다 하심을 받는다는 진리를 예시하고, 예고했다. 따라서 아브라함이 믿었을 때 그것이 그의 의로 간주되었던 것처럼 우리도 그리스도와 그분의 모든 신비를 믿는 믿음을 가지면 아브라함의 자손이 될 수 있다. 그렇게 하면 우리의 삶 전체가 의로 간주될 것이다.[27]

아우구스티누스(354-430년)

아우구스티누스는 최소한 서구 사회에서만큼은 가장 큰 영향력을 지녔던 교부였다. 따라서 그가 구원과 관련해 하나님의 은혜를 강조한 것은 종교개혁자들의 사상에 지대한 영향을 미칠 수밖에 없었다. 그가 강조한 요점이 그가 쓴 글에 분명하게 드러나 있다.

> 경건하지 않은 자를 의롭다 하시는 이를 믿는 자에게는 그의 믿음이 의로 간주된다. 다윗은 의로운 행위와 상관없이 하나님이 받아주시고, 의롭다고 여기시는 사람을 복되다고 선언했다. 이것은 무슨 의일까? 믿음의 의다. 믿음의 의는 선한 행위에서 비롯하지 않는다. 오히려 선한 행위가 그 결과이다.[28]

은혜란 무엇인가? 은혜란 값없이 주어지는 것이다. "값없이 주어진다."는 것은 무슨 뜻인가? 그것은 말 그대로 지불되는 것이 아니라 주어지는 것이다. 만일 그것이 마땅한 대가라면 삯은 지불될지 몰라도 은혜는 주어지지 않는다. 만일 그것이 응당 받아야 할 대가라면 그것은 곧 우리가 선하다는 의미일 것이다. 그러나 사실 우리는 악하다. 만일 우리가 악하지만 경건하지 않은 자를 의롭다 하시는 이를 믿는다면("경건하지 않은 자를 의롭다 한다."는 것은 무슨 의미일까? 그것은 경건하지 않은 자가 의롭게 된다는 뜻이다), 율법에 의해 우리가 마땅히 받아야 할 것과 은혜로 우리가 얻은 것을 잘 생각해 보라. 믿음으로 은혜를 얻으면 믿음으로 의롭게 된다. 왜냐하면 "의인은 믿음으로 살기" 때문이다.[29]

이런 상황과 증언을 옳게 생각하고, 적절히 헤아린다면 사람이 거룩한 삶의 교훈이 아닌 예수 그리스도를 믿는 믿음으로, 문자가 아닌 영으로, 행위의 공로가 아닌 값없는 은혜로 의롭다 하심을 받는다고 결론지을 수 있다.[30]

아키텐의 프로스퍼(390-455년)

아키텐의 프로스퍼는 아우구스티누스의 가르침을 옹호하고, 체계화시켰다. 아우구스티누스가 은혜를 강조한 것처럼 그도 이렇게 말했다.

너무나도 가증스러워 은혜의 선물을 받지 못하게 만드는 죄가 있을 수 없는 것처럼, 너무나도 뛰어난 나머지 응당 심판을 받아야 마땅한데도 오히려 값없이 주어지는 은혜를 받을 만한 공로로 간주될 만한 행위도 있을 수 없기는 마찬가지다. 만일 은혜로 주어지는 칭의가 방금 말한 공로의 관점에서 대가로 바뀌어 베푸는 자의 선물이 아닌 수고한 자의 삯으로 간주된다면, 그리스도의 보혈에 의한 구원을 욕되게 만들고(즉 그리스도의 보혈에 의한 구원이 무가치하게 되고), 하나님의 긍휼보다 인간의 행위를 앞세우는 것이 아니겠는가?[31]

프로스퍼가 설명한 대로 하나님의 은혜가 미치지 못할 만큼 극악한 죄도 없고, 구원의 공로가 될 수 있을 만큼 탁월한 선행도 없다. 구원의 선물은 값없이 주어진다. 이 말은 구원이 행위에 근거한 대가가 아니라는 뜻이다. 그럴 수 있다고 생각하는 것은 그리스도께서 십자가에서 치르신 희생을 욕되게 하는 것이다.

키루스의 데오도레투스(393-457년경)

키루스의 데오도레투스도 행위와 상관없이 믿음을 통해 은혜로 구원받는다고 믿었다. 그는 자신의 로마서 주석에서 "의의 행위자는 보상을 기대한다. 그러나 믿음으로 의롭다 함을 받는 것은 하나님의 선물이다."라고 말했다.[32] 그는 또한 같은 책에서 이렇게 말했다.

하나님의 의는 모든 사람이 아니라 믿음의 눈을 가진 사람들에게만 나타난다. 따라서 거룩한 사도는 하나님이 처음부터 우리를 위해 이것을 계획하셨고, 선지자들을 통해 예고하셨으며, 심지어는 선지자들 이전에도 자신의 은밀한 뜻 안에 감추어 놓으셨다고 가르쳤다. …바울은 유대인들을 위해 하박국서를 인용했다. 그는 그들이 율법에 매달리지 말고 선지자들을 따르기를 원했다. 선지자들은 수십 세기에 걸쳐 언젠가는 믿음만으로 구원을 얻을 것이라고 예언했다.[33]

데오도레투스는 에베소서 주석에서도 이와 비슷한 관점을 드러냈다. 그는 그리스도에 관해 말하면서 이렇게 설명했다.

> 예수님이 부활하셨기 때문에 우리도 부활할 것이라는 희망을 가질 수 있다. 그분은 부활을 통해 친히 우리의 빚을 갚아 주셨다. 바울은 그 선물이 얼마나 위대한지를 좀 더 분명하게 설명했다. 그는 "너희가 은혜로 구원 받았다."고 말했다. 우리가 부르심을 받은 이유는 우리의 삶이 탁월해서가 아니라 우리의 구원자이신 주님의 사랑 때문이다.[34]

그는 또한 이렇게 말했다.

> 은혜를 받는 데 필요한 것은 오직 우리의 믿음뿐이다. 그러나 심지어 그런 믿음을 가질 수 있는 것조차도 하나님의 은혜 덕분이다. 바울은 "이것은 너희에게서 난 것이 아니요 하나님의 선물이라 행위에서 난 것이 아니니 이는 누구든지 자랑하지 못하게 함이라"(엡 2:8, 9)라고 말했다. 우리가 믿게 된 것은 자의적인 행위가 아니다. 우리는 부르심을 받은 후에 믿음을 갖게 되었다. 심지어 우리가 믿음을 갖게 되었을 때에도 하나님은 우리에게 순결한 삶이 아닌 믿음, 곧 "하나님이 우리에게 죄의 용서를 베푸셨다."는 것을 기꺼이 인정하는 믿음만을 요구하셨다.[35]

더욱이 데오도레투스는 "오직 믿음"이라는 표현을 사용해 구원의 소망을 묘사했다. "나는 비참하다. 사실 비참한 정도가 아니라 그보다 훨씬 더 심하다. 나는 온갖 종류의 잘못을 저지른다. 나는 오직 믿음만을 통해 주님이 나타나시는 날에 긍휼을 얻기를 희망한다."[36]

캔터베리의 안셀무스(1033-1109년)

중세 시대로 건너가 보아도 행위와 상관없이 오직 믿음을 통해 은혜로 구원받는다는 복음을 발견할 수 있다. 캔터베리의 안셀무스는 『죽어가는 사람을 위한 권고』에서 임종을 앞둔 사람들에게 스스로의 공로가 아니라 오직 그리스도만을 의지해 구원을 받으라고 권고했다. 그는 이 진리를 질문의 형태로 분명하게 제시했다. "자신의 공로가 아니라 예수 그리스도의 죽음의 공로로 영원한 구원을 얻을 수 있다고 믿고, 바라는가?" 그는 그렇게 묻고 나서 독자들에게 "그렇게 믿고, 바랍니다."라고 대답하라고 가르쳤다. 또한 그는 같은 문맥에서 이렇게 말했다.

> 아직 생명이 남아 있을 때 서둘러 나와 그분의 죽음만을 온전히 의지하라. 다른 것은 아무것도 의지하지 말라. 그분의 죽음만 온전히 붙잡아라. 오직 그것으로 스스로를 온전히 가려라. 만일 하나님이 심판하기를 원하신다면 "주님, 저와 주님의 심판 사이에 우리 주 예수 그리스도의 죽음이 있나이다. 그 외에 다른 것으로는 주님과 변론할 수 없나이다."라고 아뢰라. 또한 하나님이 "너는 죄인이다."라고 말씀하시면 "주님, 저의 죄와 주님 사이에 우리 주 예수 그리스도의 죽음이 있나이다."라고 아뢰라. 만일 하나님이 "너는 정죄를 받아야 마땅하다."라고 말씀하신다면 "주님, 저의 악행으로 받아야 할 형벌과 주님 사이에 우리 주 예수 그리스도의 죽음이 있나이다. 제가 마땅히 지녔어야 하지만 지니지 못한 공로를 대신해 그분의 공로를 내놓습니다."라고 아뢰라. 만일 하나님이 분노하시거든 "주님, 주님의 진노와 저 사이에 우리 주 예수 그리스도의 죽음이 있나이다."라고 아뢰라. 그렇게 다 아뢰고 난 다음에도 또다시 "주님, 저와 주님 사이에 우리 주 예수 그리스도의 죽음이 있나이다."라고 아뢰라.[37]

클레르보의 베르나르두스(1090-1153년)

마지막 예는 클레르보의 베르나르두스다. 베르나르두스보다 4세기 후에 나타난 마르틴 루터와 그의 동료 개혁자들은 오직 믿음을 통해 은혜로 의롭다 하심을 받는다는 진리에 대한 그의 가르침에 큰 영향을 받았다. 종교개혁자들이 베르나르두스에게 관심을 기울인 이유를 보여주는 증거를 몇 가지 제시하면 다음과 같다. 그는 이렇게 말했다.

인간은 마귀에게 단단히 속박된 죄의 노예인데 전에 잃었던 의를 회복하기 위해 스스로 무엇을 할 수 있겠는가? 따라서 의가 없는 인간에게 의를 전가해 줄 누군가가 필요하다. …빚을 진 것도 인간이고, 그것을 갚은 것도 인간이다. 바울 사도가 말한 대로 한 사람이 모든 사람을 위해 죽었다면 모두가 죽은 것이다. 한 사람이 모든 사람의 죄를 짊어졌기 때문에 그의 속죄가 모두에게 전가된다. 한 지체는 목숨을 잃고, 한 지체는 속죄를 얻는 것이 아니다. 머리(즉 그리스도)와 몸은 하나다. 머리가 모든 지체의 죄를 속량했다. 그리스도께서는 자신의 모든 자녀들의 죄를 속량하셨다.[38]

나는 나 자신이 하늘의 영광에 가장 부적합한 사람이라고 고백한다. 나 자신의 공로로는 그것을 절대로 얻을 수 없다. 그러나 주님은 이중적인 권리로 그것을 소유하고 계신다. 하나는 영원하신 성부께로부터 나신 독생자라는 자연적인 신분에 의한 권리이고, 다른 하나는 자신의 보배로운 피로 값을 치르고 획득하신 권리이다. 주님은 이 두 번째 권리를 내게 주셨다. 나는 그 권리를 근거로 주님의 칭찬받을 만한 공로와 긍휼을 통해 하늘의 영광을 얻게 될 것을 조금도 믿어 의심하지 않는다.[39]

주님의 의가 내뿜는 향기는 너무나도 뛰어나기 때문에 그분은 단지 의롭다고 일컬어지는 데 그치지 않으신다. 그분은 의 자체, 곧 사람들을 의롭게 하는 의이시다. 사람들을 의롭게 하는 주님의 능력은 관대하게 용서를 베푸는 것을 통해 여실히 드러난다. 따라서 죄를 슬퍼하며 의에 주리고, 목말라 하는 사람은 죄인을 의로운 사람으로 변화시키는 주님을 믿어야 한다. 오직 믿음으로 의롭다 하심을 받은 사람은 하나님과 평화를 누릴 것이다.[40]

위의 마지막 문장보다 "오직 믿음으로!"라는 종교개혁의 교리를 더 잘 요약하고 있는 내용은 없다. 죄인은 "오직 믿음으로 의롭다 하심을 받고", 그로 인해 "하나님과 평화를 누린다."

은혜의 복음을 굳게 붙잡으라

위의 인용문들이 분명하게 보여주는 대로, "오직 믿음으로!"라는 교리가 역사적 근거가 없다는 주장 자체가 아무런 증거가 없는 것으로 분명하게 밝혀졌다. 죄인들이 오직 믿음을 통해 은혜로 의롭다 하심을 받는다는 것은 종교개혁자들이 만들어낸 것이 아니다. 그것은 사도들이 신약 성경에서 확실하게 가르친 진리다. 교회사를 돌아보면 이 진리를 곳곳에서 확인할 수 있다.

그러나 이 진리가 역사의 과정 속에서 어떻게 상실되었기에 종교개혁이 필요하게 되었을까? 이 질문에 대한 대답은 좀 복잡하다. 왜냐하면 인간이 만든 전통이 복음의 순수성을 훼손하면서 오랜 세월에 걸쳐 천천히 변화가 이루어졌기 때문이다.

중세 가톨릭 교회는 결국에는 신인협력(구원은 하나님과 인간의 상호협력에 의해 이루어진다는 것)의 관점에서 칭의를 정의하기에 이르렀다. 로마 가톨릭 교회는 13세기에 라테란 공의회(1215년)에서 구원이 선행에 의존한다고 공식적으로 선언하고, 죄인이 의롭다 하심을 받는 수단으로 7성례를 확립했다.

놈 가이슬러와 조시 베탄코트는 『로마 가톨릭은 참된 교회인가?』라는 책에서 이렇게 설명했다.

> 오늘날의 로마 가톨릭 교회는 1215년 이전의 가톨릭 교회와는 다르다. 1054년에 동방 교회와 서방 교회가 분열되었지만, 13세기 이전의 가톨릭 교회는 오늘날 가톨릭 신자가 아닌 사람들 가운데 대다수를 아우를 수 있을 만큼 정통적이었다. 그때까지만 해도 가톨릭 교회가 용인한 특정한 몇 가지 요소들과 상관없이 핵심적인 구원의 교리와 관련해 공식적으로 선포한 것 가운데 정통 교리에 위배된 것은 아무것도 없었다.
>
> 원시 교회로부터 로마 가톨릭 교회가 차츰 발전하면서 가장 중요한 전환기 가운데 하나가 1215년에 찾아왔다. 바로 그때에 지금과 같은 로마 가톨릭 교회가 시작되었다. 그때부터 로마 가톨릭주의의 특징을 이루는 것이 교리로 처음 선포되었다. 구체적으로 말해 화체설, 교황의 수위권, 7성례가 선포되었다. 이것을 로마 가톨릭주의가 가톨릭이 아닌 그 밖의 기독교와 궤를 달리해 발전하게 된 중요한 전환점으로 생각하는 사람들이 많다.[41]

4차 라테란 공의회가 열리고 난 지 10년 후에 태어난 토마스 아퀴나스(1225-1274년)는 복음의 참된 본질을 혼잡하게 만드는 데 크게 기여했다. 그렉 앨리슨은 이렇게 설명했다.

> 토마스 아퀴나스는 칭의와 은혜의 결과 및 인간의 노력과 공로에 관한 중세 시대 로마 가톨릭 교회의 개념을 확립하는 데 누구보다 앞장섰다. 그의 신학은 아우구스티누스와 그의 사상을 좇는 중세의 신자들과 상당한 차이를 나타냈지만 로마 가톨릭 교회의 공식 교리로 정착되었다. …(토마스는) 구원을 얻는 데 인간의 협력이 중요한 역할을 하도록 하나님의 은혜에 의해 규정되었다고 강조했다. 하나님은 구원을 이루고, 적용하는 데 일차적인 역할을 하시지만 사람도 해야 할 역할이 있다. 하나님이 개인의 삶 속에 은혜의 역사를 시작하시면 그 사람은 죄를 멀리하고, 그분을 향해 나아감으로써 죄의 용서를 받는다. 이처럼 아퀴나스는 하나님과 인간의 협력, 즉 공동의 노력을 통해 칭의를 이룬다고 믿었다.[42]

구원이 하나님의 은혜와 인간의 선행의 협력에 의해 이루어진다는 주장은 심각한 문제를 일으킨다. 그것은 은혜에 관한 성경의 가르침을 왜곡시킨다. 바울은 구원에 관해 이렇게 말했다. "만일 은혜로 된 것이면 행위로 말미암지 않음이니 그렇지 않으면 은혜가 은혜 되지 못하느니라"(롬 11:6). 이 등식에 행위를 더하는 것은 은혜를 훼손하는 결과를 낳는다. 선행은 구원의 열매일 뿐, 그 근거가 아니다. 중세 가톨릭 교회는 이 점을 혼동함으로써 복음을 혼잡하게 만들었다.

13세기 로마 가톨릭 교회의 공식적인 교리는 완전히 부패했다. 이것이 종교개혁 이전의 개혁자들이 출현하게 된 배경이다. 발도파는 12세기에 로마 가톨릭 체계 안에서 발견한 오류들에 대해 문제를 제기했고, 존 위클리프는 14세기에, 요한네스 후스는 15세기에, 그리고 마르틴 루터는 16세기에 각각 그런 오류들을 발견했다.

종교개혁자들은 자신들의 가르침을 새로운 혁신이 아닌 옛 진리의 회복으로 간주했다. 그들은 성경을 교리의 권위 있는 근거로 삼았을 뿐 아니라 교부들을 연구함으로써 자신들의 가르침이 역사적 정통주의와 일치한다는 것을 보여주었다. 존 칼빈은 교부들에 관한 종교개혁자들의 관점을 이렇게 설명했다. "로마 가톨릭 교회는 부당하게도 교부들과 우리를 서로 대적하게 만들었다(교부들이란 교회가 지금보다 더 나은 상태에 있었을 때에 활동했던 고대의 저술가들을 가리킨다). 그들은 교부들이 자신들의 불경건함을 지지하는 것처럼 말한다. …그러나 우리는 교부들을 경멸하지 않는다. 나는 오늘날 우리가 말하는 것 가운데 상당한 부분에 그들이 동의할 것이라는 사실을 손쉽게 입증할 수 있다."[43]

종교개혁자들은 복음에 관한 초기 교회의 이해를 거부하기보다 사도들과 그 이후 세대가 오랫동안 소중히 여기고, 힘써 옹호했던 복음을 회복하기 위해 혼신의 힘을 기울였다. 그런 사실은 오늘날 그와 동일한 복음을 전하고, 믿고, 사랑하는 우리에게 크나큰 용기를 준다.

6
R. C. Sproul

"그러나 우리나 혹은 하늘로부터 온 천사라도
우리가 너희에게 전한 복음 외에
다른 복음을 전하면 저주를 받을지어다" _ 갈 1:8

칭의 교리에 정통하라

R. C. 스프로울, 2005
갈라디아서 1:6-10

바울 사도는 갈라디아서 1장에서 복음의 순수성을 저버린 사람들에게 강력하게 경고했다. 그토록 강력한 경고는 그의 서신 어디에서도 찾아보기 어렵다. 그는 갈라디아 신자들에게 자신이 느낀 경악스런 감정을 이렇게 표현했다.

"그리스도의 은혜로 너희를 부르신 이를 이같이 속히 떠나 다른 복음을 따르는 것을 내가 이상하게 여기노라 다른 복음은 없나니 다만 어떤 사람들이 너희를 교란하여 그리스도의 복음을 변하게 하려 함이라 그러나 우리나 혹은 하늘로부터 온 천사라도 우리가 너희에게 전한 복음 외에 다른 복음을 전하면 저주를 받을지어다"(갈 1:6-8).

그는 또한 10절에서 "이제 내가 사람들에게 좋게 하랴 하나님께 좋게 하랴 사람들에게 기쁨을 구하랴 내가 지금까지 사람들의 기쁨을 구하였다면 그리스도의 종이 아니니라"라고 덧붙였다. 바울은 복음을 저버리는 것에 대해 경고하면서 사람을 기쁘게 하려는 것은 옳지 않다고 말했다. 그는 사역 초기부터 사람들을 기쁘게 하는 것이 그리스도의 분노를 초래할 수 있다는 것을 깨달았다. 이런 사실은 우리에게 날마다 그리스도를 충실하게 섬기고, 참 복음을 전하려고 힘써야 할 필요성을 상기시켜 준다.

몇 가지 서론적인 질문

세 가지 질문을 제기하고 싶다. 첫째, 우리 가운데 프로테스탄트가 얼마나 될까? 둘째, 우리 가운데 복음주의자가 얼마나 될까? 셋째, 우리 가운데 목회자로 세우심을 받았거나 그 밖의 형태로 우리가 복음 사역으로 일컫는 일에 종사하는 사람이 얼마나 될까?

위의 질문 가운데 어느 한 가지 범주라도 스스로에게 해당한다고 생각한다면 이번에는 다음의 질문에 대답해 보라. 만일 프로테스탄트라면 무엇에 대해 항의하고 있는가? 만일 복음주의자라면 그 말이 역사적으로 어떻게 정의되었는지 알고 있는가? 만일 사역을 위해 거룩하게 구별되었다면 어떤 복음을 전하고 있는가?

내가 이런 질문을 묻는 이유는 프로테스탄트를 자처하는 사람들이 무엇에 대해 항의해야 하는지를 전혀 모르고 있기 때문이다. 또한 오늘날에는 "복음주의"라는 용어의 의미가 큰 위기에 봉착한 상태다. 이 말은 역사적으로 프로테스탄트 종교개혁 시대에 복음(라틴어 "evangel")을 재발견한 사람들을 가리켰다. 16세기 이후로 이신칭의의 교리(복음의 핵심)가 복음주의자들 사이에서 지금처럼 심하게 퇴색된 시기는 일찍이 없었다.

오늘날, 복음주의자를 자처하면서도 이신칭의라는 역사적이고, 성경적인 교리를 부인하는 사람들이 적지 않다. 우리의 신학적 입장을 표명하기 위해 "복음주의"라는 용어를 더 이상 사용할 수 없을 때가 너무나도 많다. 나를 가장 걱정스럽게 만드는 것은 복음의 핵심에 대한 몰이해다.

몇 년 전, 워싱턴에서 모임이 있었다. 복음주의를 대표한다는 세계적인 지도자들이 참석했던 모임이었다. 언론 기자가 한 지도자에게 "복음이 무엇입니까?"라고 물었다. 그는 잠시 침묵하고 나서 "복음이란 예수님이 당신의 삶을 바꾸실 수 있고, 또 당신이 그분과 인격적인 관계를 맺을 수 있다는 것을 의미합니다."라고 대답했다(그의 이름은 이 자리에서 굳이 밝히지 않겠다). 그는 몇 분 동안 말을 띄엄띄엄 이어갔지만 복음의 의미를 성경적으로 이해하지 못하고 있는 것이 분명해 보였다. 진정 우려스런 일이 아닐 수 없다. 이것이 내가 이 자리를 빌려 잠시 이신칭의의 교리를 생각해 보려는 이유다.

로마 가톨릭 교회에 대한 올바른 이해의 필요성

먼저 칭의에 대한 로마 가톨릭 교회의 견해를 대략적으로 살펴보고 싶다. 왜냐하면 칭의라는 성경적인 교리를 이해하도록 학생들을 도우려면 교육적인 관점에서의 가르침이 필요하기 때문이다. 특히 16세기 종교개혁의 시기에 오갔던 논쟁을 배경으로 이 진리를 가르치는 것은 매우 큰 도움을 준다.

두 번째 이유는 내가 칭의 교리를 가르칠 때는 항상 로마 가톨릭 교회의 견해에서부터 시작하기 때문이다. 나의 경험으로 미루어 볼 때, 목회자들을 상대로 로마 가톨릭 교회와의 옛 논쟁에 관해 말하다 보면 칭의에 관한 가톨릭 교회의 입장을 잘 알지 못하는 사람들이 상당히 많은 것으로 나타났다.

그들은 로마 가톨릭 교회가 최근에 칭의에 관한 16세기의 교리를 수정했다고 잘못 이해하고 있었다. 오늘날, 로마 가톨릭 교회가 스스로의 칭의 교리를 포기하고, 루터가 전하려고 노력했던 교리를 받아들였다는 그릇된 생각이 만연하다. 그것은 전혀 사실이 아니다. 16세기 이후로 로마 가톨릭 교회 안에서 여러 가지 변화가 있었지만 해결해야 할 문제는 오히려 훨씬 더 많이 늘어난 상황이다.

복음주의 내에 그런 잘못된 생각이 침투하게 된 이유 가운데 하나는 복음주의자를 자처하는 사람들이 로마 가톨릭 교회의 견해를 잘 알지 못하기 때문이다. 사실, 우리는 우리와 그들의 차이를 지나치게 단순화시켜 말하고, 또 모든 사람에게 로마 가톨릭 교회는 믿음이 아닌 행위로, 은혜가 아닌 공로로, 그리스도가 아닌 우리 자신의 노력으로 구원을 받는다고 가르친다고 말함으로써 로마 가톨릭 교회를 그릇 비판하는 잘못을 저지르고 있다. 이것은 참으로 큰 잘못이 아닐 수 없다. 로마 가톨릭 교회는 16세기는 물론, 20세기나 21세기에도 줄곧 은혜와 믿음과 그리스도 없이는 절대로 의롭다 하심을 받을 수 없다고 가르치고 있다.

우리는 대개 로마 가톨릭 교회의 칭의 교리를 고전적인 펠라기우스주의에 빗대어 말한다. 펠라기우스주의는 로마 가톨릭 교회가 일찍이 단죄했고, 13세기에 트렌트 공의회에서 또다시 단죄했던 이단 사상이다. 로마 가톨릭 교회는 이 문제를 공식적으로 언급할 때마다 항상 펠라기우스주의(은혜와 그리스도와 믿음 없이 선한 삶을 살면 천국에 갈 수 있다는 견해)를 분명하게 논박했다. 칭의 교리를 올바로 이해하려면 로마 가톨릭 교회가 가르치지 않은 것과 가르치는 것을 잘 이해해야 할 필요가 있다.

로마 가톨릭 교회의 일관된 입장

희년이 되면 가톨릭 교황들은 교황청 바실리카 성당에 있는 소위 "성문"(聖門, Porta Santa)으로 알려진 문을 개방한다. 사람들은 그 문을 지나서 교황을 만나 전대사(전대사, 죽은 자들과 산 자들의 죄를 모두 사해주는 것-역자주)를 받는다. 이 행사는 로마 가톨릭 교회 내에서 50년마다 한 번씩 열린다.

가장 최근의 행사가 있은 직후에, 나는 한 친구와 대화를 나누었다. 그는 미국의 대표적인 항공사에서 나이가 가장 많은 기장이었다. 우리는 점심 식사를 같이 했다. 그는 내게 "내게 무슨 일이 있었는지 상상도 못할 거요."라고 말했다.

나는 "무슨 일이 있었는데요?"라고 물었다.

그는 "최근에 로마에 갔는데 마침 희년이더군요. 나는 성문(Holy Door)을 지나 교황을 만났습니다."라고 대답했다. 그는 울먹이기 시작하면서, "나는 면죄부를 얻어 교회와 성례와 성 베드로의 열쇠의 능력으로 내가 지은 모든 죄를 용서받았어요."라고 말했다.

그의 말로부터 면죄 교리가 여전히 로마 가톨릭 체계 안에 굳게 자리를 잡고 있다는 사실이 분명하게 드러났다. 면죄부 교리는 공로의 보물창고, 연옥 교리와 더불어 가톨릭 교회의 요리문답에서 중요한 비중을 차지하는 것으로 재확인되었다.

몇 년 전, 사람들과 함께 로마 여행을 다녀온 적이 있다. 여행 안내자가 내게 무엇을 가장 보고 싶으냐고 물었다. 나는 "내가 가장 보고 싶은 곳은 라테란 대성전입니다."라고 대답했다.

여행 안내자는 "라테란 대성전이요? 라테란 대성당이 왜 그렇게 특별한가요?"라고 물었다.

나는 "그곳에는 빌라도의 계단이 있지요."라고 대답했다.

그는 그것이 무엇인지 알지 못했다. 나는 그것이 십자군들이 예루살렘에서 옮겨다 놓은 거룩한 계단을 가리킨다고 설명해 주었다. 그것은 예수님이 재판을 받기 위해 실제로 걸어가셨던 계단으로 추정된다. 그것은 그 후로 로마 가톨릭 교회의 중요한 유물 가운데 하나가 되었다. 무릎으로 그 계단을 오르면서 한 계단을 오를 때마다 특정한 기도를 드리면 죄에 대한 충분한 사면을 받을 수 있다고 믿어진다.

루터가 1510년에 로마를 방문했을 때, 그는 정확히 그곳에서 무지에서 깨어나는 경험을 했다. 그는 무릎으로 거룩한 계단을 올랐고, 마침내 맨 위에 오르자 몸을 일으키고 나서 "이것이 사실인지 누가 알랴?"라고 큰 소리로 외쳤다. 그 순간에 오직 믿음으로 의롭다 하심을 받는다는 복음에 대한 루터의 깨달음이 처음 시작되었다. 나는 루터가 중대한 갈림길에 직면했던 곳을 직접 찾아보고 싶었다.

우리는 라테란 대성전에 갔지만, 계단 근처에 접근하기가 어려웠다. 왜냐하면 모든 계단에 순례자들이 빼곡하게 들어 차 있었기 때문이다. 대부분 나이가 많은 노인들이었다. 그들은 무릎을 꿇고, 계단에 입을 맞추며 기도를 드렸다. 모두들 사면을 얻어 연옥에 머무는 기간을 줄이기 위한 의식을 거행하는 중이었다. 계단 옆에 있는 명판에는 그런 의식을 치름으로써 받게 되는 사면의 가치를 설명하는 글귀가 적혀 있었다. 그 순간 문득 '미국의 복음주의자들이 모두 이 광경을 보았으면 좋겠어. 왜냐하면 로마 가톨릭 교회가 이전과 달라졌고, 이런 체계를 더 이상 믿지 않는다고들 생각하니까 말이야.'라는 생각이 떠올랐다.

칭의에 관한 그릇된 견해

트렌트 공의회 제6차 회기를 분석하면 칭의에 관한 로마 가톨릭 교회의 입장을 알 수 있다. 트렌트 공의회는 정경 목록과 교회의 칭의론을 확립했다. 가톨릭 교회는 먼저 칭의에 관한 견해를 공포하고, 파문을 선언하는 진술문을 나열했다("누구든지…라고 말하거든 그를 파문하라." 즉 "그를 단죄하라."라는 의미).

정경 목록을 주의 깊게 살펴보면 트렌트 공의회 제6차 회기가 정통 복음주의를 단죄한 것을 알 수 있다. 칭의를 긍정적으로 진술한 내용에는 로마 가톨릭 교회가 그 교리를 어떻게 이해하고 있는지가 분명하게 드러나 있다. 칭의는 세례와 더불어 시작한다. 로마 가톨릭 교회는 칭의가 성직권에 의해, 곧 성례(첫째는 세례이고, 둘째는 고해 성사)를 집행하는 교회의 사역을 통해 부여된다고 가르친다.

조금 전에 말한 대로, 로마 가톨릭 교회에 따르면 칭의는 세례에서부터 시작한다. 약간 전문적인 표현처럼 들릴 수도 있겠지만 로마 가톨릭 교회는 세례를 "칭의의 도구적 원인"으로 정의한다. "도구적 원인"이라는 표현은 아리스토텔레스의 철학에서 유래했다. 그의 철학은 중세 시대에 로마 가톨릭 신학과 합체되었다. 아리스토텔레스는 운동과

인과성을 정의하면서 다양한 형태의 원인을 언급했다(작용인, 형상인, 도구인, 목적인 등). 그는 조각상을 예로 들었다. 조각상이 아름다우려면 질료인이 있어야 한다. 즉 조각상은 돌과 나무를 비롯한 다양한 재료로 만들어진다. 작용인은 그것을 만드는 조각가를 가리킨다. 아리스토텔레스에 따르면 이 퍼즐의 중요한 조각은 도구인이다. 도구를 통해 대리석이 아름다운 조각상으로 변화한다. 조각가는 단지 나무를 보고, "조각상이 있으라!"라고 말하지 않는다. 미켈란젤로와 같은 조각가는 도구를 사용했다.

로마 가톨릭 교회는 이 개념을 이용해 "칭의의 도구적 원인은 세례다."라는 신학을 가르쳤다. 세례는 다음과 같은 변화를 일으킨다. 즉 수세자는 칭의의 은혜를 받는다. 그리스도의 의라고 불리는 것이 그의 영혼에 주입된다. 이는 신자의 영혼 속에 그리스도의 의가 부어진다는 뜻이다. 은혜가 신자의 영혼 안에 거하여 머문다. 그러나 은혜는 늘어날 수도 있고, 줄어들 수도 있다. 로마 가톨릭 교회는 은혜를 질적인 차원이 아닌 양적인 차원에서 말하는 경향이 있다.

칭의가 시작되려면 은혜와 그리스도의 의가 필요하다. 신자는 은혜가 영혼 안에 주입됨으로써 의를 얻는다. 일단 세례를 통해 거의 자동적으로 은혜가 주입되면 수세자는 은혜와의 협력을 통해 실제로 의롭게 된다. 주입된 은혜와의 협력의 결과로 의가 신자 안에 "고유한 본성"으로 자리를 잡아야만 비로소 완전한 칭의의 상태에 도달할 수 있다. 하나님은 의가 신자 안에 고유한 본성으로 자리를 잡았을 때 비로소 그를 의롭다고 선언하신다.

신자는 그리스도의 의의 주입이 없이는 의롭게 될 수 없고, 또한 협력하지 않아도 의롭게 될 수 없다. 이 두 가지가 병행해야만 의롭게 되어 칭의를 얻을 수 있다. 칭의의 상태는 그들이 도덕적인 죄를 저지르지 않는 한 계속 유지된다.

논쟁의 핵심

로마 가톨릭 교회는 대죄와 소죄를 구별한다. 소죄도 죄이지만 (영혼 안에 거하는) 의롭게 하는 은혜를 없앨 만큼 심각하지는 않다. 대죄가 "죽을 죄"로 불리는 이유는 칭의의 은혜를 파괴하기 때문이다. 로마 가톨릭 교회가 말하는 대죄에는 간음죄, 살인죄, 절도죄, 술 취함의 죄, 주일 미사를 빠뜨린 죄가 포함된다. 그런 죄 가운데 하나를 저지른 사람은 칭의를 상실한다.

이렇게 말하면 '대죄를 지어 칭의를 상실했으면 교회에 가서 "세례를 다시 베풀어 달라."라고 말하면 되지 않을까?'라고 생각할 수 있다. 그러나 로마 가톨릭 교회는 누군가가 칭의를 상실했더라도 본래의 세례에 의해 지울 수 없는 흔적을 유지하고 있기 때문에 다시 세례를 받을 필요는 없다고 가르친다. 그런 경우에는 칭의의 두 번째 도구인 고해 성사를 통해 해결할 수 있다. 고해 성사는 기독교 역사상 가장 큰 균열을 일으킨 16세기 논쟁의 핵심이었다.

고해 성사는 고백, 사면, 보속과 같은 요소들로 구성되어 있다.

만일 내가 복음주의자들에게 "형제(또는 자매)와 로마 가톨릭 신자는 어떻게 다른가요?"라고 물으면 대부분 "나는 고해 성사를 할 필요가 없어요."라고 대답할 것이다. 그러나 그것은 가장 큰 차이는 아니다. 왜냐하면 그리스도인들도 죄를 고백하는 것을 거부하지 않기 때문이다. 신약 성경은 서로에게 죄를 고백하라고 가르친다. 루터도 16세기에 고해실에서 참회하곤 했다. 그러나 우리는 사제가 "죄를 사면합니다."라고 말하는 소리를 듣기를 원하지 않는다. 왜냐하면 우리에게 사제는 오직 한 분, 곧 예수 그리스도뿐이기 때문이다. 누구의 죄든 오직 그분만이 사면하실 수 있다.

그러나 복음주의자인 우리는 오해하지 않도록 주의를 기울여야 할 필요가 있다. 역사적으로 로마 가톨릭 교회는 사제가 죄를 용서하는 마술적인 능력을 지니고 있다고 믿지 않았다. 그들의 교리에 따르면 사제의 사면은 사제가 그리스도를 대신해 회개하는 자에게 그분의 용서를 선언하는 것으로 이해되었다.

종교개혁 당시 개혁의 불길을 당기게 만든 것은 사면도 아니었고, 고해 성사도 아니었다. 그것은 고해 성사의 나머지 요소, 즉 보속의 행위였다. 보속의 행위는 고해 성사의 실효성을 위해 반드시 필요한 것으로 간주되었다. 회개한 죄인이 칭의의 상태로 다시 회복되려면 고해 성사의 본질적이고도, 필수적인 요소를 충족시켜야 했다. 그것은 특정한 행위를 실천에 옮겨 하나님의 요구를 만족시키는 일이었다. 그런 행위가 이루어져야만 죄인은 하나님 앞에서의 지위를 회복하는 데 필요한 공로를 세울 수 있다.

공로의 형태나 유형이 다르다는 것을 기억해 두는 것도 도움이 된다. "적정 공로"는 하나님에게 의무를 지울 만큼 큰 가치를 지닌 공로를 가리킨다(하나님은 의롭고, 공의로우시기 때문에 그런 공로를 반드시 보상하셔야 한다). "재량 공로"는 하나님이 신자의 칭의를 회복시켜 주시기에 적절하거나 "적합한" 공로를 의미한다. "여분의 공로"는 하나님이 자기 백성에게 요구하시는 것을 넘어서는 공로에 해당한다. 로마 가톨릭 교회는 죽었을 때 곧바로 천국에 갈 수 있을 만큼 의로운 상태에 있는 사람은 역사적으로 극소수에 불과하다고 생각한다.

성경적인 칭의

대죄를 지은 상태로 죽지 않더라도 세상을 떠난 대다수 신자들의 영혼 안에는 여전히 불결한 요소가 남아 있다. 임종할 때 불결한 요소가 남아 있는 사람들은 천국이 아닌 연옥에 간다. 연옥은 불결한 것을 깨끗하게 하는 정화의 장소다. 불결한 사람은 연옥에서 개조되고, 변화되어 천국에 가기에 충분한 의를 얻는다. 개중에는 불과 몇 시간 동안만 연옥에 머무는 사람들도 있고, 몇 년, 또는 수백만 년 동안 머무는 사람들도 있다.

만일 내가 내 삶에 남아 있는 불결한 요소를 씻기 위해 연옥에 가야 한다면 나의 유예 기간이 언제 끝날지 알기 어려울 것이다. 이런 말을 하자니 존 맥아더가 콘퍼런스에서 한 말이 떠오른다. 맥아더는 이렇게 말했다.

> 설교를 하기에 앞서 지난밤에 꾼 무서운 꿈 이야기부터 해야겠다. 내가 죽어 천국의 문 앞에 서 있는 꿈을 꾸었다. 그곳에는 베드로가 있었다. 그는 "존, 우리는 당신을 기다렸소. 우리는 당신을 기다렸지만 이곳에 들어오려면 그 전에 한 가지 간단한 관문을 통과해야 하오."라고 말했다.
>
> 베드로는 한쪽을 가리켰다. 그곳에는 구름을 뚫고 까마득하게 솟아 있는

큰 사다리가 있었다. 그는 "당신은 저곳에 가서 사다리를 오르면서 각각의 가름대에 일생동안 지은 죄를 모두 표기해야 하오."라고 말했다. 천사들이 통나무만한 백묵을 들고 내게 다가왔다. 그들은 내 어깨 위에 그 백묵을 지워주었다. 나는 지탱하기조차 힘들었지만 간신히 균형을 잡고 섰다. 나는 사다리에 발을 딛고는 허리를 구부려 첫 번째 가름대에 죄를 표기했다. 그러고는 다시 한 걸음 더 올라가서 두 번째 가름대에 죄를 표기했다. 나는 그렇게 2주 동안 사다리를 올랐지만 백묵의 크기는 조금도 줄어들지 않았다. 그런데 갑자기 내 머리 위에서 움직임이 느껴졌다. 나는 얼른 손을 들어 막았다. 왜냐하면 누군가의 발이 사다리를 내려오고 있었기 때문이다. 바로 스프로울이었다. 그는 백묵이 더 필요해서 가지러 내려오는 중이었다.

우리 모두는 한바탕 크게 웃었다. 그러나 사랑하는 동료들이여, 이 세상에는 나를 사다리 꼭대기까지 올려놓을 만큼 충분한 백묵이 존재하지 않는다. 이것이 로마 가톨릭 교회의 복음이 전혀 복음이 아닌 이유다. 참으로 두려운 소식이 아닐 수 없다. 그런 방법으로는 온통 절망뿐이다. 루터는 참 복음은 죄인이 전능하신 하나님 앞에서 어떤 공로도 내세울 수 없다고 가르친다고 말했다. 구원을 가능하게 하는 공로는 오직 그리스도의 공로뿐이다.

그러나 수많은 불쌍한 영혼들이 사면을 통해 연옥을 빨리 벗어날 공로를 세우려고 노력해 왔다. 중세 시대의 사람들은 스스로나 사랑하는 사람들이 연옥에서 당할 형벌을 줄이기 위해 열심히 로마를 비롯해 다른 성지를 찾았다. 그들은 성스런 유물이 간직되어 있는 장소들을 찾아다니느라 여념이 없었다.

작센의 선제후 프리드리히 3세는 독일과 유럽의 다른 대학들과 견줄 만한 대학을 비텐베르크에 세우기를 원했다. 또한 그는 비텐베르크에 성스런 유물들을 모으는 일에도 깊은 관심을 기울였다. 그는 15,000개가 넘는 유물을 모았고, 그것들을 비텐베르크로 운반하는 데 막대한 비용을 지출했다. 그가 수집한 유물들 가운데는 성모 마리아의 젖을 담은 유리병, 십자가의 파편들, 세례 요한의 수염 한 가닥 등이 포함되었다. 종교개혁 당시 비텐베르크에 모아놓은 유물로 인한 사면의 가치는 1,907,000년에 달했다고 한다. 이 말은 순례자가 비텐베르크를 방문해 그곳에 있는 유물을 일일이 둘러보면 연옥에서의 시간을 1,907,000년 줄일 수 있다는 뜻이다. 참으로 놀라운 것은 가장 최근까지도 기독교 세계 안에 이런 관습을 좇는 사람들이 여전히 존재한다는 사실이다.

그들은 이런 식의 사면을 통해 공로의 보물 창고로부터 공로를 얻어 연옥에서 형벌을 받는 시간을 줄일 수 있다고 믿는다. 이것은 마치 몇몇 사람이 쌓은 여분의 공로가 간직되어 있는 하늘의 은행 계좌와도 같다. 앞서 지적한 대로 보통 사람들은 천국에 가기 전에 연옥에 오랫동안 머물러야 한다. 그러나 로마 가톨릭 교회는 충분히 의로운 삶을 살았기 때문에 곧장 천국에 가는 사람들이 더러 있다고 주장한다. 그들은 교회의 역사를 돌아보면 여분의 공로를 쌓을 만큼 의로운 삶을 살다간 사람들이 있다면서 성 프란체스코, 성 아우구스티누스, 프란체스코 사비에르, 토마스 아퀴나스를 거론한다. 그들이 쌓은 여분의 공로는 공로의 보물 창고 안에 간직되어 있다. 천국의 열쇠를 가지고 그 공로의 보물 창고에 접근할 수 있는 사람은 교회, 특히 교황이다. 따라서 교황은 그런 공로를 의가 부족한 사람들에게 줄 수도 있고, 거둘 수도 있는 권위를 가진다.

이런 식의 체계는 교회가 로마에 베드로 대성전을 건축하면서 재정 확보가 필요했을 때부터 시작되었다. 고해 성사와 관련된 보속의 행위 가운데 하나는 헌금을 바치는 것이었다. 진정으로 자신의 죄를 뉘우쳐 칭의를 다시 회복하기를 원하는 사람이 할 수 있는 한 가지 일은 교회에 헌금을 바쳐 그 진정성을 보여주는 것이었다.

한 수도사와 나무망치

16세기에 로마 가톨릭 교회는 그런 식의 사면을 구원을 매매하는 것으로 이해해서는 안 된다고 강조했다. 그들은 순진한 농부들에게 그런 식의 사면을 얻을 수 있는 방법은 돈으로 천국행 표를 사겠다는 어리석은 생각이 아니라 진정으로 죄를 뉘우치는 마음으로 헌금을 바치는 것뿐이라고 설명했다.

그러나 독일에서 교황청을 대표했던 요한 테첼은 그런 교묘한 설명을 둘러 댈 시간이 없었다. 그는 "헌금함에 동전이 딸랑하고 떨어지는 순간 연옥에 있는 영혼이 천국에 간다."라고 간단하게 외쳤다. 크게 격분한 루터는 95개조 격문을 작성해 고해 성사의 부패, 면죄부의 폐단, 여분의 공로의 그릇됨을 주장했고, 연옥 체계 전체에 의문을 제기했을 뿐 아니라 거기에서 한 걸음 더 나아가 칭의 체계 전체를 문제시했다. 루터는 믿음 더하기 행위나, 은혜 더하기 공로나, 고유한 의 더하기 그리스도의 의가, 개인이 의롭다 하심을 받는 근거나 토대가 될 수 없다는 것을 분명하게 이해했다. 그는 종교개혁의 슬로건이 된 "오직"(sola)

이라는 한마디를 사용해 "칭의는 믿음과 다른 것이 아닌 오직 믿음으로 이루어진다. 칭의는 오직 은혜로 이루어진다. 칭의는 오직 그리스도로 말미암는다."라고 강조했다. 그로부터 종교개혁이 시작되어 들불처럼 번져나갔다.

가톨릭 신앙과 칭의

로마 가톨릭 교회는 칭의에서 믿음이 하는 역할을 없애지 않았다. 단지 믿음에 관한 비성경적인 개념을 만들어냈을 뿐이다. 트렌트 공의회는 칭의를 얻기 위해서는 믿음이 필요하다고 강조했다. 트렌트 공의회에 따르면 믿음은 칭의를 세 가지 방식으로 돕는다. 즉 믿음은 칭의의 시작(initium)이요 토대(fundamentum)이며 근간(radix)이다.

첫째, 믿음이 칭의의 시작이라는 것은 말 그대로 칭의를 시작하는 것일 뿐 완성하는 것이 아니라는 뜻이다. 바꾸어 말해 믿음은 칭의를 위한 필요조건일 뿐 충분조건이 아니다. 믿음이 없이 의롭다 하심을 받을 수 없지만 믿음만으로는 의롭다 하심을 받기에 충분하지 않다. 로마 가톨릭 교회의 견해에 따르면 결국 참 믿음을 소유했더라도 칭의를 얻지 못하는 셈이 된다.

둘째, 믿음은 칭의의 토대, 곧 칭의를 지탱하는 기반이다. 우리는 그런 가르침에 동의하지 않는다. 참된 믿음이 존재하면 그것으로 이미 칭의는 이루어진다. 왜냐하면 칭의에 필요한 모든 것이 죄인을 의롭다 하시는 그리스도를 믿는 믿음을 통해 확보되기 때문이다.

셋째, 믿음은 칭의의 뿌리, 곧 근간이다. 그러나 칭의의 시작, 칭의의 토대, 칭의의 근간이 모두 갖추어졌더라도 진정한 칭의는 이루어지지 않는다. 하나님이 누군가를 의롭다 하실 수 있는 유일한 방법과 시간은 그 사람이 실제로 의롭게 되는 것뿐이다. 이것이 로마 가톨릭 교회의 가르침이다.

이런 체계는 참으로 부실하기 짝이 없다. 세례를 통해 간단하게 칭의를 얻고, 대죄를 저지르지만 않으면 그 상태가 계속 유지된다. 대죄를 저질렀을 경우에는 칭의를 상실하지만 고해 성사를 통해 그것을 되찾을 수 있다. 개인의 영혼 안에 충분한 의가 내재하면 천국에 갈 수 있다. 임종 당시에 대죄가 남아 있으면 지옥에 간다. 그러나 단지 불결한 요소가 남아 있는 정도라면 연옥에 간다. 그곳의 불길을 통해 불결한 요소가 모두 제거되면 마침내 하나님의 나라에 들어갈 수 있는 자격을 얻는다.

참된 복음을 굳게 붙들라

로마 가톨릭 교회의 복음은 복음이 아니다. 신약 성경이 분명하게 가르치는 복음 외에 다른 복음은 없다. 로마 가톨릭 교회는 오직 믿음으로 의롭다 하심을 받는다는 진리를 단죄했던 그 날에 스스로를 단죄했다. 중세 시대의 교회는 배교를 저질렀고, 결국 교회로서의 본질을 상실했다.

많은 범교회 운동이 일어나고 있다. 심지어 복음주의자를 자처하는 사람들도 로마 가톨릭 교회에 속한 사람들과 손을 맞잡고 복음 안에서 신앙의 일치를 이루어야 한다고 주장한다. 나는 그들에게 "만일 그런 사람들과 복음 안에서 신앙의 일치를 이루려고 한다면 나와는 복음 안에서 신앙의 일치를 이룰 수 없을 것이오."라고 말하곤 했다. 나는 왜 그렇게 말하는 것일까? 그 이유는 로마 가톨릭 교회가 트렌트 공의회의 교리를 인정하고 있기 때문이다. 복음에 대한 그들의 견해는 궁극적으로 예수 그리스도의 복음을 부인한다.

사랑하는 동료들이여, 이 싸움을 싸울 생각이 없거든 방해하지 말고 비켜서라. 그런 태도는 그리스도가 아닌 사람들을 기쁘게 하는 것이다. 유다와 베드로와 바울이 경고한 것처럼 루터도 그런 일이 있을 것이라고 경고했다. 그는 생애 말년에 복음의 재발견을 통해 환하게 빛난 빛이 다음 세대에 다시 꺼져 복음이 어둠 속으로 사라질까 봐 크게 우려했다. 그런 일이 일어나는 이유는 무엇일까? 그 이유는 담대한 태도로 정확하게 복음을 전하면 갈등이 일어날 수밖에 없지만 인간인 우리는 그런 갈등을 피하려는 속성을 지니고 있기 때문이다.

그러나 사실 교리는 분열을 가져온다. 교리는 이스라엘의 선지자들과 거짓 선지자들을 분리했다. 교리는 예수님과 바리새인들을 분리했다. 교리는 사도들과 그들을 멸시하는 자들을 분리했다. 복음의 길을 걷는 사람은 누구나 갈등을 경험했고, 또 경험할 것이다. 우리는 때로 루터가 "내 주는 강한 성이요"라는 찬송가에서 말한 대로 "친척과 재물과 명예와 생명을 다 빼앗긴대도"라고 말해야 한다. 우리는 모든 것을 희생해서라도 예수 그리스도의 복음을 굳게 붙들어야 한다. 왜냐하면 다른 곳에는 희망이 없기 때문이다.

나는 복음적인 기독교 가정에서 성장하지 않았다. 나는 이교도의 중심지에서 성장했다. 내가 죄인일 때 그리스도께서 나를 구원하셨다. 그분은 내 안에서 고유한 의를 보지도, 발견하지도 못하셨다.

나는 나의 유일한 삶의 희망이 그리스도 안에 있다는 것을 깨달았다. 만일 내가 의롭게 되거나 의롭다 하심을 받게 될 때까지 기다려야 했다면 나의 상황은 절망적이었을 것이다. 나에게서 오직 믿음으로 의롭다 하심을 받는다는 진리를 빼앗는 것은 곧 그리스도와 그분의 복음을 빼앗는 것이다.

사랑하는 동료들이여, 이 싸움에서 물러서지 말자. 마지막 날에 하나님이 우리에게 책임을 물으실 것이다. 하나님이 우리에게 맡기신 사람들에게 그분의 온전하신 뜻을 남김없이 선포하자. 세상을 사랑함으로써 복음이 빛을 잃도록 만들지 말자. 세상을 사랑하는 것은 사랑이 아니다. "우리나 혹은 하늘로부터 온 천사라도 우리가 너희에게 전한 복음 외에 다른 복음을 전하면 저주를 받을지어다"(갈 1:8)라는 바울의 경고를 잊지 말자.

우리의 기념비

만일 오늘 제네바에 간다면 "종교개혁비"를 볼 수 있다. 그것은 종교개혁을 기념하는 거대한 기념비다. 그 기념비에는 "어둠이 있은 후에 빛이 있다"(Post Tenebras Lux)를 뜻하는 라틴어가 새겨져 있다. 우리 시대의 기념비에 "빛이 있은 후에 어둠이 있다."라는 글귀가 새겨질까 봐 매우 두렵다. 그런 일이 절대로 일어나지 않기를 간절히 기도한다. 오직 그리스도 안에서 믿음으로 의롭다 하심을 받는다는 복음을 정확하게 이해하고, 교인들에게도 그 온전한 의미를 옳게 이해시키자.

PRAYER

아버지여, 오직 믿음을 통해
그리스도 안에서 은혜로 의롭다 하심을 받는 줄 아옵니다.

복음의 은혜로움을 더욱 간절히 사모하게 하시고,
복음을 더욱 분명하게 이해해 싸움이 일어날 때마다
열정적으로 그것을 전하고, 옹호하게 하옵소서.

예수님의 이름으로 그분을 위해 비옵나이다. 아멘.

7
Phil Johnson

"모든 사람
특히 믿는 자들의 구주시라" _ 딤전 4:10

속죄의 범위를 파악하라

필 존슨, 2003
디모데전서 4:10

　그리스도께서는 누구를 위해 죽으셨는가? 선하신 목자는 양들을 위해 목숨을 내주셨는가, 아니면 모든 사람을 위해 죽으셨는가? 주님은 아무나 다 용서받을 수 있게 하셨는가, 아니면 선택받은 자들의 죄만을 속량하셨는가? 하나님은 독생자의 죽음을 통해 무엇을 이루셨는가? 그분의 계획은 온전히 이루어질 것인가? 그리스도께서 드린 속죄의 희생이 지니는 가치는 한계가 있는가?

　이런 질문들은 속죄의 범위를 둘러싸고 칼빈주의자들과 아르미니우스주의자들 사이에서 벌어지는 논쟁의 일부다. 이런 질문들이 중요하고, 타당한 의미를 지니려면 먼저 그리스도의 죽음이 어떻게 죄를 속량했는지에 관한 문제부터 의견의 합일이 이루어져야 한다.

　성경은 "그리스도께서 우리 죄를 위하여 죽으시고"(고전 15:3), "의인으로서 불의한 자를 대신하셨다"(벧전 3:18)라고 말씀한다. 하나님은 "죄를 알지도 못하신 이를 우리를 대신하여 죄로 삼으셨다"(고후 5:21). "그리스도께서 우리를 위하여 저주를 받은 바 되사"(갈 3:13). "예수는 우리가 범죄한 것 때문에 내줌이 되고"(롬 4:25). "그가 찔림은 우리의 허물 때문이요 그가 상함은 우리의 죄악 때문이라 그가 징계를 받으므로 우리는 평화를 누리고 그가 채찍에 맞으므로 우리는 나음을 받았도다"(사 53:6).

이런 말씀들의 의미는 분명하다. 여기에는 십자가를 이해하는 데 필요한 가장 중요한 진리들이 담겨져 있다. 십자가는 "대리적 희생"이었다. 그리스도께서는 자신이 구원할 자들의 입장에 서서 그들을 대신해 죽으셨다. 그분은 십자가의 죽음으로 그들의 죗값을 온전히 치르셨다. 그분은 정죄받은 죄인들이 전능하신 하나님의 진노 아래에서 받아야 할 징벌을 모두 감당하셨다. 그분은 신자들에게 하나님 앞에서 옳다 인정함을 받을 수 있게 하셨고, 오직 자신만이 받으실 자격이 있는 놀랍고 영원한 축복을 누리게 하셨다. 그리스도를 구주로 영접한 사람들은 영적으로 그분과 하나가 된다. 그분의 의가 그들의 의로 간주된다. 그리스도께서는 그들의 죄를 온전히 속죄하셨기 때문에 자신의 완전하고 영광스러운 의의 옷으로 그들을 가려주신다.

속죄의 범위에 관한 견해보다는 그리스도의 고난과 죽음이 죄의 형벌을 대신 갚아주었다는 진리(형벌적 대리속죄)가 훨씬 더 중요하다. 복음적인 개신교 신자들은 역사적으로 이 진리에 온전히 동의했다. 이와 다른 속죄설을 지지했던 교단이나 신자들은 자유주의, 경건주의, 성직주의를 비롯해 행위에 근거한 여러 형태의 종교로 기울었다. 다시 말해 형벌적 대리속죄를 거부하는 사람은 이미 복음적인 정통주의에서 벗어났다.

그리스도의 십자가의 죽음이 형벌적 대리속죄였다는 진리를 받아들이는 것은 곧 속죄의 범위에 관한 역사적 칼빈주의의 입장을 떠받히는 핵심 원리를 받아들이는 것을 의미한다. 칼빈주의의 견해는 종종 "제한 속죄"(limited atonement)로 일컬어지지만, 그것은 오해를 부추긴다는 점에서 그다지 좋은 표현은 아니다. 그것은 "튤립"(TULIP)이라는 두문자어를 만들어 칼빈주의 5대 교리를 잘 기억하게 하기 위해 창안된 것이다. 속죄가 "제한되었다."고 표기하는 것은 칼빈주의자들이 그리스도의 희생이 유한한 가치를 지닌다고 생각하는 듯한 인상을 심어준다. 그러나 전혀 그렇지 않다.

5대 교리

"칼빈주의 5대 교리"라는 표현도 오해를 낳기 쉽다. 칼빈은 은혜의 교리를 다섯 가지로 나누지도 않았고, 5대 교리가 만들어지게 된 논쟁에도 직접 참여한 적이 없다. 5대 교리가 만들어지게 된 원인은 아르미니우스주의자들(아르미니우스의 추종자들) 때문이었다.

칼빈이 죽고 나서 약 50년이 지날 무렵, 아르미니우스주의자들은 네덜란드 개혁 교회의 가르침에 대해 불만을 제기했다. 그들의 항의는 "다섯 가지 항변"이라는 문서의 형태로 전달되었다. 그러자 개혁주의 교회는 1618년에 도르트 회의를 소집해 아르미니우스주의자들이 제시한 다섯 가지 반론에 대해 다섯 가지 교리를 만들어 문서로 작성했다. 이처럼 칼빈주의 5대 교리는 도르트 신조로부터 비롯했다.

누가 5대 교리를 두문자어 "튤립"으로 표기했는지는 분명하지 않다. 그 시기는 12세기 초로 추정된다. 이 두문자어는 5대 교리를 기억하기 쉽게 만들지만 그것들을 정확하게 이해하는 방법으로는 그렇게 적절하지는 않아 보인다.

"T"는 "전적 타락"(total depravity)을 가리킨다. 이것은 이 교리를 신학적으로 간단하게 언급할 때 흔히 사용되는 표현이지만 오해를 불러일으킬 가능성이 없지 않다. 인류가 타락했고, "전적으로 타락했다."고 말하는 것은 모든 사람이 최대한 악한 상태로 전락했다는 의미와는 거리가 멀다. 오히려 이 개념은 죄가 인간의 모든 측면, 곧 생각과 감정과 의지와 육체와 영혼과 생각과 잠재의식을 비롯해 마음속에 있는 것을 드러내는 모든 기능에 영향을 미쳤다는 의미를 담고 있다. 어떤 사람들은 죄인들이 죄에 오염된 탓에 하나님을 전혀 기쁘시게 할 수 없다는 것(롬 8:8)을 강조하기 위해 "전적 무능력"(total inability)이라는 표현을 선호한다. 이것이 인간이 전적으로 타락했다는 말의 의미다. 인간은 하나님의 은혜를 받을 만한 공로를 세울 만큼 선한 일을 하기에는 전적으로 무능력하다. 우리가 사랑하는 것, 우리가 선택하는 것, 우리가 행하는 것, 우리가 생각하는 것 모두가 죄에 오염되었다. 우리는 철저하게 부패되었다. 이것은 우리가 최대한 악한 상태가 되었다는 뜻이 아니라 우리의 존재 가운데 어느 한 곳도 죄의 오염으로부터 자유롭지 못하다는 뜻이다.

"U"는 "무조건적인 선택"(unconditional election)을 가리킨다. 이것은 하나님이 구원받을 자를 선택할 때 죄인에게서 발견하는 선한 것이 아니라 자신의 뜻대로 선택하신다는 것을 의미한다. 선택의 교리를 언급하기를 주저하는 사람들이 많다. 그러나 성경에 충실하다면 그렇게 해서는 안 된다. 에베소서 1장 4절은 하나님이 "창세 전에 그리스도 안에서 우리를 택하셨다"고 분명하게 말씀한다. 선택은 선택받은 사람이 믿음을 갖게 될 것이나 선한 성품을 갖게 될 것을 미리 알고, 거기에 근거해 이루어지지 않는다. 하나님의 선택은 전적으로 그분의 선하신 뜻에 따라 결정된다. 에베소서 1장 11절에 따르면 우리는 "모든 일을 그의 뜻의 결정대로 일하시는 이의 계획을 따라…예정을 입었다." 우리가 선택된 이유는 복음을 받아들였기 때문이 아니다. 하나님은 역사가 시작되기 이전에 우리를 선택하셨다. 예수님이 요한복음 15장 16절에서 제자들에게 "너희가 나를 선택한 것이 아니요 내가 너희를 택하여 세웠나니"라고 말씀하신 대로 우리는 하나님의 주권적인 역사를 통해 그리스도께 나오게 되었다. "우리가 사랑함은 그가 먼저 우리를 사랑하셨기" 때문이다(요일 4:19).

"L"은 "제한 속죄"(limited atonement)를 가리킨다. 이것은 우리가 지금 주된 관심을 기울이는 교리다. 앞서 말한 대로 나는 이 표현을 좋아하지 않는다. 이 표현보다는 하나님이 속죄를 위한 구체적인 계획을 세우셨고, 그분의 계획이 온전히 성취될 것이라는 사실을 강조하는 "특별 구속"이라는 표현이 더 낫다(모든 사람, 심지어는 가장 완고한 아르미니우스주의자조차도 모든 사람이 예외 없이 궁극적으로 구원받는다는 보편 속죄를 선택하지 않는 한, 속죄가 어떤 점에서 제한적이라는 사실을 인정할 것이 분명하다).

"I"는 "불가항력적인 은혜"(irresistible grace)를 가리킨다. 이 표현도 때때로 오해를 불러일으키곤 한다. 데이브 흄은 은혜를 불가항력적이라고 일컫는 것은 하나님이 그리스도께로 인도하기를 원하는 사람의 자유 의지를 억지로 강요하신다는 의미를 담고 있다고 말했다. 그러나 칼빈주의의 교리적 진술을 살펴보면 그런 개념을 주장하는 내용을 어디에서도 찾아볼 수 없다. 예를 들어, 『웨스트민스터 신앙고백』은 하나님은 절대적인 주권을 지니고 계시지만 "죄의 원인자가 아니시다. 또한 피조물의 의지가 강압적으로 침해되지도 않는다."라고 말한다(3장 1항). 은혜가 "불가항력적"이라는 것은 어린아이의 해맑은 웃음이 거부할 수 없을 만큼 매혹적이라는 의미와 비슷하다. 하나님의 은혜는 사람들을 매혹시킨다. 그분은 힘으로 우리를 강요하지 않으신다. 그분은 우리의 눈을 열어 그리스도의 영광을 보게 하신다. 우리는 그 영광이 "항거할 수 없을 만큼 매혹적"이라는 것을 발견한다. 이 교리의 요점은 하나님의 구원 은혜가 항상 "유효하다"는 것이다. 하나님은 자신이 선택한 자들을 구원하는 일을 결코 실패하지 않으신다.

마지막으로 "튤립"의 "P"는 "성도의 견인"(perseverance of the saints)을 가리킨다. 성경적인 견인 교리는 그리스도 안에 있는 사람들이 완전히 타락하는 법은 없다고 가르친다(요일 2:19). 이 교리를 특히 혼동하는 사람들이 더러 있다. 신자인 우리가 우리 자신의 힘으로나 자유 의지를 독자적으로 사용해 믿음을 끝까지 지킬 수 있다고 생각해서는 곤란하다. 또한 믿음을 저버렸는데도 여전히 구원과 영원한 안전을 확신할 수 있다고 생각해서도 안 된다. 누군가가 완전히 타락했다면 그것은 그가 본래부터 그리스도를 알지 못했다는 확실한 증거다(요일 2:19). 참 신자는 항상 믿음을 지킨다. 왜냐하면 하나님이 은혜로우시게도 우리가 믿음을 잃지 않도록 붙잡아 주시기 때문이다. 우리는 "말세에 나타내기로 예비하신 구원을 얻기 위하여 믿음으로 말미암아 하나님의 능력으로 보호하심을 받는다"(벧전 1:5). 신자가 스스로의 힘으로 믿음을 굳게 지킬 수 있는 것이 아니라 하나님의 은혜가 주권적으로 그의 믿음을 보호한다. 하나님은 "능히 너희를 보호하사 거침이 없게 하시고 너희로 그 영광 앞에 흠이 없이 기쁨으로 서게 하실 이"이시다(유 24절).

이것이 흔히 칼빈주의 5대 교리로 알려진 교리다. 나는 이 교리들을 성경에 비춰 적절하게만 이해한다면 기꺼이 진리로 인정하기를 원한다.

그러나 흔히 제한 속죄로 일컬어지는 교리를 다룰 때는 그것을 그릇 이해하는 사람들이 많기 때문에 이 교리를 좀 더 자세히 살펴보며 그것에 대해 성경이 어떻게 가르치고 있는지를 주의 깊게 생각해 봐야 할 필요가 있다.

특별 구속

첫째, 이 교리는 5대 교리 가운데서 이해해 받아들이기가 가장 어렵다. 칼빈주의자들 가운데 5대 교리 중에서 이 교리를 이해하기 가장 어렵다고 말하는 사람들이 전체의 5분의 4에 달한다. 이것은 결코 쉬운 문제가 아니다. 이것을 쉽게 생각해서는 안 된다.

둘째, 이것은 단순한 문제가 아니기 때문에 단순하게 취급해서는 안 된다. 마치 서로 대립하는 두 극단이 존재하는 것처럼 제한 속죄의 견해와 무제한 속죄의 견해로 나뉘어 있다고 생각해서는 곤란하다. 이것은 "이것이냐 저것이냐"를 따지는 문제가 아니다.

이것은 심지어 칼빈주의자들 사이에서도 상황은 마찬가지다. 사실 서로 다른 형태의 칼빈주의를 주장하는 사람들 사이에서 제한 속죄를 둘러싸고 역사상 가장 격렬한 논쟁이 일어났다. 칼빈주의자들은 크게 세 종류(급진파, 중도파, 온건파)로 구분된다. 이들은 제각기 다른 견해를 지니고 있고, 말의 표현이나 뉘앙스가 다를 때도 많다. 사실, 두 사람의 칼빈주의가 이 주제와 관련된 모든 본문과 표현에 대해 전적으로 동의하는 경우는 거의 없다.

1700년대에 스코틀랜드에서 "메로우 논쟁"(Marrow Controversy)이 일어났을 때, 속죄의 범위와 관련된 문제들이 큰 논란을 야기했다. 이것은 18세기 말에 앤드류 풀러가 잉글랜드에서 칼빈주의를 지지하는 다른 침례교 신자들과 함께 논쟁을 벌였던 중요한 주제 가운데 하나이기도 했다. 1700년대 이후로 웨일즈 칼빈주의자들 사이에서 이 문제를 둘러싸고 논쟁이 지속되었다. 2002년에 "배너 출판사"는 이 문제에 관한 웨일즈의 고전을 『웨일즈 신학 문헌과 논의에서 다루어진 속죄 논쟁, (1701-1841)』(The Atonement Controversy in welsh Theological literature and debate, 1707-1841)이라는 제목으로 출판했다.

유력한 칼빈주의 저자들의 책을 통해 속죄의 범위에 관한 온건한 입장을 살펴보기를 원한다면 앤드류 풀러, 토머스 보스턴, 로버트 댑니, 윌리엄 쉐드, 워필드, 찰스 하지의 책을 읽어라. 그들의 책을 읽으면 어쩌면 깜짝 놀랄지도 모른다. 존 오웬의 책도 읽어라. 그러나 오웬의 『그리스도의 죽음을 통한 죽음의 죽음』(The Death of Death in the Death of Christ)이라는 책이 이 문제에 대한 유일한 칼빈주의의 견해라고 생각하지는 말라. 전혀 그렇지 않다.

이 문제를 깊이 있게 연구하는 사람은 속죄의 범위에 관한 고전적인 칼빈주의의 견해가 젊고, 공격적인 오늘날의 칼빈주의자들이 더러 생각하는 것보다 훨씬 덜 단정적이고, 훨씬 덜 편협하다는 것을 알게 될 것이다. 하나의 신학 운동으로서의 역사적 칼빈주의는 속죄의 보편적인 측면을 인정했다.

칼빈 자신도 오늘날 극단적인 칼빈주의자들이 인터넷을 통해 옹호하려고 애쓰는 엄격한 견해를 주장하지 않았다. 인터넷에서 벌어지는 격렬한 논쟁에도 불구하고, "아버지가 아들을 세상의 구주로 보내신 것을…증언하는 것"(요일 4:14)이 반드시 비정통적이거나 반(反)칼빈주의적인 것은 아니다.

또한 이 문제와 관련해 역사적으로 주장되어온 신학이 압도적으로 칼빈주의자들의 입장을 지지하는 것도 아니다. 가톨릭 교회의 스콜라 신학자들 가운데 일부가 중세 시대에 이 문제를 제기해 논쟁을 시작하기 전까지 교부들과 (정통이든 이단이든 상관없이) 유력한 신학자들 가운데 대다수가 그리스도께서 모든 인류를 위해 죽으셨고, 그것이 속죄의 목적이라고 생각했다.

물론 몇몇 예외적인 사람들도 있었다. 예를 들면, 키루스의 데오도레투스(393-466년)는 히브리서 9장 27, 28절을 주석하면서 "그리스도께서는 많은 사람의 죄를 짊어지셨을 뿐 모든 사람의 죄를 짊어지신 것은 아니다. 모든 사람이 믿음을 갖게 되는 것은 아니다. 그리스도께서는 오직 신자들의 죄만을 짊어지셨다."라고 말했다.[1]

암브로시우스(339-397년)는 "그리스도께서 모든 사람을 위해 고난을 당하셨지만 그 중에서도 특별히 우리를 위해 고난을 당하셨다. 그 이유는 그분이 교회를 위해 고난을 당하셨기 때문이다."라고 말했다.[2] 아우구스티누스와 동시대를 살았던 히에로니무스(제롬, 347-420년)는 마태복음 20장 28절을 주석하면서 이렇게 말했다. "그분은 모든 사람이 아니라 많은 사람, 곧 믿음을 갖게 될 사람들을 위해 자기의 목숨을 내준다고 말씀하셨다."[3] 이것은 고전적인 칼빈주의의 입장에 해당한다. 교부들의 글을 읽어보면 이런 내용의 말들이 거의 발견되지 않는다. 그들은 속죄에 관해 말할 때는 대부분 그것을 보편적인 의미로 다루었다.

내 친구 커트 대니얼은 내가 추천하고 싶은 훌륭한 책을 저술했다. 그것은 『칼빈주의의 역사와 신학』이라는 책이다.[4] 내가 아는 한 칼빈주의의 견해를 개괄적으로 다룬 책 가운데 이 책보다 더 뛰어난 책은 없는 듯하다. 이 책에는 풍부한 인용문과 놀라운 통찰력이 가득 담겨 있다. 그는 속죄의 보편적인 측면과 특별한 측면을 설명하는 방법을 둘러싸고 칼빈주의자들이 제시한 다양한 견해들을 모두 다루었다.

내가 추천하고 싶은 또 한 권의 책은 폴 헴의 『칼빈과 칼빈주의자들』이다.[5] 이 책은 칼빈 자신이 칼빈주의 5대 교리를 믿었다는 것을 설득력 있게 보여준다. 여러 명의 유명 저자들이 그렇지 않다는 주장을 펼쳤지만 헴은 그들의 주장을 효과적으로 논박했다.

칼빈이 특별 구속(Particular Redemption)의 교리를 지지했는지를 입증해 줄 인용문을 하나만 인용하면 다음과 같다. 그는 요한일서 2장 2절을 주석하면서 "요한은 '온 세상'이라는 말에 유기된 자들을 포함시키지 않았다. 그는 믿음을 가지고 세상의 여러 곳에 흩어져 사는 사람들을 가리켰을 뿐이다."라고 말했다.[6]

내가 이 모든 말을 언급한 이유는 이것이 칼빈주의의 가르침 가운데 논란의 소지가 가장 많고 또 가장 크게 무시를 당하는 교리라는 점을 강조하기 위해서다. 심지어 칼빈주의자들 사이에서도 많은 논쟁이 있다.

무한히 충족한 속죄

아마도 이쯤에서 어떤 사람들은 "많은 교부들이 이 교리를 주장하지 않았고, 칼빈 자신도 단지 어렴풋하게 주장했다면 이것을 그토록 중요한 문제로 다루는 이유가 무엇이요?"라고 물을지도 모른다. 그 이유는 그리스도의 속죄 사역이 하나님의 계획과 목적에 따라 특별한 의미로 선택받은 자들에게 어떻게 적용되느냐 하는 문제 안에 중요한 진리가 담겨 있기 때문이다.

보통 사람들은 이 논쟁이 그리스도의 속죄 사역의 가치와 충족성에 관한 것인 줄로 생각하지만, 이것은 사실 왈가왈부할 문제가 못된다. 도르트 신조 2장 3항은 "성자의 죽음은 죄를 보상하는 가장 완전하고, 유일한 희생으로서 무한한 가치와 효력을 지니며 온 세상의 죄를 속량하고도 남을 만큼 충분하다."라고 진술한다.

이것이 칼빈주의의 표준적인 신조다. 칼빈주의자들은 이미 그리스도의 희생이 무한히 충분한 가치를 지닌다는 것을 믿고 있을 뿐 아니라 힘써 강조한다.

다시 말해 한 사람이 더 선택되었다고 해서 그리스도께서 자신이 당하신 고난보다 더 많은 고난을 당하실 필요가 없다. 그분은 로마인의 채찍을 한 번 더 맞으실 필요도 없고, 가시가 하나 더 있는 면류관을 쓰실 필요도 없다. 그분은 추가된 영혼들의 죄를 속량하기 위해 하나님의 진노를 한순간 더 감당하실 필요도 없다.

이런 사실은 하나님이 주권적으로 세상에서 살다 간 모든 사람을 구원하기로 결정하셨다고 해도 결코 달라지지 않는다. 그와는 반대로 하나님이 아담만을 구원하고, 나머지 사람들은 모두 죄의 저주와 형벌을 지옥에서 영원히 감당하도록 작정하셨다고 해도 그리스도께서 당하신 고난이 더 줄어드는 것도 아니다. 무한한 가치라는 것은 어떤 점에서도 더 줄어들거나 더 늘어나지 않는다.

나는 때로 그리스도의 속죄가 "온 세상을 위해 충분하지만 선택받은 자들에게만 효력이 있다."라는 말을 들을 때마다 벌컥 화를 내거나 떨떠름한 표정을 짓는 칼빈주의자들과 마주친다. 그러나 그렇게 말하는 것은 도르트 신조가 특별히 강조하고, 부각시킨 중요한 진리(즉 그리스도의 죽음이 무한한 가치와 존귀함을 지닌다는 것을 확증하는 것일 뿐이다.

한편 속죄의 제한적 충족성을 주장하는 칼빈주의자들도 더러 있다. 그들은 속죄가 무한한 가치를 지닌다는 말을 탐탁하지 않게 생각한다. 예를 들어, 톰 네슬은 이 문제에 대해 도르트 신조에 동의하지 않는 것처럼 보인다. 그는 『하나님의 은혜로, 그분의 영광을 위해』라는 책에서 침례교의 역사를 통해 칼빈주의 교리의 근원을 추적했다. 그는 그리스도의 죽음이 대리적인 의미를 지닌다면 그분은 특정한 사람들의 특정한 죄를 위해 죽으신 것이 분명하다고 주장했다. 만일 그리스도께서 특정한 죄를 위해 죽으셨다면 그 외의 다른 죄를 위해서는 죽지 않으신 것이 된다. 네슬은 우리의 죄와 속죄의 대가를 일대일의 관계에서 파악한 듯하다. 그는 모든 사람을 위한 속죄의 충족성을 거부하고, 그것을 단지 구원받기로 작정된 사람들에게만 적용했다.

그는 이렇게 말했다. "하나님의 본성은 지극히 의롭기 때문에 그분은 죄인의 용서에 실제로 영향을 미치는 것 이상의 효력을 발생시키기 위해 더 많은 진노의 형벌을 대리 속죄자에게 쏟아 붓지 않으신다. 성자에 대한 성부의 사랑은 그런 과도한 형벌을 허용하지 않는다."[7] 네슬은 어떤 사람들이 "등가설"로 일컫는 견해를 주장했다. 이것은 그리스도께서 선택받은 자들의 죄와 관련된 유한한 양의 고난만을 감당하셨다는 개념이다.

톰 네슬의 견해를 논박하자니 마음이 좀 착잡하지만, 그의 입장은 도르트 신조는 물론, 역사적 칼빈주의의 주된 노선과 정면으로 배치된다. 그는 그리스도의 속죄가 대리적인 의미를 지닌다면 특정한 죄만을 속량해야 하기 때문에 구체적이면서도 유한한 가치를 지닌다는 논리를 전개했다.

그러나 나는 그리스도의 속죄가 대리적인 의미를 지닌다면 두 가지 이유에서 무한한 가치를 지닌다고 주장하고 싶다. 첫째, 도르트 신조가 말한 대로 우리를 대신해 형벌을 받으신 주님은 완전하고, 온전히 거룩한 인간이자 성부와 성령과 함께 무한하고, 영원한 본질을 공유하는 하나님의 독생자이시다. 십자가에서 죽으신 주님은 그 영광과 선하심이 무한하시기 때문에 그분의 죽음은 무한한 희생의 효력을 지닌다.

둘째, 죄로 인해 각 사람이 받아야 할 형벌은 하나님의 무한한 진노다. 지옥에서 영원히 형벌을 받더라도 죄를 속량하기에는 충분하지 않다. 따라서 속죄의 대가가 무한하기 때문에 속죄의 가치도 무한해야한다. 이것이 "형벌적 대리속죄"의 원리가 의미하는 것이다. 그리스도께서는 십자가에서 한량없이 쏟아지는 하나님의 진노를 감당하셨고, 죄인들이 받아야 마땅한 형벌을 모두 짊어지셨다. 만일 그리스도의 죽음이 모든 사람의 죄를 속량하기에 충분하지 않다면 심지어는 한 사람의 죄를 속량하기도 충분하지 않을 것이다. 왜냐하면 죄의 속죄는 단 한 사람의 죄를 위한 것이라고 할지라도 무한한 대가를 요구하기 때문이다.

문제의 핵심

칼빈주의자들과 아르미니우스주의자들 사이에서 벌어지는 논쟁의 초점은 속죄의 충족성에 있지 않다. 논쟁의 핵심은 속죄의 계획과 적용이다. 특정한 사람들을 구원하는 것이 하나님의 목적인가? 아니면 아무런 구별 없이 가능한 한 많은 사람을 구원하는 것이 그분의 목적인가? 하나님의 의도는 무엇인가? 무엇이 그분의 계획인가? 그리스도의 죽음은 하나님이 작정하신 대로 구속의 계획을 온전히 성취했는가?

만일 이 질문에 "그렇다."라고 대답한다면 칼빈주의의 입장을 나타내는 원리를 인정하는 것이다. 그보다 훨씬 더 중요한 문제가 몇 가지 더 있다. 그리스도를 죽음에 내주신 하나님의 목적이 궁극적으로 모두 이루어질 것인가? 하나님은 속죄를 통해 이루어지지 않을 무엇인가를 의도하셨는가? 그리스도의 죽음에 관해 하나님이 작정하신 목적 가운데 궁극적으로 실패할 것이 존재하는가? 이런 질문을 묻는 것은 문제의 중요성을 좀 더 확실하면서도 전적으로 다른 각도에서 바라보게 만든다.

초기 그리스도인들은 나와 마찬가지로 그리스도의 죽음이 하나님이 뜻하고, 예정하신 모든 것을 정확하게 이룰 것이라고 굳게 믿었다(행 4:28). 하나님을 주권자로 믿는다면 당연히 그런 입장을 취해야 마땅하다. 하나님이 아무리 권해도 듣지 않을 사람들을 구원하기 위해 필사적으로 노력하다가 좌절에 부딪치시는 경우는 절대로 있을 수 없다. 그런데도 하나님의 구원을 그런 식으로 생각하는 그리스도인들이 적지 않다. 하나님을 그렇게 생각하는 것은 극도로 비성경적이다. 성경에 자기를 계시한, 유일하신 참 하나님은 창세 전에 만물의 목적을 미리 계획하고 작정하셨다고 말씀하면서 "나의 뜻이 설 것이니 내가 나의 모든 기뻐하는 것을 이루리라"(사 46:10)라고 분명하게 선언하셨다.

그리스도의 속죄 사역은 하나님이 이루려고 의도하신 것만을 성취한다. 만일 그리스도의 죽음으로 인해 불신자들이 유익을 얻는다면 그 이유는 하나님이 그렇게 되도록 계획하셨기 때문이다. 그리스도의 죽음으로 인해 세상에 대한 심판이 연기되었다면 거듭나지 못한 사람들도 속죄를 통해 주어지는 일반 은혜의 축복과 유익을 누리기 마련이다. 이것은 우연한 일이 아니라 하나님이 의도하고, 계획하신 결과다.

한마디로 말해 속죄의 유익 가운데 일부는 보편적이고, 또 다른 일부는 특별히 선택받은 사람들에게만 해당된다는 것이 나와 역사적 칼빈주의의 입장이다.

대리 속죄

그리스도의 십자가의 죽음이 대리적인 의미를 지닌다면 속죄는 특별하고, 제한적인 측면을 지닐 수밖에 없다. 한 가지 예를 들어보자. 그리스도께서 바로를 대신해 그가 궁궐에서 저지른 죄를 위해 고난을 당하셨는가? 그렇지 않다. 왜냐하면 그리스도께서 십자가에서 운명하실 때 바로는 이미 지옥에서 자기 죗값을 치르는 중이었기 때문이다. 지옥에 있는 자들은 모두 자신이 저지른 죄로 인해 고통을 받는다. 그리스도께서는 궁극적으로 구원받아 지옥의 형벌을 모면하게 될 사람들을 위해 고난을 당하셨던 것과 동일한 방식으로 그들을 대신해 고난을 당하지 않으신다.

따라서 속죄의 대리적 측면은 궁극적으로 선택받은 자들에게만 해당한다. 예수님이 그들의 형벌을 대신 짊어지셨기 때문에 그들은 형벌을 짊어질 필요가 없다. 만일 예수님이 베드로를 대신해 고난을 당하셨던 것과 동일한 방식으로 가룟 유다의 죄를 위해 고난을 당하셨다면 유다는 지금 자신의 죄를 위해 고난을 당할 필요가 없을 것이다. 이것이 대리 속죄의 필연적 결과다.

보편적인 결과

아울러 그리스도의 속죄 사역은 보편적인 측면을 지닌다. 역사적 칼빈주의는 항상 이 점을 인정했다. 이것은 디모데전서 4장 10절의 의미와 정확하게 일치한다. 아마도 디모데전서 4장 10절보다 이 문제를 가장 명확하게 해결해 줄 성경 구절은 찾기 어려울 것이다. "이를 위하여 우리가 수고하고 힘쓰는 것은 우리 소망을 살아 계신 하나님께 둠이니 곧 모든 사람 특히 믿는 자들의 구주시라." R. B. 카이퍼는 그리스도의 죽음이 선택받는 자들 "만"을 위한 것이 아니라 "특별히" 그들을 위한 것이라고 표현하는 것을 좋아한다고 말한 것으로 유명하다. 그는 "하나님은 자신의 독생자의 죽음을 통해 '선택받는 자들'을 구원하기로 계획하셨다. …그러나 개혁주의 강단에서 너무나도 자주 듣게 되는 말, 곧 그리스도께서 선택받은 자들 '만'을 위해 죽으셨다는 말은 부주의한 말로 간주되어야 마땅하다."라고 말했다.[8] 믿는 자들에게 그리스도께서는 특별하고도 구체적인 의미에서 구원자가 되신다. 그분의 죽음은 하나님의 궁극적인 계획 안에서 특별히 그들에게 적용된다.

커트 대니얼은 마태복음 13장 44절 ("천국은 마치 밭에 감추인 보화와 같으니 사람이 이를 발견한 후 숨겨 두고 기뻐하며 돌아가서 자기의 소유를 다 팔아 그 밭을 사느니라")의 비유를 언급하며 그것이 사실인 이유를 보여주는 유익한 예화를 제시했다. 밭을 사는 것은 곧 보화를 사는 것이나 마찬가지였다. 토지 매입의 목적과 목표는 보화였다. 그가 크게 기뻐한 이유는 보화에 있었다. 그가 다른 무엇보다도 밭을 구입하는 것에 관심을 기울인 이유는 보화 때문이었다. 그러나 그는 보화만을 구입하지 않고, 밭 전체를 구입했다. 나는 이것이 그리스도의 속죄 사역을 바라보는 좋은 관점을 제공한다고 생각한다.

로마서 14장 9절을 읽어보자. "이를 위하여 그리스도께서 죽었다가 다시 살아나셨으니 곧 죽은 자와 산 자의 주가 되려 하심이라." 이 구절은 그리스도의 죽음과 부활 때문에 그분이 특별한 방식으로 모든 사람의 주님이 되신다고 가르친다. 그분은 십자가의 죽음을 통해 완전한 인간이자 완전한 하나님으로서 온 세상(곧 산 자와 죽은 자, 구원받은 자와 유기된 자 모두)을 다스리는 주님이 되실 수 있는 권한을 확보하셨다. 이와 똑같은 메시지가 빌립보서 2장 8-10절에서도 발견된다. "사람의 모양으로 나타나사 자기를 낮추시고 죽기까지 복종하셨으니 곧 십자가에 죽으심이라 이러므로 하나님이 그를 지극히 높여 모든 이름 위에 뛰어난 이름을 주사 하늘에 있는 자들과 땅에 있는 자들과 땅 아래에 있는 자들로 모든 무릎을 예수의 이름에 꿇게 하시고."

속죄의 보편적인 결과를 매우 명확하게 언급하는 구절이다. 그리스도의 죽음은 그분에게 지극히 높은 주님의 신분을 부여했다. 예수님은 진정한 의미에서 보화, 즉 교회를 얻기 위해 온 세상을 사셨다. 속죄의 유익 가운데 일부가 하나님이 선택하지 않으신 자들, 곧 유기된 자들에게까지 직접 영향을 미친다.

일반 은혜의 축복

스펄전은 "두려워하는 많은 사람을 위한 즐거운 잔치"라는 제목의 설교에서 이 점을 잘 설명했다. 그는 "우리는 그리스도께서 속죄의 희생을 통해 모든 사람을 위해 얼마간의 좋은 것들을 사셨고, 일부 사람들을 위해서는 모든 좋은 것을 사셨다고 믿는다."라고 말했다.[9] 스펄전은 구체적으로 무엇을 염두에 두고 "그리스도께서 모든 사람을 위해 얼마간의 좋은 것들을 사셨다."고 말했을까? 그는 일반 은혜(모든 사람에게 나타나는 하나님의 선하심과 삶의 공통된 축복)를 언급한 것이 분명하다. 이것은 세상의 악이 최악의 상태로 발전하지 않도록 억제하는 은혜를 가리킨다. 일반 은혜는 모든 죄인에게 심판과 정의로부터 일시적인 유예를 얻어 삶을 즐기고, 생을 살아가도록 허락한다. 죄인들은 당장에 단죄를 받아 마땅하지만 일반 은혜는 그것을 연기한다. 일반 은혜는 마음으로 하나님을 거역하는 죄인들에게 회개하고 하나님과 화목하라고 부드러우면서도 간절하게 권유한다.

    마태복음 5장 45절은 "이는 하나님이 그 해를 악인과 선인에게 비추시며 비를 의로운 자와 불의한 자에게 내려주심이라"라고 말씀한다. 하나님은 세상을 사랑하신다. 하나님이 온 세상을 사랑하신다는 말을 들을 때마다 곧바로 비판과 불만을 쏟아낼 준비가 되어 있는 자들에게 권한다. 신중하게 행동하라. 왜냐하면 성경에 위와 같은 진리를 가르치는 내용이 적지 않기 때문이다. 유기된 자들에게까지 미치는 하나님의 선하심은 참되고, 진실하고, 열정적인 사랑에서 비롯한다. 물론 그것은 하나님이 선택받은 자들에게 베푸시는 영원한 구원의 사랑과는 다르다. 그것은 다른 종류의 사랑이지만 그럼에도 불구하고 선의에서 우러나온 참된 사랑이다.

    이 점을 주의 깊게 생각하면 일반 은혜의 축복을 비롯해 하나님이 우리에게 허락하시는 모든 좋은 것이 그리스도의 속죄 때문에 가능해졌다는 사실을 알게 될 것이다. 왜냐하면 하나님이 누군가를 구원하실 의도가 전혀 없으셨다면 아담이 죄를 지은 순간에 즉각 인류 전체를 심판하셨을 것이기 때문이다. 하나님은 타락한 천사들에게는 그렇게 하셨다. 그들은 즉시 하늘에서 쫓겨났다. 천사의 죄를 속량할 수 있는 속죄는 이루어지지 않았다.

그와는 대조적으로 인류는 타락했지만 대부분 세상에서 삶을 즐기고, 생을 누리고 있다. 그 안에서 죄의 저주 아래 있으면서도 "모든 것을 후히 주사 누리게 하시는" 자비로운 하나님의 섭리적인 돌봄을 받는, 놀라우리 만큼 큰 축복을 누리는 사람들은 오직 우리뿐이다. 우리는 아름다운 것을 보고, 음식의 풍미를 즐긴다.

존 맥아더는 하나님이 원하신다면 음식의 맛이 모래알처럼 느껴지게 만드실 수 있다고 말한다. 그러나 하나님은 그렇게 하지 않고 선을 베푸신다. "이는 만민에게 생명과 호흡과 만물을 친히 주시는 이심이라"(행 17:25). 우리는 웃고, 기쁨을 누리고, 사랑을 나누고, 삶의 좋은 것들을 만끽한다. 이 모든 것이 궁극적으로 그리스도의 속죄 사역으로 인해 가능해졌다. 그리스도께서 죄인을 구원하기 위해 죽을 의도가 없으셨다면 모든 것이 불가능했을 것이다. 만일 그랬다면 하나님은 우리 모두를 즉시 심판하셨을 것이다.

로버트 캔들리시는 속죄의 범위를 다룬 훌륭한 책에 "은혜로운 관용의 보편적인 시여(施與), 그것과 속죄의 관계"라는 제목의 중요한 장을 포함시켰다. 그는 그곳에서 일반 은혜의 모든 축복이 그리스도의 속죄 사역을 통해 가능해졌다고 설득력 있게 주장했다. 그는 이렇게 말했다.

> 그리스도의 죽음, 곧 그분의 복종과 속죄의 사역을 통해 온 세상과 모든 사람, 곧 "선택과 부르심을 받은 충실한 자들"만이 아니라 믿지 않고, 회

개하지 않은 사람들 모두를 위해 구체적으로 확인할 수 있는 확실한 유익이 주어졌다는 것은 진정 놀라운 사실이 아닐 수 없다. 이 유익은 공허한 말이 아닌 실질적인 현실이며, 모호하지 않고, 명확하며, 구체적인 속성을 지닌다. 이 모든 것 가운데 가장 으뜸 되는 유익, 곧 나머지 모두를 포괄하는 유익은 관용의 때, 곧 심판이 유예되어 잠시 정지된, 은혜의 날과 시대가 온 인류에게 보편적으로 주어진 것이다.[10]

따라서 유기된 자들도 그리스도의 죽음으로부터 유익을 얻는다. 하나님이 선택받은 자녀들을 위해 준비하신 식탁에서 떨어지는 부스러기가 모든 사람을 위한 만찬이 된다. 그들은 일반 은혜의 축복을 모두 경험한다. 이것은 십자가에서 비롯한 부산물이며, 죄인들을 향한 하나님의 선하심의 표현이다.

급진적 칼빈주의자들과 극단적 칼빈주의자들은 때로 일반 은혜는 유기된 자들을 향한 사랑이나 선함의 표현이 아니라 오히려 그들의 심판을 더욱 가중시킬 뿐이라고 주장한다. 물론 로마서 2장 4절은 불신자들이 "그의 인자하심과 용납하심과 길이 참으심이 풍성함을 멸시한다"라고 말씀한다. 그들은 하나님의 은혜를 멸시한 죗값을 치러야 할 것이다. 그러나 하나님이 유기된 자들에게 일반 은혜를 베푸시는 목적이 그들의 죄책을 가중시키기 위한 것뿐이라는 주장은 그분의 인격을 심각하게 모욕하는 것이다. 하나님이 악인들을 은혜롭게 대하시는 가장 중요한 방법 가운데 하나는 그들의 악한 본성이 무한정 드러나지 않도록 억제하는 것이다. 대다수 사람들은 가장 악한 상태로 치닫지는 않는다. 만일 하나님이 그들에게 은혜를 전혀 베풀지 않고 그대로 방치하셨다면 그들은 악할 대로 악해졌을 것이다. 인간의 부패성을 알고 있는 사람은 일반 은혜가 그들의 죄책이 심각한 상태로 발전하지 않도록 억제한다는 사실을 분명하게 의식할 것이다.

아치볼드 하지는 이렇게 말했다. "배교에서 마지막 심판에 이르는 인류의 역사는 캔들리시가 말한 대로 유기된 자들과 관련해서는 '관용의 시대'로 일컬어질 수 있다. 그 과정에서 그들의 인격과 영원한 운명에 영향을 미칠 수많은 (물리적, 도덕적) 축복이 심지어는 이교도들에게까지 주어진다."[11]

R. B. 카이퍼도 그와 비슷한 맥락에서 "일반 은혜의 축복은 비록 속죄로부터 간접적으로 비롯할지라도 하나님에 의해 속죄의 결과로 주어지도록 계획된 것이 분명하다. 그리스도의 속죄 사역과 관련된 하나님의 계획은 우선적으로는 선택받은 자들의 구원에 직접 적용되고, 이차적이고, 간접적으로는 일반 은혜의 모든 축복을 포함하고 있다."라고 말했다.[12]

값없는 구원

카이퍼는 일반 은혜 외에도 속죄의 보편적인 유익을 몇 가지 더 언급했다. 예를 들어, 그는 "하나님의 일반 은혜를 통해 주어지는 축복 가운데 '진지하고, 보편적인 구원의 제의'보다 더 큰 축복은 없다. 이것은 또한 가장 명백한 속죄의 결과이기도 하다."라고 말했다.[13] 또한 그는 "복음이 어느 한 민족이나 특정한 계층의 사람들에게 국한된 적은 단 한 번도 없었다. 복음은 유대인, 헬라인, 야만인, 스구디아인 모두에게 주어졌다."라고 덧붙였다.[14]

성경은 복음이 아무도 차별하지 않는다는 진리를 분명하게 가르친다. 예를 들어, 골로새서 3장 11절은 "거기에는 헬라인이나 유대인이나 할례파나 무할례파나 야만인이나 스구디아인이나 종이나 자유인이 차별이 있을 수 없나니"라고 말씀한다. 예수님도 마태복음 11장 28절에서 "수고하고 무거운 짐 진 자들아 다 내게로 오라 내가 너희를 쉬게 하리라"라고 말씀하셨다.

카이퍼는 그런 성경 구절들에 대해 이렇게 말했다. "그런 초청이 성령의 은혜를 통해 거듭난 후에 자기 자신의 타락한 상태를 깨달은 사람들에게만 주어지는 것이라는 주장은 아무런 근거 없이 성경의 의미를 축소하는 것이다. 분명하게 말하지만 일부 사람들이 잘못 생각하고 있는 것과는 달리 개혁주의 신학은 복음 초청이 선택받은 자들과 거듭난 자들만을 위한 것이라고 가르치지 않는다."[15]

하나님이 선택받은 자들을 구원하기 위해 주권적으로 영원한 계획을 세우셨다는 것과 유기된 자들에게 진지하게 회개를 권하신다는 사실은 서로 조금도 모순을 일으키지 않는다. 고린도후서 5장이 가르치는 대로 우리는 복음을 전할 때 메시지를 듣는 모든 사람에게 하나님과 화목하라고 권해야 할 의무가 있다. 바울은 고린도후서 5장 20절에서 "우리가 그리스도를 대신하여 사신이 되어 하나님이 우리를 통하여 너희를 권면하시는 것같이 그리스도를 대신하여 간청하노니 너희는 하나님과 화목하라"라고 말했다. 만일 우리가 사람들이 구원받을 수 있다는 확신을 가지고 그들 모두에게 복음을 전하지 않는다면 그리스도의 충실한 사신이 되기 어렵다.

우리가 칼빈주의자이면서 하나님의 긍휼을 모든 사람에게 값없이 제시하지 않는다면, 곧 사람들을 복음으로 초청하기를 주저하거나 그들에게 회개하고, 하나님과 화목하라고 권유하지 않는다면 우리는 훌륭한 칼빈주의자가 될 수 없다.

에스겔서 18장 23절은 "주 여호와의 말씀이니라 내가 어찌 악인이 죽는 것을 조금인들 기뻐하랴 그가 돌이켜 그 길에서 떠나 사는 것을 어찌 기뻐하지 아니하겠느냐"라고 말씀한다. 칼빈은 이 구절을 주석하면서 이렇게 말했다.

> 파멸과 멸망을 향해 달려가고 있는 자들이 안전한 곳으로 돌아오는 것보다 하나님이 더 간절히 원하시는 것은 없다. 복음이 온 세상에 전파된 것은 바로 이런 이유에서다. 하나님은 자신이 얼마나 긍휼 베풀기를 원하시는지를 대대로 증언해 오셨다. …하나님이 죄인의 죽음을 기뻐하지 않으신다는 선지자의 말은 사실이다. 왜냐하면 하나님은 자원해서 죄인에게 찾아오시고, 자기의 긍휼을 바라고 나오는 모든 사람을 언제라도 받아줄 준비가 되어 있으시기 때문이다. 그분은 죄인들이 안전할 수 있는 희망에서 멀어진 것을 보시면 안타깝게 여겨 큰 소리로 그들에게 자기에게 나오라고 부르신다. …하나님은 죄인의 죽음을 원하지 않으신다. 그분은 모든 사람에게 똑같이 회개하라고 부르시고, 그들이 진정으로 회개하면 기꺼이 받아주겠다고 약속하신다.[16]

값없는 구원의 제의를 부인하는 칼빈주의는 존 칼빈의 사상은 물론, 역사적 칼빈주의의 확신과는 거리가 멀다. 믿음과 회개를 권하는 복음의 초청은 차별 없이 모두에게 주어진다. "이제는 어디든지 사람에게 다 명하사 회개하라 하셨으니"(행 17:30).

도르트 신조는 복음 초청이 모든 사람에게 값없이, 공개적으로 주어진다는 사실을 분명하게 확증했다. "복음은 십자가에 못 박히신 그리스도를 믿는 자는 누구나 멸망하지 않고, 영생을 얻을 것이라고 약속한다. 이 약속은 회개하고, 믿으라는 명령과 함께 하나님이 그 기쁘신 뜻대로 복음을 허락하시는 모든 민족과 모든 사람에게 아무런 차별 없이 널리 선포되고, 공포되어야 한다."(2장 5항).

간단히 말해 불신자들은 속죄를 통해 많은 유익을 얻는다(심판의 연기, 일반 은혜의 축복, 값없는 복음의 제의 등). 그것들은 그리스도의 속죄 사역에서 비롯한 보편적인 결과에 해당한다. 이것이 위대한 칼빈주의 신학자인 찰스 하지가 "어떤 의미로는 그리스도께서 모든 사람을 위해 죽으셨고, 또 어떤 의미로는 오직 선택받은 자들만을 위해 죽으셨다."라고 말한 이유다.[17] 사실 이 말은 디모데전서 4장 10절을 되풀이한 것일 뿐이다. "우리 소망을 살아 계신 하나님께 둠이니 곧 모든 사람 특히 믿는 자들의 구주시라."

제한적 구속

물론 그리스도의 속죄 사역은 선택받은 자들에게 특별하면서도 한정적으로 적용된다. 디모데전서 4장 10절은 예수님이 "모든 사람"의 구주시라고 분명하게 말씀한다. 그러나 예수님은 모든 사람에게 똑같이 구주가 되지 않으신다. 그분은 어느 누구를 가릴 것 없이 모든 사람을 위해 죽지 않으셨다. 예수님은 진실로 "세상의 구주"이시지만(요 4:42) "특히 믿는 자들의 구주"(딤전 4:10)이시다.

예수님은 요한복음 10장 11절에서 "나는 선한 목자라 선한 목자는 양들을 위하여 목숨을 버리거니와"라고 말씀하셨다. 문맥을 살펴보면 예수님의 의도를 분명하게 이해할 수 있다. 선한 목자는 양들을 위해 희생하는 것과 똑같은 방식으로 염소들이나 늑대들을 위해 죽지 않으신다. 그분은 15절에서 또다시 "나는 양을 위하여 목숨을 버리노라"라고 말씀하셨다.

바울 사도는 에베소 교회의 장로들에게 "여러분은 자기를 위하여 또는 온 양떼를 위하여 삼가라 성령이 그들 가운데 여러분을 감독자로 삼고 하나님이 자기 피로 사신 교회를 보살피게 하셨느니라 내가 떠난 후에 사나운 이리가 여러분에게 들어와서 그 양떼를 아끼지 아니하며"(행 20:28, 29)라고 말했다. 그리스도께서는 자기 피로 교회를 사셨다. 그리스도의 사랑을 받는 대상은 교회를 위협하는 극악한 늑대들이 아니라 하나님의 백성들이다. 예수님이 죽으신 가장 중요한 이유는 그들을 구원하시기 위해서였다. 유기된 자들에게 주어지는 유익은 그런 현실의 부차적인 결과물일 뿐이다.

그리스도께서 교회를 사셨다는 것은 무슨 의미일까? 바울은 에베소서 5장 25절에서 신랑이 신부의 몸값을 제공하는 것을 상기시키는 표현을 사용했다. "남편들아 아내 사랑하기를 그리스도께서 교회를 사랑하시고 그 교회를 위하여 자신을 주심같이 하라."

그리스도께서는 무슨 목적으로 교회를 사셨을까? 26, 27절은 이렇게 말씀한다. "이는 곧 물로 씻어 말씀으로 깨끗하게 하사 거룩하게 하시고 자기 앞에 영광스러운 교회로 세우사 티나 주름 잡힌 것이나 이런 것들이 없이 거룩하고 흠이 없게 하려 하심이라."

그리스도께서 자기의 목숨을 내주신 사람들은 가장 순수하고, 고귀한 사랑을 받는다. 이 세상에서 이 특별한 사랑과 가장 근접한 사랑이 있다면 바로 아내에 대한 남편의 사랑이다. 이 사랑은 모든 사람에게 무차별적으로 베푸는 사랑이 아니다. 아내만을 사랑하지 않고, 이웃집 여인과 불륜을 행하는 자를 무엇이라고 부르는가? 우리는 그런 사람을 간부(姦夫)라고 부른다. 아내에게만 행해야 할 사랑을 아무 여자에게나 함부로 표현하는 사람을 바람둥이라고 부른다.

교회를 향한 그리스도의 사랑은 순수하다. 그 사랑은 아내에 대한 남편의 사랑보다 무한히 더 위대하고, 더 부드럽고, 더 친밀하다.

커트 대니얼은 이 사랑에 대해 이렇게 말했다.

그리스도를 아내를 위해 목숨을 내주는 남편에 비유한 것이 핵심이다. 이 점을 이해하려면 결혼에 관한 히브리적인 개념을 이해해야 할 필요가 있다. 첫째, 남자와 여자는 서로 혼인을 약속한다. 혼인의 약속은 심지어 그들이 태어나기 전에도 가능하다. 혼인을 약속하는 순간부터 죽음이나 이혼으로 혼인 관계가 법적으로 파기되지 않는 한, 두 사람은 혼인한 부부로 간주된다. 그러나 실제로 결혼식을 치르기 전에 서로 교환이 이루어져야 한다. 신부의 아버지는 혼인 지참금을 주고, 신랑은 신부의 몸값을 건넨다. 그런 점에서 신랑은 이미 법적으로 신부와 혼인해야 할 의무가 있더라도 신부를 값 주고 "사는 것"이나 마찬가지다. 그들은 정해진 때가 이르면 남편과 아내로서 서로 하나가 된다.

이것은 그리스도와 교회의 관계를 보여주는 완벽한 비유다. …선택받은 자들은 성부 하나님에 의해 그리스도께 제공되고, 그리스도께서는 성부에 의해 또한 우리에게 주어진다. …

그러나 신랑이신 그리스도께서는 신부를 위해 몸값을 치르셔야 했다. 그분은 어떻게 그렇게 하셨을까? 우리의 죄 때문에 그 대가는 죽음이었다. (그리스도께서는 우리를 신부로 취하기 전에 먼저 우리를 속량해야 하셨다) 따라서 그분은 선택받은 자들을 위해 자신을 죽음에 내주셨다. 그분은 속죄를 통해 우리를 사셨다. …

여기에서는 순서가 매우 중요하다. 첫째, 그리스도께서는 교회를 사랑하셨다. 이것이 선택이다(25절). 둘째, 그리스도께서는 혼인값을 치르셨다. 이것이 속죄이다(25절). 셋째, 그리스도께서는 혼인을 위해 교회를 준비시키셨다. 이것이 구원의 적용이다(26절). 넷째, 그리스도께서는 교회와 결혼하셨다. 이것이 그리스도와의 결합의 완성, 곧 영화다(27절).

요점은 간단하다. 즉 그리스도께서는 자신과 약혼한 교회를 위해 특별한 의도를 가지고 죽으셨다. 그분은 그 외의 사람들에게는 그런 특별한 의도를 지니고 계시지 않았다.[18]

예수님은 대제사장의 기도를 드리면서 자신의 중보 사역에 관해 "내가 비옵는 것은 세상을 위함이 아니요 내게 주신 자들을 위함이니이다 그들은 아버지의 것이로소이다"(요 17:9)라고 말씀하셨다.

그리스도께서는 그 기도를 드림으로써 이미 대제사장으로서 중보의 직임을 수행하셨다. 그분은 자신의 대제사장적 기도에서 선택받지 못한 사람들을 배제하셨다. 이런 사실은 그리스도의 구원 사역이 선택받은 사람들에게만 특별히 주어지는 것이라는 점을 분명하게 보여준다. 그리스도께서 그 기도를 드리시는 순간, 속죄의 사역이 시작되었다.

그분은 선택받지 않은 사람들을 배제하겠다는 의도를 분명하게 드러내셨다.

디도서 2장 14절은 그리스도께서 "우리를 대신하여 자신을 주심은 모든 불법에서 우리를 속량하시고 우리를 깨끗하게 하사 선한 일을 열심히 하는 자기 백성이 되게 하려 하심이라"라고 말씀한다. 이 구절은 유기된 자들에게 적용되지 않는다. 우리의 믿음도 속죄의 결과라는 것을 아는가? 그것은 하나님의 선물이다(행 16:14; 롬 12:3; 빌 1:29). 심지어 회개도 하나님이 우리 안에서 역사하신 결과다(행 5:31, 11:18; 딤후 2:25).

예수님은 요한복음 10장 26절에서 "너희가 내 양이 아니므로 믿지 아니하는도다"라고 말씀하셨다. 예수님이 아르미니우스주의자이셨다면 "너희는 믿지 않으므로 나의 양이 아니다."라고 말씀하셨을 것이다. 예수님은 그와 정반대되는 말씀을 하셨다. 선한 목자는 양들을 위해 목숨을 내놓는다. 그리고 그들의 믿음은 그분의 선물 가운데 하나다.

예수님은 마태복음 26장 28절에서 "이것은 죄 사함을 얻게 하려고 많은 사람을 위하여 흘리는 바 나의 피 곧 언약의 피니라"라고 말씀하셨다. 바울은 로마서 5장 15절에서 "이 은사는 그 범죄와 같지 아니하니 곧 한 사람의 범죄를 인하여 많은 사람이 죽었은즉 더욱 하나님의 은혜와 또한 한 사람 예수 그리스도의 은혜로 말미암은 선물은 많은 사람에게 넘쳤느니라"라고 말했다.

또한 히브리서 저자는 히브리서 9장 28절에서 "이와 같이 그리스도도 많은 사람의 죄를 담당하시려고 단번에 드리신 바 되셨고 구원에 이르게 하기 위하여 죄와 상관없이 자기를 바라는 자들에게 두 번째 나타나시리라"라고 말했다.

예수님은 요한복음 15장 13, 14절에서 "사람이 친구를 위하여 자기 목숨을 버리면 이보다 더 큰 사랑이 없나니 너희는 내가 명하는 대로 행하면 곧 나의 친구라"라고 말씀하셨다. 유기된 자들은 예수님의 친구로 일컬어지지 않는다. 예수님이 명령하신 것을 행하는 사람들만이 그분의 친구다. 그분은 그런 사람들을 위해 자기 목숨을 버리셨다.

내가 처음에 말했던 요점으로 돌아가 보자. 그리스도의 속죄 사역이 대리적인 성격을 지닌다면 그분이 실제로 구원하시는 자들에게만 적용되어야 마땅하다.

속죄가 대리적인 성격을 지닌다면 특별한 사람들에게만 적용될 수밖에 없다. 이것이 대리 속죄의 필연적인 결과다. 다시 말하지만 그리스도께서는 베드로의 죄를 위해 고난을 당하신 것과 똑같은 방식으로 가룟 유다의 죄를 위해 고난을 당하지 않으셨다.

마태복음 26장 24절을 액면 그대로 받아들인다면, 유다는 자기 자신의 죄를 위한 대가를 치러야 한다. "아들을 믿는 자에게는 영생이 있고 아들에게 순종하지 아니하는 자는 영생을 보지 못하고 도리어 하나님의 진노가 그 위에 머물러 있느니라"(요 3:36). 믿지 않고 죽는 자들은 모두 "그들의 그릇됨에 상당한 보응을 그들 자신이 받는다"(롬 1:27). 그리스도께서는 그런 사람들을 위한 대리자가 아니시다.

이를 달리 말하면 "대리 속죄는 본질적으로 유효한 효력을 발휘한다."라고 말할 수 있다. 신자들이 마지막 심판의 날에 두려워할 필요가 없는 이유는 그리스도께서 그들의 대리자로서 이미 그들의 죗값을 온전히 치르셨기 때문이다. 그리스도의 속죄는 구원을 가능하게 했을 뿐 아니라 구원받을 사람들을 위한 속죄를 온전히 이루셨다. 그분은 그들을 사셨고, 그들의 채무를 갚으셨으며, 그것을 장부에서 지우셨고, 그들의 용서를 보증하셨으며, 그들의 영원한 구원을 보장하셨다.

문제가 되는 성경 구절

제한적 구속을 부인하는 자들이 주로 거론하는 성경 구절은 요한일서 2장 2절이다. "그는 우리 죄를 위한 화목 제물이니 우리만 위할 뿐 아니요 온 세상의 죄를 위하심이라." 우리는 여기에서 요한 사도가 유대인 청중을 염두에 두고 말했다는 사실을 기억해야 한다. 갈라디아서 2장 9절은 "또 기둥같이 여기는 야고보와 게바와 요한도 내게 주신 은혜를 알므로 나와 바나바에게 친교의 악수를 하였으니 우리는 이방인에게로, 그들은 할례자에게로 가게 하려 함이라"라고 말씀한다. 이 구절은 요한이 유대인을 위한 사도라고 말씀한다. 그의 서신을 받는 사람들은 주로 유대인이었다.

요한은 유대인 청중에게 그리스도께서 죄를 위한 화목 제물, 곧 히브리인들의 죄만이 아닌 온 세상, 모든 곳에 있는 이방인들의 죄를 위한 제물이라는 점을 상기시켜 주었다.

이것이 요한일서 2장 2절의 요지다. 요한의 청중은 이 말씀의 의미를 옳게 이해했을 것이 틀림없다. "온 세상"은 유대 민족을 의미하는 "우리만"과 대조되는 모든 종류의 사람들(곧 유대인과 이방인과 헬라인과 로마인들을 포함한 모든 사람들)을 가리킨다.

요한일서 2장 2절의 문법 구조는 가야바가 요한복음 11장 51, 52절에서 부지중에 언급한 예언의 말씀에 대한 요한의 설명과 정확하게 일치한다. "이 말은 스스로 함이 아니요 그 해의 대제사장이므로 예수께서 그 민족을 위하시고 또 그 민족만 위할 뿐 아니라 흩어진 하나님의 자녀들을 모아 하나가 되게 하기 위하여 죽으실 것을 미리 말함이러라."

제한적 구속을 부인하는 자들이 인용하는 또 하나의 구절은 베드로후서 2장 1절이다. "그러나 백성 가운데 또한 거짓 선지자들이 일어났었나니 이와 같이 너희 중에도 거짓 선생들이 있으리라 그들은 멸망하게 할 이단을 가만히 끌어들여 자기들을 사신 주를 부인하고 임박한 멸망을 스스로 취하는 자들이라." 두 가지 사실을 옳게 이해하면 이 구절은 아무런 문제도 되지 않는다.

첫째, "자기들을 사신 주"에서 "주"(데스포테스, the Master)는 주권적인 주인을 가리키는 헬라어다. 이 말은 하나님의 주권과 주재권을 강하게 강조한다. 이 말을 그리스도를 가리키는 의미로 이해하면, 빌립보서 2장 8-10절의 가르침(그리스도께서 죽음을 통해 모든 것을 지배하는 절대적인 주권을 얻으셨다는 것)과 일맥상통하는 것을 알 수 있다. 그리스도께서 교회라는 숨겨진 보화를 얻기 위해 값 주고 사신 땅에 잠입해 들어온 거짓 교사들은 주님이 자기들을 사셨다는 것을 부인했다. 이것이 이 구절에 대한 해석 가운데 하나다.

그러나 신약 성경의 다른 곳에서 이 헬라어가 그리스도를 가리키는 데 사용된 적은 한 번도 없다. 이 헬라어는 모두 성부 하나님을 가리키는 데 사용되었다. 거짓 교사들이 유대인들이었다면 베드로는 신명기 32장 5, 6절을 염두에 둔 것이 분명해 보인다.

"그들이 여호와를 향하여 악을 행하니 하나님의 자녀가 아니요 흠이 있고 삐뚤어진 세대로다 어리석고 지혜 없는 백성아 여호와께 이같이 보답하느냐 그는 네 아버지시요 너를 지으신 이가 아니시냐 그가 너를 만드시고 너를 세우셨도다."

이 구절은 이스라엘 민족을 애굽에서 구원하신 사건을 가리키는 것이 분명해 보인다. 베드로는 거짓 교사들이 그들의 조상을 애굽에서 구원하신 하나님을 부인한 죄를 지었다는 것을 말하고자 한 듯하다.

이 밖에도 또 하나의 해석이 가능하다. 즉 베드로는 거짓 교사들이 하나님의 백성과 자신들을 동일시하고, 그리스도를 신뢰한다고 주장할지라도 그들의 가르침은 자기들을 구원하신 하나님을 부인하는 의미를 지닌다는 것을 말하고자 했던 듯하다.

이런 해석들은 모두 속죄에 관한 칼빈주의의 견해와 완벽하게 조화를 이룬다. 그러나 이런 해석들조차도 베드로후서 2장 1절의 가능한 의미를 모두 낱낱이 파악한 것은 아니다. 이 구절은 속죄의 범위를 가르치는 것으로 끝나지 않고, 거짓 교사들의 사악함이 말할 수 없이 크다는 것을 강조한다. 따라서 이 구절은 제한적 구속에 관한 칼빈주의 교리를 논박하는 의미가 전혀 없다.

놀랍고도 고무적인 진리

오랫동안 제한 속죄를 둘러싼 논쟁에 지친 나머지(그 가운데는 그렇게까지 심한 논쟁이 오갈 필요가 없는 경우가 많았다), 가급적 교회의 평화를 유지하기 위해 속죄의 목적과 범위에 관한 문제를 둘러싼 논쟁을 피하는 것이 낫다고 생각하는 그리스도인들이 많아졌다.

제한적 구속에 관한 교리가 그토록 많은 논란을 일으켰다는 것은 매우 불행한 일이다. 사실, 이것은 믿음을 강화시켜 하나님을 사랑하는 자들에게 모든 것이 합력해 유익을 주는 진리가 아닐 수 없다. 이 진리는 선택받은 자들에 대한 하나님의 인격적인 사랑의 본질을 강조할 뿐 아니라 선택의 교리가 지닌 의미를 분명하게 밝히고, 은혜의 교리를 크게 부각시킨다.

 이 교리와 관련해 내가 목회자들과 교회 지도자들에게 당부하고 싶은 말은 두 가지다. 하나는 이 교리를 회피하지 말라는 것이다. 이 교리는 흔히 생각하는 것만큼 혼란스럽지도 않고, 분란을 초래하지도 않는다. 다른 하나는 이 교리를 너무 편협하게 이해하지 말라는 것이다. 너무나도 많은 사람들이 이 교리가 마치 일반 은혜와 사랑이 많으신 하나님의 관대하심에 관해 성경이 가르치는 모든 것을 무효화시키는 것처럼 생각한다. 그러나 전혀 그렇지 않다.

 "여호와께서는 모든 것을 선대하시며 그 지으신 모든 것에 긍휼을 베푸시는도다"(시 145:9). "하나님이 그 해를 악인과 선인에게 비추시며 비를 의로운 자와 불의한 자에게 내려주심이라"(마 5:45). 그러나 예수님은 특별히 선택받은 자들에게 "적은 무리여 무서워 말라 너희 아버지께서 그 나라를 너희에게 주시기를 기뻐하시느니라"(눅 12:32)라고 말씀하셨다. "청함을 받은 자는 많되 택함을 입은 자는 적으니라"(마 22:14). 이 모든 진리는 볼 수 있는 눈을 지닌 자들에게 참으로 영광스러운 위로와 격려를 제공한다.

 하나님은 "모든 사람 특히 믿는 자들의 구주시다"(딤전 4:10).

8
Tom Pennington

"여러분은 자기를 위하여 또는 온 양떼를 위하여 삼가라
성령이 그들 가운데 여러분을 감독자로 삼고
하나님이 자기 피로 사신 교회를 보살피게 하셨느니라" _ 행 20:28

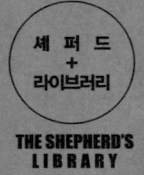

성경적 교회를 이해하라

톰 페닝턴, 2003
사도행전 20:28

몇 년 전에 "삶의 신비를 드러내다"라는 제목의 다큐멘터리 영화를 본 적이 있다. 몇몇 과학자가 진화론에서 지적 설계론으로 돌이키게 된 과정을 그린 영화였다. 영화는 박테리아 편모(단세포로 이루어진 박테리아에 달려 있는 작은 털)에 초점을 맞추었다. 박테리아는 그 편모를 이용해 움직인다. 강력한 전자 현미경을 이용해 관찰해 보니 편모의 구조가 영락없이 작은 모터와 같다는 것이 밝혀졌다. 편모는 전기 기기를 작동시키는 모터의 구성 요소를 모두 갖추었고, 일종의 회전자의 역할을 했다.

나는 단세포로 이루어진 박테리아의 복잡한 구조를 보고 하나님이 피조 세계를 그렇게 놀랍도록 다양하게 창조하신 사실에 깜짝 놀랐고, 또한 그분이 질서(가장 작은 세포에게서조차 확인되는 질서)의 하나님이라는 사실에 깊은 감명을 받았다. 그 영화는 계속해서 인간의 모든 세포가 정교한 DNA를 비롯해 작고 많은 모터들로 구성되어 있다는 것을 보여주었다.

정교한 설계

하나님이 지으신 가장 작은 생명체에까지도 정교한 질서를 부여하셨다는 사실을 생각할 때, 이따금 교회 지도자들이 교회의 구조는 별로 중요하지 않다고 말하는 소리를 들으면 그저 어안이 벙벙할 뿐이다. 예를 들어, 조지 바너는 "성경은 집합적인 관습이나 의식이나 구조를 반드시 받아들여야만 교회다운 교회를 세울 수 있다고 가르치지 않는다."라고 말했다.[1] 도널드 밀러도 "하나님이 정하신 교회의 특별한 구조는 존재하지 않는다."라고 말했다[2] 어떻게 박테리아의 편모에까지 관심을 기울이는 하나님이 자신이 세우고, 복주시겠다고 약속하신 유일한 실체인 교회의 구조에 관심을 기울이지 않으실 수 있단 말인가?

더욱이 밀러는 "성령께서 거하실 수 있고, 또 그리스도의 생명을 부여하신다면 어떤 형태라도 교회로서의 타당성을 갖춘 것으로 받아들여야 한다. 모든 형태의 생명이 환경에 적응하는 것처럼 성령을 통해 교회 안에 주어진 그리스도의 생명도 그런 적응력을 지닌다."라고 덧붙이기까지 했다.[3] 이것은 교회의 구조에 진화론을 적용한 것이다. 어떤 교회들은 적자생존으로 일컬을 수 있는 형태의 통치 구조를 갖추고 있을지 모르지만 그것은 성경이 정한 구조와는 아무런 상관이 없다.

어떤 사람들은 교회의 정치 구조를 중요하지 않게 여겨 무시하지만 이것은 매우 중요한 문제가 아닐 수 없다. 왜냐하면 사람들이 생각하고, 행동하는 방식이 구조에 의해 결정되기 때문이다. 알렉산더 스트로치는 『성경적인 장로직』에서 이렇게 말했다.

> 기독교 신앙에 가해진 가장 큰 해악 가운데 일부는 비성경적인 형태의 교

회 구조에서 직접 비롯한 결과다. 예를 들어, 사도들이 세상을 떠난 지 불과 몇 세기도 안 되어 교회는 신분, 권력, 사제직에 관한 유대적인 개념과 로마적인 개념을 수용하기 시작했다. …정교한 구조를 갖춘 제도가 그리스도 이름으로 나타나 단순하면서도 가족과 같은 사도적 교회의 구조를 오염시키고, 하나님의 백성들로부터 그리스도 안에서 그들이 누리는 고귀한 신분과 사역을 앗아갔으며, 그들에 대한 그리스도의 지상권을 제도화된 교회의 지상권으로 대체했다.[4]

우리는 교회의 구조와 통치 체제에 관한 성경의 가르침을 극도로 중요하게 생각해야 한다. 교회는 항상 일정한 구조를 갖출 것이 분명하다. 그렇다면 과연 성경은 어떤 형태의 구조를 요구할까?

나는 먼저 여러 명의 경건한 남자들이 교회를 이끄는 것이 성경에서 발견되는 정상적인 형태의 구조라는 점을 생각해 보고, 그런 다음에는 모든 교회가 그런 형태의 구조를 갖추는 것이 하나님의 뜻이라는 성경의 가르침을 살펴보고 싶다.

그러나 그러기에 앞서 먼저 오늘날의 기독교 내에서 통용되고 있는 몇 가지 형태의 교회 정치 제도를 간단하게 정리하고 넘어가야 할 필요가 있다.

여러 가지 형태의 교회 정치 제도

감독 제도

감독 제도는 교회의 합법적인 직임을 셋으로 구분한다. 그것은 감독

(또는 주교), 장로(또는 교구 목사나 사제), 집사다. 이 제도에서는 감독만이 다른 감독과 장로와 집사를 임명할 수 있는 권한을 갖는다. 다시 말해 이 제도는 지역 교회 밖에 있는 사람들이 개개의 교회를 이끌 지도자들을 선택하는 위계적인 구조를 갖추고 있다.

감독의 권위를 사도들에게서 비롯한 것으로 간주하는 감독 교회 지지자들도 있고(이들 교회는 사도적 계승을 주장한다), 사도적 계승을 주장하지는 않지만 감독 제도가 교회의 역사 가운데 매우 일찍부터 등장했다는 이유를 들어 자신의 입장을 강화하는 감독 교회 지지자들도 있다. 또한 감독 제도가 기능적으로 교회의 구조와 조직에 가장 적합하다는 이유를 들어 이 제도를 지지하는 사람들도 있다.

이런 형태의 교회 정치 제도를 갖추고 있는 교파는 크게 네 곳(그리스 정교회, 성공회, 로마 가톨릭 교회, 일부 감리 교회)이다. 이 제도를 지지하는 증거로 교회의 역사가 주로 거론된다. 예를 들어, 라이트푸트는 감독의 직임에 관해 이렇게 말했다. "역사를 돌아보면 2세기 중엽 이전의 교회, 즉 조직화된 기독교 공동체는 제각각 감독, 장로, 집사라는 세 가지 직임을 갖추고 있었던 것으로 보인다."[5] 이는 감독 제도가 200년대 초에 시작되었고, 300년 즈음에는 교회 안에 대개 세 가지 직임이 존재했다는 것을 의미한다.

어떤 사람들은 야고보가 예루살렘 공의회 기간에 감독의 직임을 수행했다고 주장한다(행 15장). 또 어떤 사람들은 디도가 여러 교회들을 감독하는 직책을 수행한 사실을 지적하기도 하고, 어떤 사람들은 신약 성경에서 감독 제도를 금지한 내용이 발견되지 않는다는 주장을 펼치기도 한다. 그러나 중요한 질문은 "성경에 그것이 명시되어 있느냐?" 하는 것이다.

장로 제도

장로 제도는 감독이 아닌 장로들이 교회를 다스리는 정치 제도를 가리킨다. 일부 장로들이 지역적이거나 전국적인 차원에서 교단 내에서 권위를 행사한다.

"지역 교회는 교인들이 선출한 치리 장로들과 의장인 설교 장로(즉 목회자)로 구성된 당회에 의해 다스림을 받는다."[6] 교인들은 회중 가운데서 치리 장로를 선출해 평신도의 대표자로 일하게 한다. 설교 장로와 치리 장로들이 함께 당회를 구성해 지역 교회를 다스린다.

"그 위의 상위 기관은 일정한 지역 내에서 성직 임명을 받은 설교 장로들 모두와 각 지역 교회를 대표하는 한 명의 치리 장로로 구성된 노회다. 노회 위에는 지역별 노회 연합회가 있고, 그 위에는 최상위 기관인 총회가 있다. 이 두 기관도 설교 장로인 목회자들과 평신도인 치리 장로들로 균등하게 이루어져 있다."[7]

이런 형태의 정치 제도를 따르는 교단들 가운데는 장로 교회와 개혁 교회가 있다.

어떤 사람들은 이 제도를 지지하기 위해 디모데전서 5장 17절을 인용한다. 바울은 그곳에서 다스리는 장로들과 말씀과 가르침에 수고하는 자들을 구별했다. 어떤 사람들은 바울이 디도에게 각 교회에 장로들을 세우라고 지시한 것(딛 1:5)을 지역적, 또는 전국적인 지도 체제를 구축하라는 의미로 이해한다.

그러나 장로들이 자신의 양떼 외에 다른 곳에서 권위를 갖거나 행사할 수 있다고 말씀하는 성경 구절은 어디에도 없다. 어떤 사람들은 사도행전 15장이 예외적인 경우라고 주장한다. 당시 예루살렘 교회의 장로들은 다른 교회들에게 권위 있는 편지를 써 보냈다. 그러나 그런 사실을 장로 제도를 옹호하는 근거로 사용할 수는 없다. 당시는 사도들이 현존했고, 편지의 배후에서 궁극적인 권위를 행사했지만 오늘날에는 그런 권위를 지닌 사도가 더 이상 존재하지 않는다. 사실, 안디옥 교회는 자발적으로 예루살렘 교회에 도움을 요청했다. 그 이유는 그곳에 사도들이 있었기 때문이다. 더욱이 사도행전 15장 22절은 "온 교회"가 다른 교회들에게 편지를 보냈다고 말씀한다.

웨인 그루뎀은 이런 사실을 염두에 두고, "이 본문의 이야기가 장로들에 의한 지역적인 통치를 지지하는 근거라면 이는 또한 온 회중에 의한 지역적인 통치를 지지하는 근거이기도 하다."라고 말했다.[8]

회중 제도

세 번째 형태의 교회 정치 제도는 회중 제도다. 이 제도는 각 지역 교회의 궁극적인 권위가 그 교회 자체에 있다고 본다. 즉 이것은 완전한 자치 교회를 의미한다. 이 형태를 따르는 교단들 가운데는 회중 교회, 침례 교회, 메노파 교회, 복음주의 자유 교회, 독립 교회 등이 포함된다. 회중 제도의 형태와 방식은 매우 다양하다.

가장 흔한 회중 제도는 한 사람의 장로나 목회자가 집사들로 구성된 위원회의 지원을 받아 교회를 다스리는 것이다. 이 제도를 따르는 사람들은 종종 디모데전서 3장에서 장로가 단수로 사용된 사실을 근거로 각 교회 내에 한 사람의 장로와 다수의 집사들이 존재했다고 주장한다. 그러나 단수 명사는 한 사람의 개인이 아닌 집단을 가리키는 집합적인 의미로 사용될 수도 있다.

또 다른 하나의 회중 제도는 기업의 이사회와 비슷하다. 이것은 회중이 목회자를 직접 선출하고, 또한 위원들을 세워 (회사대표와 비슷한) 목회자와 조직 전체를 감독하게 하는 구조다.

이 밖에도 순전한 민주주의 원리를 따르는 회중 제도도 있다. 이런 정치 제도를 따르는 교회들은 단합을 이루어 내느라고 종종 많은 어려움을 겪는다. 나의 장인은 남부에서 오랫동안 목회 사역을 했다. 그는 이웃에 있는 "민주적인" 교회 내에서 심각한 분열이 일어난 것을 지켜본 적이 있다. 교회 지붕에 사용할 널빤지의 색깔을 무엇으로 할 것인지를 둘러싸고 의견이 엇갈렸다. 다툼이 너무 심했기 때문에 그 교회는 분열을 막을 수 있는 방법은 지붕의 절반을 나눠 각기 다른 색깔의 널빤지를 사용하는 길뿐이라고 결론지었다. 불행하게도 그 교회의 교인들은 각자가 좋아하는 색깔의 널빤지로 만든 지붕 아래 자리를 나눠 앉았다.

다수의 장로들이 이끄는 교회 정치 제도

마지막 형태의 교회 정치 제도는 장로들이 선택해 교인들의 재가를 받은 다수의 경건한 사람들이 교회를 다스리는 제도다(나는 이것이 성경이 가르치는 제도라고 확신한다). 이것은 그런 장로들 가운데 한 사람이 대개 목회자이자 설교자(즉 양떼에게 말씀을 가르치는 책임을 위임받은 사람)로서 활동하는 구조다.

구약 성경에 등장하는 다수의 장로들

이 형태의 교회 정치 제도는 구약 시대 이스라엘의 지도 체제에서 처음 그 배경을 발견할 수 있다. 초대 교회를 형성했던 유대인 신자들의 사고 경향도 여기에 근거했다. 구약 성경에서 "장로"로 번역된 용어는 두 가지다. 첫째는 "늙은, 연륜이 있는"을 뜻하는 "자켄"이다. 이 용어는 대부분 복수형으로 구약 성경에서 178회 사용되었다. 그 중에서 약 100회가 권위 있는 직책을 지닌 사람들을 가리키는 의미로 사용되었다. 두 번째는 나이와 성숙도를 암시하는 "흰머리의"를 뜻하는 "쉬브"라는 아람어로 포로기 이후의 역사를 서술한 에스라서에 5회 나타난다.

이 두 단어가 구약 성경에서 어떻게 사용되었는지를 살펴보면 가족의 상황, 곧 부족과 씨족, 또는 가정의 노인들을 가리키는 의미를 지녔다는 것을 알 수 있다. 이런 용례가 창세기 50장 7절에 분명하게 드러나 있다. "요셉이 자기 아버지를 장사하러 올라가니 바로의 모든 신하와 바로 궁의 원로들과 애굽 땅의 모든 원로와." 사무엘하 12장 17절도 "그 집의 늙은 자들이 그 곁에 서서 다윗을 땅에서 일으키려 하되 왕이 듣지 아니하고 그들과 더불어 먹지도 아니하더라"라고 말씀한다. 다윗 가문의 노인들은 그의 슬픔을 달래주며 용기를 북돋아 주려고 노력했다.

또한 구약 시대의 장로들은 성읍을 다스리는 지도자로 활동했다. 예를 들어, 룻기 4장 1, 2절은 "보아스가 성문으로 올라가서 거기 앉아 있더니 마침 보아스가 말하던 기업 무를 자가 지나가는지라 보아스가 그에게 이르되 아무개여 이리로 와서 앉으라 하니 그가 와서 앉으매 보아스가 그 성읍 장로 열 명을 청하여 이르되…"라고 말씀한다. 가정에도 장로들이 있었고, 성읍의 생활과 행정을 관장하는 장로들도 있었다(민 22:4, 7; 신 19:12, 21:1-3, 19, 22:15; 삿 8:14).

이 밖에도 장로들은 국가를 다스리기도 했다. 다수의 남자들이 지도

자와 조언자로 활동했다. 이것은 고대 세계에서 흔한 일이었다. 심지어는 이스라엘의 주변국들도 예외가 아니었다. 민수기 22장 7절은 모압의 장로들을, 창세기 50장 7절은 애굽의 장로들을 각각 언급한다.

장로들이 국가를 다스리는 체제는 이스라엘에서는 흔한 일이었다. 그런 체제는 일찍이 모세 시대에도 존재했다. 출애굽기 4장 29, 30절은 "모세와 아론이 가서 이스라엘 자손의 모든 장로를 모으고 아론이 여호와께서 모세에게 이르신 모든 말씀을 전하고"라고 말씀한다. 모세가 공식적으로 사역을 시작하기 전에 이미 이스라엘의 장로들이 존재했다. 모세는 그들에게 하나님이 말씀하신 것을 전달했다(출 3:16, 4:29, 12:21, 17:5, 18:12, 24:1, 9, 11, 14). 모세는 70인 장로를 세워 이스라엘 백성을 다스리는 일을 돕게 했다(민 11장). 일부 유대인 학자들은 그것을 산헤드린의 기원(70인의 이스라엘 장로들)으로 간주한다.

장로들은 왕정 시대에는 고문 역할을 했다(삼상 8:4; 삼하 3:17, 5:3, 17:4, 15, 19:11; 왕상 20:7, 21:8, 23:1). 왕도 있었고, 왕을 견제하는 선지자들도 있었지만 이스라엘에는 여전히 장로 체제가 존재했다. 더욱이 그런 체제는 신약 시대에까지 계속되었다. 또한 장로들은 바벨론 포로 시대에도 여전히 영향력이 있었다. 에스겔서 8장 1절을 보면 장로들이 계속해서 상당한 영향력을 행사했던 것을 알 수 있다(렘 29:1, 14:1, 20:1 참조). 포로 시대가 끝난 뒤에도 특별한 문제나 사안을 처리하는 일을 돕기 위해 장로들이 이따금 소집되었다(스 5:9-11, 6:7, 10:8, 14). 복음서에도 유대교의 최고 통치기관이었던 산헤드린을 구성했던 장로들이 여러 차례 언급되어 나타난다.

이처럼 1세기 유대인들에게 "장로"라는 말은 곧 다수의 경건한 지도자들을 의미했다. 그런 역사가 있었기에 초대 교회가 장로 체제의 개념을 채택한 것은 매우 자연스러웠다(초대 교회는 대부분 유대인들로 이루어졌고., 사도들의 보살핌과 지도를 받았다).

신약 성경에 등장하는 다수의 장로들

구약 성경은 물론, 신약 성경과 사도들의 행적을 보더라도 다수의 경건한 남자들이 개개의 교회를 다스렸다는 것을 보여주는 증거가 많이 나타난다.

장로들은 예루살렘 교회와 예루살렘 공의회에서 핵심적인 역할을 감당했다. 누가는 사도행전에서 항상 교회는 단수로, 장로는 복수로 언급했다. 개개의 교회 안에 다수의 장로들이 존재했다. 이런 유형이 신약 성경 전반에 걸쳐 나타난다.

예를 들어, 사도행전 15장 4절은 "예루살렘에 이르러 교회(단수)와 사도와 장로들(복수)에게 영접을 받고 하나님이 자기들과 함께 계셔 행하신 모든 일을 말하매"라고 말씀한다. 이와 동일한 유형이 22절에서도 발견된다. "이에 사도와 장로(복수)와 온 교회(단수)가 그 중에서 사람들을 택하여 바울과 바나바와 함께 안디옥으로 보내기를 결정하니"(행 11:30, 15:2, 6, 23, 16:4, 21:18 참조).

야고보서는 박해로 인해 흩어진 유대인 신자들을 위해 쓰였다(이것은 사도행전 12장에 언급된 헤롯의 박해로 추정된다). 40년대 중반에 쓰인 이 편지는 최초로 기록된 신약 성경일 가능성이 높다. 당시의 교회는 이제 막 형성되기 시작한 상태였다. 야고보는 동유럽에 흩어져 있는 적은 무리의 신자들에게 편지를 보냈지만 이미 개개의 교회 안에 다수의 장로들이 존재하는 체제가 갖추어져 있었다. 그는 야고보서 5장 14절에서 "너희 중에 병든 자가 있느냐 그는 교회(단수)의 장로들(복수)을 청할 것이요 그들은 주의 이름으로 기름을 바르며 그를 위하여 기도할지니라"라고 말했다.

사도행전 14장은 매우 중요한 본문이다. 왜냐하면 바울의 1차 선교 여행이 거의 끝날 무렵에 이방인 회중 가운데 장로들이 존재했다는 것을 최초로 언급한 내용을 담고 있기 때문이다. 누가는 23절에서 "각 교회(단수)에서 장로들을 택하여 금식 기도 하며 그들이 믿는 주께 그들을 의탁하고"라고 말했다. 누가는 헬라어 전치사 "카타"를 분배의 의미로 사용했다. 다시 말해 그의 말은 "교회마다 장로들을 택하여"라는 의미를 지닌다. 누가는 비시디아 안디옥, 이고니온, 루스드라, 더베의 교회들을 언급했다. 이처럼 새로운 교회를 조직할 때마다 장로들을 세우는 것이 가장 중요한 단계 가운데 하나였다. 바울은 어디를 가든지 그런 유형을 따랐다.

바울은 사도행전 20장에서 3차 선교 여행을 마치고 57년 5월경에 오순절에 맞춰 예루살렘으로 향했다. 그 전에 바울은 에베소에 교회를 세우고, 그곳에서 3년 동안 말씀을 가르쳤다. 바울이 탄 배는 예루살렘으로 가는 도중에 물건을 싣고, 내리느라 여러 날 동안 밀레도에 머물렀다. 밀레도는 에베소에서 약 64킬로미터 떨어진 곳에 있었다. 따라서 바울은 그 기회를 이용해 자기와 3년 동안 함께 일했던 에베소의 장로들을 불렀다. 바울이 직접 장로들을 상대로 한 말이 기록으로 남은 것은 신약 성경 전체에서 사도행전 20장이 유일하다.

17절을 읽어보자. "바울이 밀레도에서 사람을 에베소로 보내어 교회(단수) 장로들(복수)을 청하니." 바울은 28절에서 장로들에게 이렇게 당부했다. "여러분은 자기를 위하여 또는 온 양떼를 위하여 삼가라 성령이 그들 가운데 여러분을 감독자로 삼고." 양떼인 교회가 있었고, 그들을 감독해야 할 책임을 맡은 장로들이 있었다. 다수의 경건한 남자들이 에베소 교회를 인도하고, 가르쳤다. 디모데도 나중에 에베소에서 사역했다. 디모데전서 5장 17절을 보면 그때에도 여전히 에베소 교회에 다수의 장로들이 있었던 것을 알 수 있다.

빌립보서는 바울의 사역 말기에 쓰였다. 그는 1장 1절에서 "그리스도 예수 안에서 빌립보에 사는 모든 성도와 또한 감독들과 집사들에게 편지하노니"라고 말했다. 당시에 빌립보 교회는 설립된 지 10년이 넘었다. 바울은 로마에서 가택 연금을 당한 상태였고, 빌립보 교회는 바울을 염려해 그에게 쓸 것을 보냈을 뿐 아니라 에바브로디도를 보내 그의 시중을 들게 했다.

바울은 그에 대한 반응으로 빌립보서를 써 보냈고, 거기에서 교회의 두 가지 직분(감독과 집사)을 언급했다. 두 직분은 복수형으로 쓰였고, 신자들의 모임은 빌립보 교회라는 단수형으로 쓰였다. 그로부터 50년 뒤에 폴리갑은 빌립보 교회에 편지를 보내면서 "빌립보에 있는 하나님의 교회에게"라고 말했다. 그는 교회(단수)를 향해 집사와 장로들(복수)에게 복종하라고 당부했다.[9]

사도행전 27장 7절은 바울을 로마로 호송하던 배가 그레데 남쪽 해안을 바람막이로 삼아 항해했다고 기록한다. 바울은 로마에서의 첫 번째 감금 생활에서 풀려난 후에 그레데를 방문했다. 그가 믿음의 아들인 디도에게 편지를 써 보낼 즈음 그레데에는 이미 교회들이 설립되어 있었을 것이 분명하다. 그러나 그 교회들은 거짓 교사들의 공격을 받아 매우 연약한 상태였다(딛 1:10-16, 3:9-11).

그런 악랄한 공격 때문에 바울은 디도를 그곳에 남겨 두어 특별한 임무를 수행하게 했다. "내가 너를 그레데에 남겨 둔 이유는 남은 일을 정리하고 내가 명한 대로 각 성에 장로들을 세우게 하려 함이니"(딛 1:5). 그레데는 작은 성읍들로 이루어진 작은 섬이었기 때문에 각 성읍에 하나의 교회가 존재했고, 개개의 교회마다 장로들(복수)이 임명되었을 가능성이 높다.

지도자 중의 지도자

신약 성경에서 "장로"라는 용어가 교회와 연관되어 나타날 때마다 다수의 장로들이 하나의 양떼를 다스렸던 것을 알 수 있다. 심지어는 주님과 그분의 사역에서도 이런 유형이 똑같이 발견된다.

주님은 초대 교회에 다수의 지도자들을 허락하셨다. 그분은 열두 사도를 세우셨다. 그러고는 똑같은 지위와 권위를 부여하시고, 그들을 둘씩 짝을 지어 내보내셨다. 그러나 사도들 가운데서도 지도자 중의 지도자가 존재했다. 성경에서 열두 사도는 항상 네 명씩 세 그룹으로 나눠 언급되었다. 또한 각 그룹에는 항상 동일한 사도들이 포함되었고, 그 그룹에서 처음 언급된 사람도 항상 동일했다. 그 사람이 그 그룹의 지도자였던 것이 분명하다. 항상 가장 먼저 언급된 사람은 베드로였다. 이처럼 사도들조차도 다수의 지도자들이라는 원리와 경험과 나이와 재능에 따라 지도자 중의 지도자를 세웠던 방식을 분명하게 예시한다. 그리스도께서는 사도들에게도 다수의 지도자라는 기본 개념을 적용시키셨다.

장로, 감독, 목사

다수의 장로들이 교회를 다스리는 체제를 입증하는 증거가 신구약 성경에서 풍부하게 발견된다. 그런 증거들 외에도 장로의 직분을 묘사하는 헬라어 용어들을 살펴보면 또 하나의 중요한 증거를 발견할 수 있다. 이 용어들은 장로들의 숫자와 그들의 임무를 이해하는 데 많은 도움을 준다.

첫째, "장로"로 번역된 헬라어는 "프레스부테로스"이다. 이 용어는 신약 성경에서 주로 두 가지 의미로 사용된다. 먼저 이 용어는 나이든 남자를 가리킨다. 예를 들어, 디모데전서 5장 1절은 늙은 사람을 꾸짖지 말고 아버지에게 하듯 권하라고 말씀한다. 또한 이 용어는 공동체를 다스리는 지도자를 가리킨다. 이때에는 특정한 나이는 언급되지 않지만 성숙함과 경험과 위엄과 명예를 갖추어야 한다는 의미를 함축한다. 성경의 기록을 통해 영적 지도자로서 일할 수 있는 특정한 나이를 추정해 보면 대개 서른 살 정도로 나타난다. 예를 들어, 아론의 후손에 속한 남자는 서른 살에 성막에서 일을 시작했다(민 4:46, 47). 주님도 약 서른 살에 지상 사역을 시작하셨다(눅 3:23). 많은 주석학자들이 디모데의 나이를 삼십 대 초반으로 추정한다(딤전 4:12). 물론 나이에 관한 이런 사례들이 지역 교회의 장로 직분을 결정하는 구속력을 지니는 것은 아니지만 일반적인 지침을 제시하는 의미로 받아들일 수 있다.

복음서와 사도행전에서 산헤드린을 가리킬 때도 이 용어가 28회 사용되었다. 또한 이 용어는 요한계시록에서는 구원받은 자들을 대표하는 24장로를 일컬을 때 12회 사용되었고, 사도행전과 서신서에서는 개교회의 지도자들을 가리킬 때 19회 사용되었다.

두 번째 헬라어 "에피스코포스"는 "감독"으로 번역되었다. 이 용어는 다양한 종류의 일반 관리들, 특히 관리자, 감독관, 행정관, 지배자와 같은 지역 관리들을 가리키는 데 주로 사용되었다.

『70인경』은 군대 장교(민 31:14), 성막 운영자(민 4:16), 성전 보수 감독관(대하 24:12, 17), 성전 관리(왕하 11:18), 도시 행정관과 책임자(느 11:9)를 가리킬 때 이 용어를 사용했다. 이 용어는 신약 성경에는 다섯 차례만 사용되었다. 한 번은 그리스도께 적용되었고(벧전 2:25), 나머지 네 번은 교회 지도자(특히 에베소 교회와 같은 이방인 교회들의 지도자)에게 적용되었다. 이 용어는 "감독, 관리자, 행정관"과 같은 일반적인 의미를 지닌다.

장로들의 책임을 명시하기 위해 관리하고, 감독한다는 개념을 다룬 성경 구절들을 살펴봐야 할 필요가 있다. 바울은 디모데전서 5장 17절에서 "잘 다스리는 장로들은 배나 존경할 자로 알되 말씀과 가르침에 수고하는 이들에게는 더욱 그리할 것이니라"라고 말했다. 여기에서 "다스리다."로 번역된 헬라어(프로이스테미)는 "감독하다, 지배하다."를 의미한다. 이 용어는 신약 성경에서 몇 가지 다른 방식으로 번역되었다. 예를 들어, 로마서 12장 8절에서는 다스리는 은사를 가리키는 의미로 "인도하다."로 번역되었고, 디모데전서 3장 4, 5절에서는 자기 집을 잘 다스려야 하는 장로의 책임을 가리키는 의미로 "관리하다."로 번역되었으며, 디모데전서 3장 12절에서는 자녀들과 집안을 잘 이끌어야 하는 집사의 책임을 가리키는 의미로 "관리자"로 번역되었다(저자는 영어 성경을 기준으로 설명하고 있다/역자주).

장로이면 누구나 가르칠 수 있지만 그 중에서도 특별히 설교와 가르침에 수고하는 장로들이 있다(딤전 5:17). 바울은 다른 사람들에 비해 더 뛰어난 은사를 받은 까닭에, 가르쳐야 할 책임이 더 큰 장로들이 있다고 말했다. 그러나 지역 교회 안에서 일어나는 모든 일을 관장하는 것은 장로라면 누구나 해야 할 일이다. 물론 이 말은 장로가 모든 일을 다 해야 한다는 의미가 아니다. 그러나 그들은 모든 일이 질서 있게 잘 이루어지도록 이끌어야 할 책임이 있다.

세 번째 헬라어 "포이멘"은 "목자" 또는 "목사"로 번역된다. 이 용어의 명사형이 신약 성경에서 양떼를 돌보는 목자와 그리스도에게 모두 18회 적용되었고(히 13:20, 21; 벧전 2:25), 교회의 지도자를 가리키는 의미로 한 차례 사용되었다. 이 용어의 동사형은 교회 지도자들을 언급하는 문맥에서 목사의 주된 임무(양떼를 가르치고, 인도하는 것)를 강조하는 의미로 세 차례 사용되었다. 그리스도께서는 요한복음 21장 16절에서 베드로에게 "내 양을 치라."고 명령하셨다. 바울은 사도행전 20장 28절에서 에베소 장로들에게 하나님의 교회를 "보살피라."고 당부했다. 아울러 베드로는 베드로전서 5장 1, 2절에서 소아시아에 흩어져 있는 장로들에게 하나님의 양 무리를 치라고 명령했다.

"장로, 감독, 목사"라는 이 세 단어는 동일한 직임을 가리키는 것이 분명하다. 디모데전서 3장과 디도서 1장에 각각 기록되어 있는 감독과 장로의 자격 조건이 거의 일치한다. 또한 바울은 디도에게 장로들을 세우라고 명령하고 나서 그들을 다시 "감독"으로 일컬었다(딛 1:5, 7). 특히 베드로전서 5장 1, 2절은 이 세 가지 용어와 개념들을 모두 사용해 하나의 직임을 가리켰다. "너희 중 장로들에게 권하노니 나는 함께 장로된 자요…너희 중에 있는 하나님의 양 무리를 치고, 감독하되"(저자는 『영어 표준역 성경』을 사용했다/역자주).

또한 바울은 사도행전 20장 17, 28절에서 이 세 가지 용어를 교차적으로 사용했다. "바울이 밀레도에서 사람을 에베소로 보내어 교회 장로들을 청하니…여러분은 자기를 위하여 또는 온 양떼를 위하여 삼가라 성령이 그들 가운데 여러분을 감독자로 삼고 하나님이 자기 피로 사신 교회를 보살피게 하셨느니라."

이렇듯 이 세 가지 용어는 하나의 직임을 가리킨다. "장로"는 그 사람의 성품(영적 성숙함)을, 목사와 감독은 그의 기능을 각각 부각시킨다. 목사는 하나님의 백성을 먹이고, 보호하고, 보살핀다. 감독은 사람들과 교회의 사역을 관장한다. 장로와 목사와 감독은 동일한 직분을 행하는 동일한 사람을 가리킨다. 신약 성경에 나타나는 유형은 자격을 갖춘 다수의 장로들이 개개의 지역 교회를 다스리는 것이다.

오늘날에도 필요한가?

마지막으로 생각해야 할 질문은 "이런 분명한 성경적인 유형을 오늘날의 교회도 반드시 따라야 하는가?"라는 것이다. 신약 성경과 목회 서신을 진지하게 받아들이는 사람들은 당연히 그래야 한다고 생각할 것이 틀림없다. 목회 서신은 교회 지도자들에게 하나님의 집에서 어떻게 행해야 할지를 알려주기 위해 쓰였다(딤전 3:15). 바울은 목회 서신에서 다수에 의한 리더십을 강조했다(딤전 5:17; 딛 1:5). 더욱이 사도들이 직접 그런 본을 보여주었다. 사도들은 유대인 교회들 안에서 장로 정치 제도를 확립했다(행 15:6). 이것이 예루살렘에서 다른 사도들과 함께 일하면서 가장 큰 영향력을 발휘했던 야고보가 곳곳에 흩어져 있는 유대인 신자들에게서 장로 정치 제도를 기대했던 이유다(약 5:14). 바울도 이방인 교회들 안에서 장로 정치 제도를 확립했고(행 14:23), 디도에게 모든 교회에서 장로들을 임명하라고 명령했다(딛 1:5). 이처럼 장로 정치 제도는 사도적 권위를 지닌다. 하나님의 영감으로 기록된 성경은 모든 교회 지도자들에게 장로 정치를 명령한다.

다수의 경건한 장로들이 이미 교회를 이끌고 있는 경우에는 이것을 큰 격려를 주는 계기로 삼기 바란다. 만일 그렇지가 못하다면 이 주제에 대한 성경의 가르침을 주의 깊게 살펴보기 바란다. 자신이 속한 교회의 정치 제도가 바뀌어야 한다는 생각이 들거든 기도로 지혜를 구하고, 천천히 변화를 모색하라.

변화를 향한 첫 번째 단계는 성경의 충족성과 권위를 확립하는 것이다. 어떤 주제에 관해서든 성경이 가르치는 것은 설혹 어려운 변화를 요구하는 일일지라도 기꺼이 복종하고, 따라야 한다는 것을 교인들에게 주지시켜라. 그리고 교회의 리더십에 관한 성경적인 유형을 시간을 두고 천천히 교육시켜라. 그러는 동안, 장로의 자격 조건에 합당한 사람들을 발견하거든 그들이 실제로 그 직분을 갖지 못했더라도 기꺼이 도움과 조언을 구하라. 그런 사람들이 아직 장로의 직분을 갖지 못했거든 장로로서 일할 수 있는 길을 열어 주라. 비록 오랜 시간이 걸리더라도 교인들이 성경적인 유형을 수용하는 것을 목표로 삼아 꾸준히 나아가라. 이런 일은 시간이 걸리기 마련이다. 단번에 교회를 장로 정치 제도로 바꾸려고 애쓰지 말라. 그 방향을 항상 염두에 두고 매진하라. 이것은 구약 성경과 신약 성경이 가르치고, 예시한 제도이다. 목사의 직분을 가리키는 헬라어 용어들도 모두 한 가지로 확고한 증거를 제시한다. 하나님은 지역 교회가 다수의 경건한 남자들에 의해 다스려지기를 원하신다. 따라서 성경적인 교회는 모두 이 유형을 따라야 한다.

PRAYER

아버지여, 그리스도 안에서 저희에게 베푸신 은혜가
너무나도 감격스럽습니다.
우리 자신의 의가 아니라 예수 그리스도로부터
우리에게 주어진 의를 덧입어 아버지 앞에서
옳다 인정함을 받게 하시니
마음 깊은 곳으로부터 진정으로 감사드립니다.

아버지여, 아버지께 속하는 놀라운 특권만이 아니라
아버지의 몸 안에서 섬길 수 있는
놀라운 기회와 책임까지 허락해 주시니 더더욱 감격스럽습니다.
저희를 그 소명을 충실히 감당하는 청지기로 만드소서.

이 모든 것을 예수님의 이름으로 기도드립니다. 아멘.

9
Paul Washer

"열한 제자가 갈릴리에 가서 예수께서 지시하신 산에 이르러
예수를 뵈옵고 경배하나 아직도 의심하는 사람들이 있더라
예수께서 나아와 말씀하여 이르시되
하늘과 땅의 모든 권세를 내게 주셨으니
그러므로 너희는 가서 모든 민족을 제자로 삼아
아버지와 아들과 성령의 이름으로 세례를 베풀고
내가 너희에게 분부한 모든 것을 가르쳐 지키게 하라
볼지어다 내가 세상 끝날까지 너희와 항상 함께 있으리라" _ 마 28:16-20

예수님의 마지막 지상 명령에 충실하라

폴 워셔, 2014
마태복음 28:16-20

위의 본문에서 특별히 주목해야 할 것은 네 가지다. 첫째, 우리는 연약하다. 둘째, 그리스도께서는 절대적인 권위와 권능을 지니신다. 셋째, 교회가 해야 할 중요한 임무가 있다. 넷째, 그리스도께서는 그 일이 너무 힘들고 어렵게 느껴질 것을 알고 우리에게 임재와 능력을 약속하셨다. 이 마지막 약속은 지상 명령을 진지하게 받아들이는 사람을 굳건하게 붙잡아 주고 힘을 주며 앞으로 나아가게 만든다.

우리의 연약함

먼저 우리의 연약함에 관해 생각해 보자. 16, 17절은 "열한 제자가 갈릴리에 가서 예수께서 지시하신 산에 이르러 예수를 뵈옵고 경배하나 아직도 의심하는 사람들이 있더라"라고 말씀한다. 그들은 위대한 믿음의 사람들이 아니었다. 그들은 우리와 마찬가지로 믿음과 복종,

의심과 불신이 뒤섞여 있는 사람들이었다. 여기에서 "의심하는"으로 번역된 헬라어 "디스타조"는 "이중적인 태도"를 뜻한다. 다시 말해 이 말은 불신과 주저함을 나타낸다. 그리스도께서 베드로에게 배에서 나와 파도치는 물 위를 걸으라고 명령하셨을 때도 이와 똑같은 용어가 사용되었다.

나는 여기에서 제자들을 공정하게 다루고 싶다. 그런 의심이 생겨난 이유를 순전히 그들의 연약함 때문이었다고 생각하는 것은 옳지 않다. 그것은 그들이 믿고, 감당해야 할 일이 너무나도 엄청났기 때문에 생겨난 것이기도 하다. 베드로에게 갈릴리 바다를 걸으라는 명령이 주어졌지만 그것조차도 본문을 통해 제자에게 주어진 명령에 비하면 아무것도 아니다.

제자들은 인류, 곧 철저하게 타락한 인류의 바다를 걸으라는 명령을 받았다. 그들은 이리들이 득실거리는 곳에 양으로 보내심을 받았다. 그들에게는 세상의 모든 권세와 권위를 버리고 오직 믿음으로 행하며, 무명의 목수가 세상을 향해 처음 전했던 가장 부끄러운 메시지를 전하라는 명령이 주어졌다. 따라서 그들이 의심할 이유는 충분했다.

내가 성경을 통해 사도들에 관해 알게 된 가장 위대한 사실 가운데 하나는 그들이 우리와 조금도 다르지 않다는 것이다. 그러나 그들은 단순한 인간을 뛰어넘는 사람들로 변화될 예정이었다. 어떻게 그런 일이 가능할 수 있었을까? 사도행전은 그들이 성령의 능력과 사역을 통해 예수 그리스도의 절대적인 권위의 현실을 굳게 붙잡았다고 증언한다.

복음 전도에 참여하는 사람이 반드시 갖추어야 할 자격 조건은 최소한 세 가지다. 첫째, 그리스도의 인격과 사역(곧 그분의 진정한 정체와 그분이 행하신 일)을 아는 지식 안에서 항상 성장해 나가야 한다. 둘째, 육신적인 방법으로 교회를 세우고, 복음을 전하려는 생각을 버려야 한다. 셋째, 자신의 삶 속에서 성령의 능력과 생명이 더욱 풍성하게 나타나게 해달라고 항상, 쉬지 않고 부르짖어야 한다.

성령에 관해 그릇된 가르침을 전하는 사람들이 많다고 해서 또 다른 극단으로 치우쳐 성령의 사역을 아예 무시하는 잘못을 저질러서는 안 된다. 거짓 선지자들이 성령의 기업을 빼앗도록 방치해서는 곤란하다. 성령의 능력과 가르침과 의와 거룩함과 생명이 없이는 지상 명령을 이룰 수 없다.

예수님의 권능

지금까지 우리의 연약함에 관해 살펴보았다. 이번에는 예수님의 권능에 관해 잠시 생각해 보자. 18절은 "예수께서 나아와 말씀하여 이르시되 하늘과 땅의 모든 권세를 내게 주셨으니"라고 말씀한다. 예수님은 제자들의 연약함을 아시고, 그런 그들에게 나아오셨다. 그동안 사역을 하면서 그런 경험을 해본 적이 얼마나 되는가? 그런 순간에 예수님은 우리의 연약함을 아시고, 우리를 홀로 버려두지 않으셨다. 그분은 우리에게 나아오셨다. 하나님은 참으로 미쁘시고, 복 되신 구원자가 아니실 수 없다. 그분은 우리의 체질을 아신다. 그분은 우리가 한갓 흙에 지나지 않는다는 것을 아신다. 지금까지 하나님을 위한 위대한 사람은 존재하지 않았다. 그런 사람은 앞으로도 나타나지 않을 것이다. 오직 왜소하고, 불충실한 사람을 위한 위대하고, 자비로우신 하나님만이 있으실 뿐이다.

한 젊은이가 내가 와서 "그러나 지상 명령은 너무나도 위대하고, 저는 너무나도 연약합니다."라고 말했다. 나는 "맞아요. 그러나 일전에 어떤 사람이 '그리스도께서는 자격 있는 사람들을 부르지 않으신다. 그분은 부르심을 통해 사람들을 자격 있게 만드신다.' 라고 말하더군요."라고 대답했다.

그리스도께서는 어떻게 하셨는가? 그분은 의심하며 불안해하는 제자들 앞에 나아와 그 어떤 한계나 시공의 제약을 받지 않고 모든 것을 다스리는 자신의 절대적인 권세를 선언하셨다.

저명한 스코틀랜드 신학자이자 주석학자인 데이비드 브라운은 이렇게 말했다. "그런 지상 명령은 어떤 감정을 느끼게 만들었을까? 분명코 제자들은 '우리 자신의 불안조차도 극복하지 못하는 우리, 곧 학식도 없고, 수단도 없고, 가장 미천한 피조물에게조차 아무 영향도 미치지 못하는 한갓 갈릴리의 어부에 불과한 우리에게 주님을 위해 세상을 정복하라고요? 아니오, 주님. 저희를 놀리지 마세요.' 라고 생각했을 것이 틀림없다."[1]

주님은 그들을 놀리지 않으셨다. 그분은 "하늘과 땅의 모든 권세를 내게 주셨으니 그러므로 너희는 가서…볼지어다 내가 세상 끝날까지 너희와 항상 함께 있으리라"라고 말씀하셨다.

우리의 힘, 우리가 가진 모든 것은 우리 안에서 발견되지 않는다. 그것은 모두 그리스도 안에서 발견된다. 그리스도의 권세를 예시하는 사례가 창세기 41장 44절에 기록된 바로의 말을 통해 분명하게 드러난다. "바로가 요셉에게 이르되 나는 바로라 애굽 온 땅에서 네 허락이 없이는 수족을 놀릴 자가 없으리라 하고."

죽은 자 가운데서 부활해 높임을 받으신 그리스도께서 성부 하나님

앞에 서 계신다. 하늘과 땅의 모든 권세가 그분에게 주어졌다. 이것은 성부께서 성자에게 "온 우주에서 네 허락이 없이는 수족을 놀릴 자가 없으리라"라고 말씀하시는 것과 같다.

심지어 스데반에게 처음 돌을 던진 손조차도 주 예수 그리스도의 주권적인 통치 아래 있었다. 이런 사실을 알면, 가장 연약한 사람도 강해질 수 있다. 그렇다면 이런 권세는 복음 전도의 노력과 관련해 어떤 의미를 지닐까? 이것은 울며 씨앗을 뿌리는 자들이 기쁨으로 단을 거두게 될 것을 의미한다. 이 권세는 신학교에서 논할 수 있는 것, 곧 신학적 사변의 대상이 될 수 있을까? 절대 그럴 수 없다.

이것은 우리가 복음 전도를 위해 행하는 모든 것과 깊은 관련이 있다. 그리스도의 권세는 장차 아무도 능히 헤아릴 수 없을 만큼 많은 무리가 하나님의 보좌와 어린 양 앞에 서게 될 것을 의미한다. 그들은 모두 흰 옷을 입은 채로 각자 손에 종려나무 가지를 들고, "구원하심이 보좌에 앉으신 우리 하나님과 어린 양에게 있도다"(계 7:10)라고 한 목소리로 크게 외칠 것이다. 그리스도의 권세는 우리가 승리할 것을 의미한다. 왜냐하면 그분이 이미 승리하셨기 때문이다. 우리 앞에는 문이 활짝 열려 있고, 그리스도께서는 자신의 이름으로 우리에게 놀라운 능력을 허락하신다.

복음 전도에 참여한 사람들은 대부분 내가 지금까지 말한 것에 아멘으로 화답할 것이 틀림없다. 예수님은 주님이시다. 그분은 권세와 능력을 지니신다. 우리는 그리스도의 주권에 함축된 의미를 이해해야 할 필요가 있다. 그리스도의 권위를 앞세워 나아간다는 것은 곧 그분의 권위 아래 나아간다는 것을 의미한다. 우리가 복음을 전하고, 교회를 세우기 위해 하는 것, 우리가 믿는 것, 우리가 실천하는 것, 우리의 전략과 방법론이 모두 성경에 근거해야 한다. 그렇지 않으면 우리는 아무런 권위도 지닐 수 없다. 우리의 권위는 능하신 주님이 명령하신 것에 대한 복종에서 비롯한다.

나는 현대 복음 전도의 아킬레스건이 모든 사람이 각자 자신의 소견에 옳은 대로 행하는 것에 있다고 생각한다. 인류학자나 사회학자나 문화적 유행에 정통한 전문가들이 고안한 것을 우리의 전도 방법론과 교회 설립 전략으로 삼아서는 안 된다. 그렇다면 우리의 방법론과 전략은 어디에 근거해야 할까? 성경에 근거해야 한다. 주석학자들과 신학자들과 교회 역사가들이 성경에서 찾아낸 원리에 충실해야 한다. 그러나 현대 복음 전도에서는 그런 것들이 모두 빠져 있다. 이것이 우리의 아킬레스건이다.

모세는 성막 안에 있는 모든 것을 하나님이 산 위에서 가르쳐주신 모양대로 만들라는 명령을 받았다. 하나님이 성막에 관해 그렇게 말씀하셨다면 모든 것 중에서 가장 중요한 일에 관해서는 더더욱 그러시지 않겠는가? 성경이 가르치는 방법에 따라 지상 명령을 수행하기 위해 최선을 다해야 한다.

하나님이 교회와 사역자들에게 성경을 허락하신 이유는 몇 가지 선행을 행하도록 독려하기 위해서가 아니라 하나님의 나라에 필요한 모든 사역을 행할 준비를 갖추게 하기 위해서다. 하나님이 교회에 성경을 허락하신 이유는 하나님의 가족(즉 진리의 기둥과 터인 살아 계신 하나님의 교회) 안에서 어떻게 행동해야 하는지를 가르치기 위해서다.

종교개혁, 청교도, 스펄전, 로이드 존스는 물론 심지어 칼빈조차도 단순히 사변적인 칼빈주의에 몰두하지 않았다. 그들의 관심은 온통 성경의 충족성에 있었다. 물론 구원론을 옳게 이해하는 것도 그런 관심의 일환이다.

그러나 오늘날 미국에는 진리를 추구한다고 하면서 단지 구원론에만 관심을 기울이는 사람들이 많다. 그들이 교회를 설립하고, 복음을 전하는 방식을 살펴보면 다른 복음주의자들과 조금도 다르지 않다. 단지 구원론만 옳게 바꾼다고 해서 될 일이 아니다. 청교도들은 그렇게 하지 않았다. 그들은 삶과 사역의 모든 측면을 성경에 복종시키려고 노력했다.

그러나 요즘에는 청교도와 종교개혁자들을 오늘날의 사람들이 이해할 수 있는 문화에 걸맞게 바꾸는 것이 좋다는 생각이 만연하다. 우리는 기록된 말씀을 굳게 붙잡아야 한다. 교회를 세우고, 교회생활을 하고, 복음을 전하고, 가정생활을 하는 등, 모든 것을 우리가 보기에 옳은 대로가 아닌 성경에 기록된 대로 해야 한다.

어떤 사람이 내게 찾아와서 "폴 형제님, 나는 성경의 무오성을 믿습니다."라고 말했다. 나는 "훌륭합니다. 그렇지만 성경의 무오성은 성경의 충족성을 실천에 옮기지 않으면 아무런 의미가 없어요."라고 대답했다. 그 둘은 쌍둥이 자매와 같다. 무오성에 대한 믿음은 삶의 변화가 없더라도 잘 유지할 수 있다. 그러나 그 교리를 믿는 데서부터 충족성으로 나아가는 것은 전혀 다른 차원에 속한 일이다.

지상 명령을 이루려면 육신적인 전략과 방법론을 모두 버리고, 성경으로 관심을 돌려 성경이 가르치는 유형을 따라야 한다. 육신의 일과 전략과 방법론에 집착할수록 하나님을 바라보기가 더욱 어려워진다. 그렇게 되지 않으려면 어떻게 해야 할까? 우리 자신을 벗어버려야 한다. 우리를 독즙이나 역병이나 더러운 딱지처럼 여겨야 한다. 사울의 갑옷처럼 우리 자신을 벗어 던지고, 오랫동안 무시되었던 매끄러운 복음의 돌을 집어 들어야 한다. 사랑하는 동료들이여, 세계 선교라는 골리앗을 죽일 수 있는 길은 오직 그것뿐이다.

교회의 가장 중요한 과업

그러면 이번에는 교회가 구체적으로 어떤 일을 해야 하는지에 대해 잠시 생각해 보자. 마태복음 28장 19, 20절은 "그러므로 너희는 가서 모든 민족을 제자로 삼아 아버지와 아들과 성령의 이름으로 세례를 베풀고 내가 너희에게 분부한 모든 것을 가르쳐 지키게 하라 볼지어다 내가 세상 끝날까지 너희와 항상 함께 있으리라 하시니라"라고 말씀한다. 내가 이것을 교회의 가장 중요한 계명이 아닌 가장 중요한 과업으로 일컬은 것에 주목하라. 교회의 가장 중요한 계명은 마음과 영혼과 생각과 힘을 다해 주 하나님을 사랑하는 것이다. 두 번째 계명은 이웃을 내 몸과 같이 사랑하는 것이다. 성령의 거듭나게 하시는 사역과 성경의 가르침을 통해 마음이 새롭게 변화된 사람들만이 자신의 이름으로 위대한 일을 하도록 독려하시는 하나님을 사랑할 수 있다.

사랑의 수고

지상 명령은 사랑의 수고다. 우리는 하나님을 사랑하기 때문에 하나님의 영광을 아는 지식이 바다를 가득 채운 물처럼 온 세상에 넘쳐나기를 간절히 바란다. 우리는 하나님의 이름이 해가 뜨는 곳에서부터 해가 지는 곳까지 모든 민족들 가운데서 위대해지기를 바란다. 우리는 그리스도를 사랑하기 때문에 어린 양이신 주님이 고난의 대가를 온전히 받으시기를 원한다. 우리는 사람들을 사랑하기 때문에(만일 사람들을 사랑하지 않는다면 사역자로 일할 자격이 없다) 그들의 고통을 좌시할 수 없다. 우리는 그들의 구원을 통해 하나님이 영화롭게 되시기를 원한다. 이처럼 복음 사역은 곧 사랑의 수고다.

우리는 하나님의 권위 아래 복종해야 한다. 하나님은 우리에게 자기와 이웃을 사랑하라고 명령하신다. 우리는 공적 생활이나 강단 사역에서만이 아니라 개인생활에서도 날마다 그분의 권위 아래 복종해야 한다. 하나님은 우리를 값 주고 사셨다. 그분은 우리를 소유하신다. 우리는 우리의 것이 아니다. 우리는 이 진리를 말뚝처럼 집어 들고, 육신적인 마음에 깊숙이 때려 박아 넣어야 한다. 우리는 하나님의 것이다.

젊은이들이여, 학교를 졸업하기 전에 이 문제에 대해 태도를 분명하게 하지 않으면 세상의 학위는 아무런 도움도 되지 못할 것이다. 우리가 하나님의 이름으로 나가는 이유는 그분을 사랑하기 때문이다. 우리가 하나님을 사랑하는 이유는 그분이 먼저 우리를 사랑하셨기 때문이다. 길거리에 나가 복음을 전하면 약 5분쯤 뒤에는 듣는 사람들이 달려들어 확성기와 전도지와 성경과 좌대는 물론, 심지어는 우리 자신까지 길바닥에 내동댕이치고 우리를 광장에서 쫓아낼 것이다.

그 모든 것을 다시 집어 들고, 곧바로 광장으로 다시 가서 복음을 전하려면 단지 사람들을 사랑하는 것을 훨씬 뛰어넘는 무엇인가가 필요하다. 즉 그런 끈기와 인내가 있으려면 우리의 삶 속에 나타난 그리스도의 사랑, 곧 그분이 우리를 위해 행하신 일을 기억하는 것이 필요하다. 비록 극적인 고난은 아니더라도 종종 심한 고난이 닥칠 때가 많다. 사람들이 알아주지 않고, 감사하지 않더라도 그들을 섬기며 복을 전하는 일을 계속 해나가려면 그리스도의 사랑과 그분이 행하신 일을 잊지 말아야 한다.

제자를 만들어라

예수님은 제자들에게 "모든 민족을 제자로 삼아라"(19절)라고 말씀하셨다. 제자를 만든다는 것은 교육하고, 가르치라는 의미를 지닌다. 제자를 만드는 것이 진리를 전하는 방법이다. 제자란 무엇인가? 제자란 스승을 닮은 사람을 가리킨다. 교회 설립과 지상 명령의 궁극적인 목적은 결신자나 회심자의 숫자를 기록하거나 세는 것이 아니다. 그 목적은 예수 그리스도의 복음을 잃어버린 자들에게 담대하게 전하는 데 있다. 잃어버린 자들이 죄를 뉘우치고 회심하면 그 후부터는 일생동안 말씀을 가르쳐 그들의 성화를 돕는 사역을 감당해야 한다. 이것이 우리에게 주어진 사명이다.

이 사역은 어렵다. 우리를 굳세게 하는 이 중요하고도 필요한 콘퍼런스를 마치면 힘겨운 사역의 현장으로 되돌아가야 한다. 그러나 이 힘겨운 사역은 충분한 보상을 안겨준다. 왜냐하면 복음 전도를 통해 회심했다고 말하는 10,000명의 사람보다 한 사람의 견실한 제자가 더 낫기 때문이다.

바울은 디모데에게 보낸 편지에서 제자를 만들라는 개념을 더욱더 명확하게 제시했다. 그는 디모데후서 2장 2절에서 "네가 많은 증인 앞에서 내게 들은 바를 충성된 사람들에게 부탁하라 그들이 또 다른 사람들을 가르칠 수 있으리라"라고 말했다. 어떤 사람들은 이 구절을 문맥을 무시한 채 잘못 인용할 때가 많다. 그런 사람들은 이 구절을 인용해 회심한 사람이 좀 더 최근에 회심한 사람을 제자로 양육하는 사역을 강조한다. 그런 형태의 제자 양육도 필요하지만 바울이 여기에서 말하는 것은 그런 식의 제자 양육이 아니다. 바울은 디모데에게 지도자들을 육성하라고 당부했다. 그의 말은 하나님의 사람들을 일으켜 세우고, 장로와 집사의 자격을 갖춘 사람들을 길러내라는 뜻이다.

우리는 상황이 열악할 때도 제자들을 양육해야 한다. 예수님은 "추수할 것은 많은데 돈이 부족하다."라고 말씀하지 않으셨다. 돈이 문제가 아니다. 순전한 사람들, 곧 성경에 충실한 성경적인 사람들이 부족하다. 제자를 양육하는 그리스도인들은 보석과도 같다. 그들은 이 일을 위해 부르심을 받았다. 그런 사람들이 주님이 세우신 여러 훌륭한 신학교들을 통해 양성되고 있지만, 이 사역을 가장 우선적으로 감당해야 할 곳은 교회라는 사실을 잊어서는 안 된다.

예수님은 이 사역이 모든 민족 가운데서 이루어져야 한다고 말씀하셨다. 만일 사역에서 약간의 성공을 거둔 것으로 만족한다면 그것은 포부가 매우 작고, 왜소하다는 증거다. 물론 성공과 상관없이 하나님께 기꺼이 복종하는 사람은 밤중에 편안하게 자리에 누워 단잠을 잘 수 있다. 그러나 우리의 작은 그물이 약간의 성과를 올린 것으로 만족해서는 안 된다. 예수 그리스도의 이름이 이 시대의 모든 사람에게 전파되고, 그분의 깃발이 모든 산과 골짜기와 언덕 위에 휘날리기 전에는 결단코 만족해서는 안 된다. 이 세상 방방곡곡에서 그리스도의 이름이 영화롭게 되어야 한다. 그래야만 우리는 비로소 만족할 수 있다.

지금처럼 좋은 기회의 문이 열린 시기는 역사상 일찍이 없었다. 나는 선지자도 아니고, 선지자의 아들도 아니지만 교회사와 인류사와 일반 역사를 공부해 본 결과, 앞으로는 서구 사회에 점차 어두운 그림자가 드리우게 될 것이라고 감히 장담할 수 있다. 모든 민족에게 나가 복음을 전할 수 있는 특권이 얼마나 오랫동안 유지될 것인지 확신할 수 없다. 왜냐하면 심판을 피하기 위해 필사적으로 도망쳐야 할 때가 곧 이를 것이기 때문이다. 아무도 일할 수 없는 밤이 올 것이기 때문에 아직 빛이 있을 때 열심히 일해야 한다.

나는 우리가 펴내는 잡지의 뒷면에 항상 "'가라'는 명령의 어떤 부분을 이해하지 못하는가?"라는 말을 적어 넣곤 했다.[2] 나는 복음주의 공동체에 속한 사람들 가운데 대다수가 "가라"는 말을 이해하지 못한다는 사실을 깨달았다. 그런데 본문의 가장 우선적인 명령은 "가라"가 아닌 "제자로 삼아라"이다. 크레이그 블롬버그는 마태복음 주석에서 다음과 같은 유익한 통찰력을 제시했다. 그는 "지금까지 이 점을 지나치게 중시하거나 경시할 때가 많았다."라고 말했다.[3] 교회나 사역자가 자신이 있는 곳에서만 번영을 이루는 것을 자신의 사명으로 생각하는 것은 "가라"는 명령만을 지나치게 중시하는 것이다. 그들은 자신의 예루살렘에서만 일을 해야 한다고 생각한다. 그러나 하나님은 그들이 그런 호사를 누리게끔 허락하지 않으신다. 왜냐하면 비록 제각기 자신의 예루살렘에서 일을 해야 할지라도 모든 민족들을 잊어서는 안 되기 때문이다.

또한 복음 전도와 교회 설립의 방법과 관련해 오늘날 사람들 앞에 제시되고 있는 육신적인 전략에 굴복할 때도 "가라"를 지나치게 강조하는 결과가 빚어진다. 그런 전략들은 터무니없다. 그것들은 하나님의 능력도 모르고, 중보 기도도 모르고, 선포의 능력도 모르는 유아적인 사람들이 만든 것이다. 우리는 그런 전략을 단호하게 내버리고, 성경이 가르치는 방법을 적용해야 한다.

선교 사역은 실제로 매우 단순하다. 선교 사역은 두 가지 사역으로 나눌 수 있다. 즉 우리가 직접 가거나 다른 사람들을 보내는 것이다.

두 경우 모두 동일한 헌신이 요구된다. 윌리엄 캐리는 사람들에게 "만일 여러분이 로프를 잡아 준다면 내가 (인도라는 광산으로) 내려가겠소."라고 말했다.[4] 선교는 로프를 잡고 광산으로 직접 내려가든지, 아니면 내려가는 사람들을 위해 로프를 잡고 있든지 둘 중에 하나다. 어느 쪽이 되었든 손에는 상처가 생기고, 심신의 소모가 이루어지기 마련이다. 우리의 상처는 어디에 있고, 교회의 상처는 어디에 있는가? 심신의 피로는 어디에 있으며, 수고는 어디에 있는가?

목회자들은 사람들을 독려해 선교를 위해 헌신하게 할 때 가장 큰 촉매제가 될 수도 있고, 가장 큰 걸림돌이 될 수도 있다. 교회는 목회자를 바라본다. 그는 과연 복음을 알지 못하는 인도네시아 사람들을 염려하는가? 그는 과연 진정한 회심을 통해 어딘가 정글에서 수고하고 애쓰는 수많은 충실한 사람들을 염려하는가, 아니면 그들이 누리지 못하는 특권들을 누리는 까닭에 성경을 올바로 해석하는 방법을 모른 채 안일함에 젖어 있는가? 우리는 교인들을 선교에 참여시켜야 한다. 우리가 직접 가든지, 아니면 그들을 보내든지 해야 한다.

우리는 대중매체, 사이버공간, 컴퓨터, 인터넷, 기술문명이 크게 발달한 시대에 살고 있다. 그런 발전을 허락하신 하나님께 감사한다. 왜냐하면 폐쇄된 국가들에게 책들과 문헌과 여러 가지 필요한 것을 보급할 수 있기 때문이다. 그러나 온라인으로 지상 명령을 완수할 수는 없다. 지상 명령은 육화된 선교를 통해 이루어져야 한다. 하나님은 복음을 전하기로 결정하셨을 때 직접 인간이 되어 우리 안에 거하셨다. 그분은 교회도 그렇게 하라고, 곧 육체와 피를 가진 사람을 보내라고 명령하신다. 선교사를 온 세상에 보내지 않아야 할 이유는 없다. 또 선교사들이 몇 권의 책을 얻거나 적은 기금을 마련하려고 구걸하며 돌아다

녀야 할 이유도 없기는 마찬가지다. 우리의 믿음은 어디에 있고, 또 우리의 담대함은 어디에 있는가?

나는 하나님의 주권을 명시한 『웨스트민스터 신앙고백』과 『1689년 런던 신앙고백』을 온전히 받아들인다. 그러나 때로는 "지금 이 상황에서 제가 무엇을 하기를 원하십니까?"라고 기도한다. 비록 하나님의 음성은 들리지 않지만 종종 '너는 내가 무엇을 할 수 있다고 믿느냐? 너는 이 일을 어디까지 이루고 싶으냐?'라는 생각이 떠오른다.

여러분의 하나님은 얼마나 위대하신가? 하나님의 주권만 내세운 채 몸을 사리는 사람들이 너무 싫다. 촉매제가 되려면 수동적으로 머물러 있어서는 안 된다. 촉매제가 되려면 나가 싸워야 한다. 복음이 인도네시아에 더 많이 전파되기를 원한다면 서재에 불만 밝히고 앉아 있어서는 안 된다. 하나님은 "가라. 모든 민족에게 가라. 그러나 옳게 나아가라."고 말씀하신다.

세례를 베풀라

예수님은 또한 사람들을 제자로 삼을 때 그들에게 세례를 베풀라고 말씀하셨다. 이와 관련해 말할 것이 몇 가지 있다.

첫째, 회심자들이 기독교의 온전하고, 독특한 가르침을 받아들여야 한다. 본문은 성부와 성자와 성령의 이름으로 세례를 주라고 말씀한다. 성경의 하나님은 코란의 하나님이 아니시다. 성경의 하나님은 다른 이름을 가진 다른 신들과 같지 않으시다. 성경의 하나님은 다른 많은 종교의 신들 가운데 하나가 아니시다.

하나님의 이름은 유일무이하다. 그분은 그 길이요 그 진리요 그 생명이시다. 우리는 지난 2000년 동안 관사 하나(곧 정관사냐 부정관사냐 하는 문제)

를 둘러싸고 세상과 교회가 충돌을 빚어온 싸움을 끝내야 한다. 세상에게 승리를 내주려면 예수님을 믿지만 그분은 하나의 길이요, 하나의 진리요, 하나의 생명이시라고 말하면 된다. 그러나 그렇게 말하는 것은 복음의 능력을 파괴하고, 우리 자신의 영혼을 지옥에 떨어뜨리는 것이다. 하나님 외에 다른 이름은 없다.

둘째, 회심자들은 예수 그리스도를 공개적으로 주님으로 고백해야 한다. "그러나 그렇게 하면 그들이 고난을 겪게 될 것입니다."라고 내게 말하는 선교사들이 많다. 물론 이것은 결코 가볍게 할 말이 못된다. 그들은 필경 고난을 당할 것이다. 내 말은 모든 지혜를 버리고, 나가서 고난을 받아야 한다거나 박해가 있는 나라에 사는 형제들에게 고난을 요구하라는 의미와는 거리가 멀다.

그러나 선교와 고난은 떼려야 뗄 수 없는 관계를 맺는다. 요즘의 선교 전략은 선교사들과 회심자들이 고난을 받지 않도록 설계된 것이 많다. 그러나 예수 그리스도를 대변하려면 고난은 불가피하다. 가장 박해가 심한 국가들 가운데도 집에 가서 식구들에게만 예수님을 믿는다고 말하면 그들은 그 일을 크게 문제 삼지 않을 것이 분명하다. 심지어는 일부 무슬림 국가에서도 얼마든지 그럴 수 있다.

그러나 세례를 통해 예수 그리스도와 그분의 교회와 하나가 되었다는 것을 공개적으로 보여주고, 다른 종교와 신들과 교리를 모두 내버린다면 그 순간 온 지옥이 거세게 들고 일어날 것이다. 회심자들은 그리스도와의 관계를 공개적으로 인정해야 한다. 사도들은 사람들에게 고난을 피하는 방법을 가르치지 않았다. 오히려 그들은 고난을 예고했고, 그것을 위해 사람들을 철저히 준비시켰다.

세례에 관해 마지막으로 말할 것은 우리는 관계가 단절된 제자들을 양육하도록 부르심을 받지 않았다는 것이다. 우리의 사명은 제자들을 한자리에 모아 교회를 세우는 것이다. 단지 성경 공부나 예배 모임이 아닌 교회를 세워야 한다. 교회가 성숙한 리더십과 교리를 갖춰 강하고, 성경적인 자립 교회로 성장할 때까지 수고를 아끼지 않아야 한다. 요즘에는 선교사들이 성경적으로 충실한 교회가 아닌 문화적으로 민감한 교회를 세우려는 경향이 있다. 우리는 서구 문화를 다른 문화에 강요해서는 안 된다. 우리는 서구 사회와 그 문화에 도전해야 한다. 다른 문화권에 가서도 그렇게 해야 한다. 문화에 도전하는 기준은 하나님의 말씀이다.

지상 명령은 교육적인 특성을 띤다. 그것은 신학적인 노력이다. 그것은 단지 선교사들을 보내는 것이 아니라 그들을 통해 진리를 가르치는 것(모든 사람에게 진리를 따르도록 가르치는 것)을 의미한다. 또한 지상 명령은 단지 지식만이 아닌 실천에 관한 것이다. 그것은 교리적 정통만이 아닌 실천적 정통을 요구한다. 이런 사실이 "나의 멍에를 메고 내게 배우라" (마 11:29)는 예수님의 가르침 안에 분명하게 드러나 있다. 이 둘은 항상 서로 밀접하게 관련된다. 예수님께 배우는 것은 곧 그분의 주권에 복종하는 것을 의미한다.

분부한 것을 가르쳐라

예수님은 지상 명령에서 "내가 너희에게 분부한 모든 것을 가르쳐 지키게 하라"고 말씀하셨다. 무엇을 가르쳐야 하는가? 우리가 사람들에게 가르쳐야 하는 것은 무엇인가? 우리가 가르쳐야 할 것은 무엇인가? 우리는 "내가 너희에게 분부한 모든 것"을 가르쳐야 한다. 우리는 그리스도의 말씀, 곧 살아 계신 하나님의 말씀을 가르쳐야 한다. 선교는 단지 선교사들을 보내는 것만을 의미하지 않는다. 선교란 선교사들을 통해 하나님의 말씀을 보내는 것이다. 이 단순한 진리를 다시 언급하는 이유는 역사상 그 어느 때보다도 지금 더 많은 선교 활동이 이루어지고 있지만 대부분 허식과 겉치레에 그칠 때가 많기 때문이다. 그런 것들이 모두 사라지고 나면 얼마나 많은 진리가 남아 있을지 궁금하다.

우리는 진리를 전파해야 하기 때문에 선교사는 유능한 주석가요 신학자가 되어야 한다. 선교사는 선포자요 성경학자이어야 한다. 선교사의 가장 훌륭한 표상 가운데 하나는 학자 에스라다. 그는 하나님의 율법을 연구하고, 실천하며, 그 계명과 율례를 이스라엘 백성에게 가르쳤다(스 7:10). 선교사는 그런 사람이 되어야 한다.

몇 년 전에 내가 페루에 있을 때 한 젊은이가 "폴 형제님, 나도 그곳에 가서 형제님과 함께 일하고 싶습니다."라고 내게 연락을 해왔다. 나는 "성경 연구에 얼마나 많은 시간을 할애하고 있고, 또 얼마나 많이 알고 있는지 알려 주세요."라고 말했다. 그러자 그는 "그것은 제 분야가 아닙니다. 나는 단지 그곳에 가서 삶을 헌신하고 싶습니다."라고 말했다. 나는 "그러면 중보 기도는 어떻게 하고 있지요?"라고 물었다. 그는 "그것도 제 분야가 아닙니다. 폴 형제님. 저는 단지 그곳에 가서 삶을 헌신하고 싶습니다."라고 말했다. 나는 그를 받아들였지만 그에게 이렇게 말했다. "페루에 있는 그 누구도 형제의 삶을 필요로 하지 않습니다. 그들은 이곳에 와서 입을 열어 살아 계신 하나님의 말씀을 선포해 줄 사람을 필요로 합니다. 그들은 예수님의 삶과 죽음과 부활을 자기들에게 가르쳐줄 사람을 원합니다."

가르침을 통해 제자를 만들라는 명령은 지상 명령이 신학적이고, 교리적인 노력에 해당한다는 것을 보여준다. 그러나 오늘날 세계 곳곳에서 일하는 선교사들을 살펴보면 교리에 우선순위를 두지 않고 있는 것을 알 수 있다(신학은 한때 모든 학문의 여왕이었다). 오늘날의 선교 사역은 신학이 결여된 탓에 터무니없는 모순과 어리석음에 시달리고 있다.

상황이 이렇게 된 데에는 몇 가지 이유가 있다. 첫째는 그리스도인들은 교리를 주장하지 말고, 예수님에 대한 공통된 신앙고백을 토대로 하나로 뭉쳐야 한다는 통념 때문이다. 그러나 문제는 기독교 세계는 물론 복음주의 진영 내에서조차 다양한 그리스도가 전파되고 있다는 것이다. 너무나 모호하고, 일반적인 그리스도, 곧 세상 사람들에게 명확하게 제시되지 않은 예수님을 따르라고 권하고, 그분의 말씀과 모순되는 견해를 내세우는 것이 과연 옳을까? 절대 그렇지 않다.

둘째는 교리를 버리고 지상 명령을 중심으로 힘을 합쳐야 한다는 생각 때문이다(아마도 이것은 인간의 생각에서 비롯하는 가장 어리석은 일일 것이다). 그러나 앞서 말한 대로 지상 명령은 교리적이고, 신학적인 노력이다. 따라서 교리와 신학을 버리고 지상 명령을 이루겠다는 것은 자살 행위나 다름없다. 이것이 오늘날의 문제다. 사실, 교회는 대대로 이 문제(곧 진리를 무시하는 것)를 안고 왔다. 그러나 기독교는 진리의 종교다. 지상 명령은 진리를 선포하라는 명령이다.

가만히 앉아 명상을 일삼으며 거드름을 피우는 상아탑 신학자가 되기를 원한다면 확실하지 않은 교리들을 주장해도 괜찮다. 학생회관에서 신학을 주장하는 신학생이 되기를 원한다면 확실하지 않은 교리들을 주장해도 괜찮다. 그러나 교회를 세우고, 현실적인 문제를 지닌 실제 사람들을 다루어야 할 때는 작은 것이라도 분명하게 제시하는 것이 매우 중요하다. 선교 단체들은 흔히 선교사 후보생과 그들을 지원해 줄 사람들을 더 많이 모으기 위해 교리적인 진술을 최소화시키는 전략을 구사한다. 대개 옳은 일을 하겠다는 의향을 지닌 사람들이 그런 식의 전략을 사용한다. 그러나 그것은 실용주의에 굴복하는 것이다. 그러다보면 결국에는 우리의 영혼까지 잃고 말 것이다.

그리스도의 임재와 권능

예수님은 "볼지어다 내가 세상 끝날까지 너희와 항상 함께 있으리라"(마 28:20)라는 말씀으로 지상 명령을 마무리하셨다. 이 말씀의 첫마디는 보고, 주시하고, 지켜본다는 의미를 전달한다. 마치 그리스도께서 제자들을 보시고, "나를 보라. 나를 보라. 너희에게 가장 큰 격려가 되는 것을 허락하겠다. 내가 세상 끝날까지 항상 너희와 함께 있을 것이다."라고 말씀하시는 것처럼 들린다.

앞서 말한 대로, 그리스도께서는 사도들을 보내는 것으로 만족하지 않으신다. 그분은 자신의 직임을 포기하지 않고, 끝까지 교회를 인도하고, 가르치신다. 예수님은 사도들을 보내면서 자신의 의도를 분명하게 밝히셨다. 그들은 스스로가 생각해 낸 것을 전하지 않을 것이다. 그들은 예수님이 부탁하신 것을 충실하게 전할 것이다. 이것이 선교라는 말의 의미다. 선교란 우리에게 위탁된 것을 청중에게 충실하게 전하는 것을 의미한다. 선교 현장에서 이런 사역이 이루어질 때 하나님의 축복이 임할 것이다.

10
John MacArthur

"하나님의 은사와 부르심에는
후회하심이 없느니라" _ 롬 11:29

역사적 전천년주의를
다시 생각하라

존 맥아더, 2007
로마서 11:29

　이전보다 좀 더 신중하게 관심을 기울여야 할 필요가 있는 신학의 한 분야가 있다. 그것은 주권적인 선택, 이스라엘, 그리고 종말론이다.
　교회와 개혁주의 신학에서 발견되는 이상한 아이러니가 하나 있다. 그것은 주권적인 선택의 교리를 열렬히 믿고, 하나님의 영광과 그리스도의 영예와 중생과 성화라는 성령의 사역을 위해 몸 바쳐 헌신하며, 성경의 진실성과 무오성을 굳게 옹호하고, 극도로 신중한 태도로 교리를 다루며, 성경의 진리를 굳게 사수하고, 하나님의 계시를 한 글자도 놓치지 않고 틀리지 않게 해석하려고 노력하는 사람들이 이야기의 결말(역사의 종말)을 논하는 일에는 그다지 열정을 쏟아 부으려고 하지 않는다는 것이다.
　오히려 종말론에 관한 성경의 방대한 가르침에 대해서 서로 이견을 내세우며 그것을 진지하게 다루지 않는다.

종말론은 중요한가?

　종말은 하나님께 중요한가? 우리는 그것을 중요하게 여겨야 하는가? 물론이다. 구원사의 종말은 중요하다. 역사는 하나님이 정하신 결말을 향해 나아간다. 하나님이 종말에 관한 계시를 우리에게 허락하신 이유는 그것이 중요하기 때문이다. 성경에는 종말에 관한 예언이 차고 넘친다. 종말과 관련된 성경 구절은 대략 성경 전체의 4분의 1에 달한다.

　하나님은 과연 그렇게 많은 양의 계시를 허락하면서 말을 혼란스럽게 만들어 신학자들로 하여금 단지 그런 혼란스러움을 인정하고, 성경이 종말론에 관해 명쾌하게 가르쳤다는 생각을 포기하게끔 만들 의도를 지니셨을까? 예언적인 성경 구절들은 영적이고, 풍유적인 해석을 요구하기 때문에 그런 구절들을 이해하려고 열심히 노력해봤자 아무 소용도 없고, 또 이해가 불가능하다고 생각해야 할까? 예언적인 성경 본문을 대할 때마다 확실하게 입증된 해석 원리를 포기해야 한다는 생각이 과연 옳을까?

문자적인 해석을 소홀히 여기지 말라

　예언적인 성경 구절들 가운데는 많은 부분은 영적이며, 풍유적인 해석을 해야 한다고 주장하는 이론들이 적지 않다. 그들이 주장하는 공통된 견해는 이스라엘에게 왕국을 약속하는 구약 성경의 예언들이 결코 문자적으로 성취될 의도로 주어지지 않았다는 것이다. 저명한 무천년주의자인 앨리스는 구약 성경의 그런 예언들에 대한 단순하고, 문자적인 해석은 이스라엘에게 주어진 약속들이 이스라엘 민족에 의해 성취될 것을 전제로 한다고 주장했다. 그러면서 그는 "구약의 예언들을 문자적으로 해석하면 현 시대에서 이미 성취되었거나 성취될 수 있는 것으로 간주하기 어렵다."라고 말했다.[1]

플로이드 해밀턴은 『천년 신앙의 근거』에서 "구약 성경의 예언을 문자적으로 해석하면 전천년주의자들이 주장하는 대로 메시아의 지상 통치를 받아들이지 않을 수 없다는 점을 솔직하게 인정할 수밖에 없다."라고 말했다.[2] 또한 로레인 부트너는 "천년 왕국의 의미와 관련해 예언들을 문자적으로 해석하면 팔레스타인에서 이스라엘 민족의 회복이 이루어져 유대인들이 그 왕국에서 높은 위치를 차지하고, 다른 민족들을 다스릴 것을 의미한다는 것이 일반적인 견해다."라고 말했다.[3]

위의 세 사람은 전천년주의의 결론을 피하기 위해 성경을 심각하게 왜곡시켰다. 그들은 전천년주의를 죽음보다 더 싫어하는 것처럼 보인다. 그들은 미리 결정한 신학적 입장을 옹호하기 위해 해석의 규칙을 억지로 바꾸었다. 그러나 그런 규칙을 바꾸려면 그것을 바꿀 필요가 있다고 가르친 주님의 분명한 말씀이 있어야만 한다. 그러나 하나님이 해석의 규칙을 바꾸기를 원하신다는 증거는 어디에도 없다.

예를 들어, 창세기의 처음 세 장을 읽어보면, 점진적 창조론이나 유신론적 진화론을 비롯해 날이 시대를 가리킨다는 창조 이론들이 하나님의 의도와는 거리가 멀다는 것을 알 수 있다. 창세기의 처음 세 장을 문자적으로 해석해야만 하나님이 창조주로서 높임을 받으시고, 온전한 영광을 취하실 수 있다. 창조 기사가 구체적이고, 문자적이고, 정상적이고, 사실적인 언어와는 다른 의미를 지니고 있다고 암시하는 내용은 성경 본문 어디에서도 발견되지 않는다. 창조 기사를 시로 간주하는 것은 옳지 않다.

최근에 마스터스 신학교의 교수 가운데 한 사람이 언어 소프트웨어를 사용해 산문과 시의 차이를 비교한 연구 조사를 실시한 적이 있다. 그 결과, 창조 기사가 시가 아닌 산문이라는 사실이 명백하게 밝혀졌다. 창조 기사를 제멋대로 고치는 것은 옳지 않다. 그와 마찬가지로 종말에 관한 성경 본문들의 의미를 제멋대로 고치는 것도 결코 바람직하지 않다.

자신의 해석 방법을 억지로 창세기에 적용하는 것도 옳지 않고, 그것을 성경, 특히 요한계시록에 기록된 예언적인 구절들에 적용하는 것도 옳지 않다. 그런 일을 해도 좋다는 하나님의 말씀이 성경 어디에 기록되어 있는가? 그런 말씀이 성경의 어떤 장, 어떤 구절에서 발견되는가? 새로운 해석의 규칙을 과연 누가 정할 수 있단 말인가?

역사적 전천년주의를 다시 생각하다

앞서 말한 대로 일방적이고, 무조건적이고, 취소할 수 없는 하나님의 선택이 그분의 주권적인 은혜를 통해 신자들에게 주어졌다는 것은 확실하게 믿으면서도 선택받은 이스라엘 백성에게는 그런 은혜가 주어지지 않는다고 말하는 것은 모순이다.

그런 식으로 구분해서 생각하는 것은 이상한 일이다. 왜냐하면 성경은 선택받은 교회가 영광스런 구원을 얻을 것이라고 가르칠 뿐 아니라 그와 비슷한 언어를 사용해 이스라엘 민족 가운데서 하나님이 그들에게 허락하신 약속을 모두 성취할 유대인들의 세대가 나타나 구원을 얻게 될 것이라고 분명하게 가르치기 때문이다. 두 경우 모두, 이것은 하나님의 주권적인 선택에 의한 사역이자 결과이다.

역사적 전천년주의자들은 대부분 하나님의 주권적인 선택을 굳게 믿는 칼빈주의자들이다. 그와는 대조적으로 아르미니우스주의자들은 무천년주의를 따를 수밖에 없다. 왜냐하면 하나님은 구원받을 자를 선택하지만 아무도 보존하지 않으신다고 생각하기 때문이다. 또한 과정 신학자들이나 열린 신학자들은 무천년주의를 믿을 가능성이 높다. 그들은 하나님이 시간이 지나면서 더 많은 지식을 얻어 자신이 이전에 한 약속을 지킬 수 있는지 여부를 판단하신다고 생각하기 때문이다. 은사주의자들과 준펠라기우스주의자들을 비롯해 구원의 안전성을 거부하는 사람들도 무천년주의로 기울기 쉽다. 그 이유는 그들이 이스라엘이 죄를 지었고, 배교했으며, 하나님의 아들을 죽였고, 영원히 모든 것을 잃었다는 신학적 입장을 취하기 때문이다.

하나님께서 구원받을 자를 결정하실 수 있는 유일한 존재라는 것과 교회가 (이스라엘보다 더 낫게 행동할 것이기 때문에) 이스라엘에게 주어진 모든 약속을 기업으로 얻을 것이라고 선언할 수 있는 분이 오직 하나님뿐이라는 개념을 어떻게 조화시킬 수 있을까?

무천년주의의 입장에서는 그렇게 하기가 불가능하다. 왜냐하면 이스라엘이 불순종한 탓에 모든 약속을 상실했다고 믿기 때문이다. 그들이 스스로의 힘으로 그런 특권을 누릴 수 있도록 보장해 줄 일을 할 수 있다고 생각하는가? 이스라엘이 자신들이 마땅히 해야 할 일을 하지 않은 탓에 하나님의 경륜 가운데서 자신에게 부여된 지위를 상실했다고 생각한다면 선택을 거부하고, 아르미니우스 신학을 받아들일 수밖에 없다.

하나님은 이사야서 45장 4절에서 이스라엘을 "내가 택한 자"로 일컬었다. 그분은 "내가 나의 종 야곱, 내가 택한 자 이스라엘 곧 너를 위하여 네 이름을 불러"라고 말씀하셨다. 이사야서 65장 9절은 이스라엘이 하나님의 선택을 받았고, 그들이 약속을 기업으로 얻을 것이라고 말씀한다. 또한 이사야서 65장 22절도 이스라엘을 다시금 하나님의 "택한 자"로 일컫는다. 하나님은 구약 성경에서 이 칭호를 많이 사용하셨다.

따라서 하나님의 선택과 이스라엘의 약속에 대한 해석이 정확하면 종말론도 자연히 정확할 수밖에 없다. 그럴 경우에는 최근에 읽은 책이나 들은 강의, 또는 영향력 있는 사람의 말에 따라 입장이 이리저리 바뀌는 일은 결코 없을 것이다.

그렇다면 이스라엘에 대해 어떻게 생각해야 옳을까? 이스라엘을 옳게 이해하려면 구약 성경의 언약과 약속을 옳게 이해해야 한다. 또 구약 성경의 언약과 약속을 옳게 이해하려면 성경을 옳게 해석해야 하고, 성경을 옳게 해석하려면 올바른 해석학의 원리를 따라야 한다. 그렇게 하면 하나님의 일관된 의도를 발견할 수 있다.

성경은 하나님을 200회 이상이나 "이스라엘의 하나님"으로 일컫는다. 또한 성경은 이스라엘을 2,000회 이상 언급하고 있고, 그 중에서 신약 성경에 언급된 회수는 모두 73회다. 이런 명칭은 실제적인 이스라엘 민족을 가리키는 것이 분명하다. 거기에는 로마서 9장 6절과 갈라디아서 6장 16절도 포함된다. 무천년주의자들은 이 두 구절만을 근거로 나머지 1998회의 명백한 의미를 무시하려고 애쓴다. 그러나 이 두 구절은 유대인 신자들을 가리키는 의미로 쉽게 해석할 수 있다.

또한 유대인이 지금도 여전히 존재한다는 사실에 주목해야 한다. 이런 사실은 헷 족속이나 아모리 족속이나 여부스 족속의 사람을 만나본 적이 있는지를 곰곰이 생각해 보면 더욱 흥미로워진다. 누가 혹시 그런 족속의 사람들을 아는가? 이스라엘에 있는 이스라엘 이민관리국이 유대인의 혈통이 의심스러울 때 유전자 검사를 요구한다는 것과 또 실제로 유대인의 유전자가 어떻게 생겼는지 알고 있다는 사실을 당신은 아는가?

어떤 사람이 유럽에서 열린 한 콘퍼런스에서 존 스토트에게 이스라엘 민족이 오늘날에 존재하는 의미가 무엇이냐고 묻자, 그는 "성경적인 의미는 아무것도 없습니다."라고 대답했다. 이상한 대답이 아닐 수 없다. 왜냐하면 성경의 4분의 3이 이스라엘에 관한 이야기이고, 또 그 민족이 지금도 여전히 건재하기 때문이다.

종말론에 관한 정확한 해석이 이루어지려면, 선택과 이스라엘에 관한 개념이 정확해야 한다. 이 둘은 서로 떼려야 뗄 수 없는 관계를 맺는다. 이스라엘을 배제한 채 어떻게 선택을 이해할 수 있겠는가? 하나님이 예언적인 진리를 허락하신 이유는 진리를 숨기거나 모호하게 만들기 위해서가 아니라 우리를 축복하고, 고무하며, 궁극적으로는 자신의 영광을 나타내시기 위해서다. 선택과 관련된 하나님의 주권을 올바로 이해하면 이스라엘 민족이 구원사에서 차지하는 위치를 올바로 이해할 수 있다. 그렇게 되어 성경 본문마다 정상적인 해석 방법을 적용하기만 하면 종말론이 그 장엄한 아름다움을 밝히 드러낼 것이다.

지금 하나님의 성령께서 구원이 주권적인 은혜로 이루어진다는 영광스런 진리를 회복하게 하기 위해 교회를 독려하고 계신다. 이제는 하나님의 주권적인 은혜를 통해 장차 이스라엘에게 주어진 그분의 모든 약속이 온전히 이루어져 이스라엘 민족의 미래 세대가 메시아가 통치하는 지상 나라에서 살게 될 것이라는 영광스런 진리를 새롭게 회복해야 할 때가 되었다.

검증된 종말론

나는 거의 50년 동안 이런 위대한 현실을 줄곧 생각해 왔다. 주권적인 선택의 은혜를 명확하게 이해하면 할수록 이스라엘 민족이 구원사에서 차지하는 위치가 더욱 분명해졌다.

나는 처음 사역을 시작할 때 생각했던 성경적인 종말론으로부터 조금도 멀어지지 않았다. 지난 40년 동안 그레이스 커뮤니티 교회의 목사로 일하면서 얻은 많은 유익 가운데 하나는 한 번 했던 설교를 되풀이하지 않고, 억지로라도 매번 새로운 설교를 해야 한다는 것이다. 이 사랑스러운 교인들이 거의 40년 동안 똑같은 설교자의 설교를 듣고 있다니 참으로 놀랍지 않은가? 그들에게는 그렇게 좋은 일이 못될는지 몰라도 나로서는 유익이 많다. 왜냐하면 성경의 모든 내용을 계속해서 가르쳐야 하기 때문이다.

지금 나는 누가복음 강해를 거의 마무리하고 있는 중이다. 이제 내가 신약 성경 가운데서 우리 교인들에게 설교로 가르치지 않은 성경은 마가복음 하나뿐이다. 나는 40년 동안 신약 성경의 모든 구절과 표현과 낱말을 샅샅이 가르쳐 전했고, 주석을 꾸준히 집필했다. 내가 믿는 종말론은 성경의 모든 구절을 통해 철저하게 검증된 것이다. 나의 확신은 변하지 않았고, 오히려 더욱 강화되고, 정연하게 다듬어졌다.

아울러 나는 구약 성경도 열심히 가르쳤다. 나는 이곳 그레이스 커뮤니티 교회에서 사역을 시작한 초창기에 창세기에서부터 시작해서 선지서를 가르쳤다. 거기에는 다니엘서, 에스겔서, 이사야서, 스가랴서를 비롯해 여러 권의 소선지서가 포함되었다. 일관성 있는 종말론을 확립하려면 개개의 성경 본문을 일일이 살펴봐야 한다. 나는 지금까지 최선을 다해 그 일을 해왔다. 나는 유대인의 미래 세대가 하나님의 주권적인 선택에 의해 구원을 받고, 구약 성경에서 그들에게 주어진 그분의 약속과 언약을 모두 온전히 기업으로 물려받을 것이라고 굳게 확신한다. 이것은 개인적인 야심과는 무관하다. 이것은 하나님의 말씀이 걸려 있는 중대한 사안이다.

결코 세대주의가 아니다

이쯤되면 아마도 '이런, 목회자 콘퍼런스에 왔는데 세대주의 콘퍼런스가 되어 버렸군. 다음에는 클레런스 라킨의 도표들이나 가죽 장정으로 된 스코필드 스터디바이블을 꺼낼 테지. 그리고 우리 모두는 "레프트 비하인드" 시리즈를 선물로 받게 될 거야. 저 사람은 이제 일곱 세대, 두 왕국, 두 언약, 구원의 두 방법에 관해 말하겠지.'라고 생각할 사람들이 있을 것이다.

나는 속단하지 말고, 세대주의는 생각하지도 말라고 말하고 싶다. 나는 세대주의를 논할 의도가 전혀 없다. 나는 만화 같은 종말론이나 요한계시록 9장의 황충이 헬리콥터라는 정신 나간 해석을 거부한다. 나는 헨리 키신저가 적그리스도이고, 힐러리 클린턴이 바벨론의 창녀라고 생각하지 않는다. 나는 세대주의의 모든 주장을 받아들이지 않는다. 그들의 견해는 종말에 관한 예수님의 가르침이 기원 후 70년에 모두 이루어졌다는 허구를 주장하는 무천년주의자들의 견해만큼이나 괴상하기 짝이 없다.

흔히 제기되는 또 하나의 반론은 "세대주의자들이 전천년주의를 만들어내지 않았는가?"라는 것이다. 19세기에 전천년주의를 다시 거론한 책이 두 권 나왔다. 그 두 책의 저자들은 모두 세대주의자가 아니다. 첫 번째 책은 『천년 왕국 이전의 메시아 강림』이다. 이 책은 윌리엄 커닝햄이라는 성공회 학자가 1863년에 저술했고,[4] 두 번째 책은 예수회 소속인 마누엘 라쿤자 이 디아즈가 1827년에 저술했다.[5] 따라서 천년 왕국을 옳게 이해하려는 노력을 세대주의의 이상한 주장들과 연관시켜 매도하는 것은 결코 바람직하지 않다.

온전한 진리

프리드리히 대왕은 궁정 사제에게 성경의 진실성에 관한 증거를 요구하면서 "그 점을 간단히 옹호해 보시오."라고 말했다. 궁정 사제는 "한마디로 대답드릴 수 있습니다. 그것은 이스라엘입니다."라고 대답했다. 이스라엘을 하나님이 종말론적인 왕국을 위해 보존해 오신 민족으로 이해하는 것은 엄청난 변증학적 가치를 지닌다. 우리는 하나님의 온전하신 경륜을 옳게 이해해야 한다. 우리는 역사의 종말과 그리스도의 궁극적인 영광과 하나님이 이스라엘과 교회에게 허락하신 약속들의 성취에 관한 진실을 세상에 알려야 한다. 몇 가지 질문을 중심으로 논의를 전개하면 다음과 같다.

구약 성경은 무천년주의를 가르치는가?

구약 성경을 신약 성경을 보조하는 의미로 해석하는 것은 온당하지 않다. 그런 식으로 생각하면 신약 성경이 없이는 구약 성경을 옳게 해석할 수 없다는 결론이 도출된다. 그것은 성경에서 큰 비중을 차지하는 구약 성경의 명료성을 부인하는 것이다.

월터 카이저는 그럴 경우에는 "정경 안에 정경"을 갖게 되는 결과를 낳을 것이라는 말로 이 점을 간략하게 요약했다. 그렇다면 신약 성경을 이용해 구약 성경을 재해석하지 않고 구약 성경 자체만을 해석할 경우, 구약 성경은 과연 무천년주의를 가르칠까?

구약 성경에 담겨 있는 참된 의미를 무시한 채, 그 모든 약속을 교회에 적용하는 것은 적절하지 않다. 심지어 바울도 교회를 가리켜 이전의 계시를 통해 분명하게 언급되지 않은 비밀이라고 말했다(엡 3:1-6). 신약 성경이 구약 성경을 이해하는 출발점이라는 생각으로부터 무천년주의가 비롯했다. 그럴 경우에는 구약 성경 자체의 명료성이나 명확성이 훼손될 수밖에 없다. 그것은 예언적인 본문들을 넘어서는 영적인 해석을 부추겨 해석자로 하여금 구약 성경과는 무관한 신약 성경의 기독교적 원리들을 구약의 본문에 부과하게끔 만든다.

일부 사람들이 느헤미야서를 다루는 것을 보면, 이 점을 구체적으로 확인할 수 있다. 그들은 느헤미야를 성령으로, 예루살렘의 무너진 성벽을 인간의 타락한 마음으로 각각 해석하고, 하나님이 타락한 인간의 마음을 벽돌(즉 방언)을 가지고 재건하기를 원하신다고 주장한다. 이런 영적 해석은 독자를 위험한 상황으로 몰아넣는다. 성경이 기록되던 시대에 살았던 사람의 해석적 관점을 가지고 구약 성경을 설교하는 목회자를 발견하기는 그리 쉽지 않다.

내 말의 의도를 오해하지 말기를 바란다. 물론 우리는 구약 성경을 예화나 본보기, 또는 오늘날의 문화적 상황 속에서 살아가는 사람들에게 실천적인 교훈을 가르치는 수단으로 사용할 수 있다. 그러나 해석은 본래의 청중이 인식했던 명확성과 명료성에서부터 시작해야 한다.

"대체 신학"(이스라엘은 영원히 단절되었고, 그 자리를 이방인 신자들이 차지한다는 주장-역자주)은 구약의 약속들을 신약 성경의 관점을 통해 봐야 한다는 원리와 요구를 무시한다. 그런 입장은 모순을 야기한다. 왜냐하면 이스라엘에게 약속된 저주는 이스라엘에게 임했고, 또 지금도 여전히 그들에게 주어지고 있기 때문이다. 구약 성경의 저주가 문자적인 의미인지가 궁금하다면 이스라엘 민족이 저주를 당하고 있는 것을 보여주는 구체적인 증거를 확인하면 된다.

이스라엘은 지금 그들이 민족으로서 계속 유지될 것이라는 하나님의 약속대로 여전히 건재하다. 그러나 이스라엘 땅이나 그 외에 다른 곳에 사는 유대인들은 오늘날에도 또한 여전히 저주를 경험하고 있다. 그들은 배교했다. 그들은 메시아를 저버렸다. 그들은 하나님의 징계를 받는 중이다. 하나님께 불순종한 탓에 이스라엘에게 주어진 저주가 모두 현실화되었고, 지금도 계속 지속되고 있다.

그런데도 느닷없이 축복과 저주에 관한 성경 본문을 둘로 나눠, 이스라엘은 문자 그대로의 저주를 당하고 있지만 축복의 약속은 영적인 의미를 지니기 때문에 교회에게만 적용된다고 주장하는 것이 과연 옳을까? 그런 식의 이원론적인 해석을 입증해 줄 성경 본문이 어디에 있는가? 저주가 실현된 방식이 또한 축복이 실현되는 방식을 나타내는 기준이 된다고 생각하지는 않을 셈인가? 예수님의 초림을 통해 문자적으로 성취된 모든 예언이 그분의 재림을 통해 이루어지게 될 예언을 위한 기준이 될 것이라고 기대하지는 않을 생각인가?

구약 성경은 무천년주의를 가르치는가? 물론 그렇지 않다. 정상적인 해석학과 구약 성경의 명료성을 인정한다면 신약 성경을 이용해 구약 성경을 멋대로 재해석할 수 없다. 성경 전체를 하나님에게서 비롯한 계시로 받아들여 그것을 처음 받은 사람들의 관점으로 이해하고, 믿고, 적용하는 방식의 성경 해석과 교육과 전파가 이루어져야 한다.

언약이란 무엇인가?

이 주제를 좀 더 깊이 이해하려면 "구약 성경에서는 어떤 언약이 체결되었는가?"라는 두 번째 질문을 생각해 봐야 한다. 이 물음의 일차적인 목적은 언약들과 선택을 결정짓는 하나님의 주권과의 관계를 살펴보는 데 있다.

창세기 12장 1절은 "여호와께서 아브람에게 이르시되 너는 너의 고향과 친척과 아버지의 집을 떠나 내가 네게 보여 줄 땅으로 가라"고 말씀한다. 이 구절은 선택의 의미를 구체적으로 예시한다. 그런 일이 있기 위해 아브람이 한 일은 무엇인가? 아무것도 없다. 아브람은 언약의 체결에 아무런 역할도 하지 않았다.

이번에는 "내가 ~ 하겠다."라는 표현을 생각해 보자. "내가 너로 큰 민족을 이루고 네게 복을 주어 네 이름을 창대하게 하리니 너는 복이 될지라 너를 축복하는 자에게는 내가 복을 내리고 너를 저주하는 자에게는 내가 저주하리니 땅의 모든 족속이 너로 말미암아 복을 얻을 것이라." "내가 ~ 하겠다."라는 표현이 다섯 차례나 사용되었다. 이것은 무조건적이고, 일방적이며, 주권적인 선택이다.

창세기 15장에서 아브람은 이 언약의 성취를 확신할 수 있기를 원했다. 그는 "주 여호와여 내가 이 땅을 소유로 받을 것을 무엇으로 알리이까"(창 15:8)라고 말했다. 9, 10절에서 그에 대한 하나님의 대답을 확인할 수 있다. "나를 위하여 삼 년 된 암소와 삼 년 된 암염소와 삼 년 된 숫양과 산비둘기와 집비둘기 새끼를 가져올지니라 아브람이 그 모든 것을 가져다가 그 중간을 쪼개고 그 쪼갠 것을 마주 대하여 놓고 그 새는 쪼개지 아니하였으며." 그러자 맹금류가 죽은 짐승들을 덮쳤고, 아브람은 그것들을 쫓아냈다.

하나님은 어떤 일을 하셨을까? 하나님은 아브람에게 짐승들을 취해 둘로 쪼개어 서로 마주한 채 늘어놓게 하셨다. 쪼갠 짐승들과 두 마리의 새들이 마주 놓인 사이로 길이 만들어졌다. 이것은 "언약을 쪼갠다."를 뜻하는 히브리어와 관련이 있다. 언약을 쪼갠다, 즉 언약을 체결한다는 것은 피의 희생을 바쳐 약속의 진지함을 입증하는 것을 의미한다. 하나님은 전통적이고, 전형적인 언약 체결 방식을 준비하셨다. 한 가지 다른 점은 다음과 같은 현상이 뒤따랐다는 것이다.

12, 13절을 읽어보자. "해 질 때에 아브람에게 깊은 잠이 임하고 큰 흑암과 두려움이 그에게 임하였더니 여호와께서 아브람에게 이르시되 너는 반드시 알라 네 자손이 이방에서 객이 되어 그들을 섬기겠고 그들은 사백 년 동안 네 자손을 괴롭히리니."

"사백 년"은 실제로 400년을 의미하는가? 물론이다. 우리의 해석학은 이를 문자적인 의미로 이해할 것을 요구한다. 이 해석은 한 치의 틀림도 없이 정확하다. 왜냐하면 장차 일어날 일에 대한 예언이기 때문이다. "그들이 섬기는 나라를 내가 징벌할지며 그 후에 네 자손이 큰 재물을 이끌고 나오리라 너는 장수하다가 평안히 조상에게로 돌아가 장사될 것이요"(14, 15절).

그러고 나서 17절을 보면 "해가 져서 어두울 때에 연기 나는 화로가 보이며 타는 횃불이 쪼갠 고기 사이로 지나더라"라는 말씀이 발견된다. 하나님은 아브람을 잠들게 하고 나서 혼자 쪼갠 고기 사이를 지나가셨다. 이것은 이 언약이 하나님이 스스로에게 하신 일방적이고, 무조건적이며, 절대적인 약속이라는 점을 분명하게 보여준다. 아브라함이 충족시켜야 할 조건은 아무것도 없었다. 그 날, 하나님은 아브라함과 언약을 체결하셨다. 그것은 결코 사라지지 않을 언약이었다.

창세기 17장 7절로 건너가 보자. 하나님은 그곳에서 "내가 내 언약을 나와 너 및 네 대대 후손 사이에 세워서 영원한 언약을 삼고 너와 네 후손의 하나님이 되리라." 하나님은 아브라함과 그의 허리에서 나올 민족을 선택하셨고, 그들의 하나님이 되겠다는 언약과 약속을 세우셨다. 이것이 성경의 근본적인 언약(곧 일방적이고 무조건적인 하나님의 약속)이다.

모세 언약

하나님이 이스라엘 백성에게 모세 언약을 허락하신 때로 빠르게 건너가 보자. 당시는 그들이 얼마나 부패했는지를 분명하게 확인할 수 있는 상황이었다. 그러나 이스라엘은 하나님의 율법을 어기고, 배교와 우상 숭배를 일삼고, 말하기도 두려운 죄를 저질렀는데도 여전히 그분의 언약적 사랑을 받아 누렸다.

에스겔서 16장은 충격적인 표현을 사용해 하나님이 이스라엘을 선택하신 과정을 생생하게 묘사했다. 하나님은 이스라엘의 선택을 들판에 버려진 갓난아이를 발견한 것에 비유하셨다. "네가 난 것을 말하건대 네가 날 때에 네 배꼽 줄을 자르지 아니하였고 너를 물로 씻어 정결하게 하지 아니하였고 네게 소금을 뿌리지 아니하였고 너를 강보로 싸지도 아니하였나니 아무도 너를 돌보아 이 중에 한 가지라도 네게 행하여 너를 불쌍히 여긴 자가 없었으므로 네가 나던 날에 네 몸이 천하게 여겨져 네가 들에 버려졌느니라"(겔 16:4, 5). 하나님은 "내가 네 곁으로 지나갈 때에 네가 피투성이가 되어 발짓하는 것을 보고 네게 이르기를 너는 피투성이라도 살아 있으라 다시 이르기를 너는 피투성이라도 살아 있으라"(6절)라고 말씀하셨다. 여기에서도 다시 하나님의 주권적인 선택이 두드러져 나타난다.

이어지는 이야기는 하나님이 불충실한 아내인 이스라엘을 데려다가 정결하게 씻겨 자신의 아내로 삼으셨다고 진술한다. "네가 음욕이 차지 아니하여 또 앗수르 사람과 행음하고 그들과 행음하고도 아직도 부족하게 여겨"(28절). 또한 36절은 "네가 네 누추한 것을 쏟으며 네 정든 자와 행음함으로 벗은 몸을 드러내며 또 가증한 우상을 위하여 네 자녀의 피를 그 우상에게 드렸은즉"이라고 말씀한다. 계속되는 꾸짖음은 하나님이 이스라엘 백성에게 분노하셨다는 것을 보여준다. 그러나 그럼에도 불구하고 하나님은 이렇게 말씀하셨다.

"그러나 내가 너의 어렸을 때에 너와 세운 언약을 기억하고 너와 영원한 언약을 세우리라 네가 네 형과 아우를 접대할 때에 네 행위를 기억하고 부끄러워할 것이라 내가 그들을 네게 딸로 주려니와 네 언약으로 말미암음이 아니니라 내가 네게 내 언약을 세워 내가 여호와인 줄 네가 알게 하리니 이는 내가 네 모든 행한 일을 용서한 후에 네가 기억하고 놀라고 부끄러워서 다시는 입을 열지 못하게 하려 함이니라 주 여호와의 말씀이니라"(60-63).

불순종과 배교와 반역으로 점철된 이스라엘의 역사에도 불구하고 언약의 표현이 다시 되풀이되었다. 하나님이 이스라엘을 사랑하기로 결정하신 것은 그들의 행위나 이스라엘의 민족적 가치가 아니라 순전히 하나님의 독자적이고, 자발적이고, 주권적인 은혜에 근거한다(신 7:7, 8). 의무 이행의 책임자는 오직 하나님 한 분뿐이다. 아브람이나 다른 유대인이 스스로 이룰 수 있는 조건은 아무것도 없다.

이런 사실은 그리스도인의 경험과도 일맥상통한다. 신자들은 스스로 그리스도께 나오지 않는다. 하나님의 성령께서 자신의 뜻에 따라 그들에게 생명을 주신다. 의무 이행의 책임자는 오직 하나님 한 분뿐이다. 복종은 의무 이행을 결정하는 조건이 될 수 없다. 오히려 하나님의 주권적인 능력이 복종을 결정하는 조건이다. 그로 인해 조건이 성취된다. 이처럼 하나님이 일방적인 언약을 세우실 때는 미래에 우리의 복종을 끌어내어 그 계획을 이룰 방법까지 모두 알고 계신다는 것을 의미한다.

다윗 언약

하나님은 모세 언약 이후에 다윗 언약을 세우셨다(삼하 7장). 하나님은 다윗에게 장차 더 위대한 후손이 나타나 영원한 왕국을 세울 것이라고 약속하셨다. 이 언약은 아브라함의 언약을 확장한 것이다. "네 수한이 차서 네 조상들과 함께 누울 때에 내가 네 몸에서 날 네 씨를 네 뒤에 세워 그의 나라를 견고하게 하리라 그는 내 이름을 위하여 집을 건축할 것이요 나는 그의 나라 왕위를 영원히 견고하게 하리라"(삼하 7:12, 13). 하나님은 아브라함에게 후손과 땅과 나라를 약속하셨다. 거기에는 왕국과 완전한 왕에 대한 약속이 포함된다. 하나님은 다윗 언약을 세울 때도 "내가 ~ 하겠다."라는 표현을 사용하셨다. 하나님이 그 약속을 이루실 장본인이셨다.

아브라함의 언약이 이스라엘만을 위한 것이라는 의미가 아니라는 점을 명확하게 하는 것이 중요하다. 우리 모두가 이 영적 축복에 참여한다. 이스라엘에 속하지 않았다고 해도 신자라면 누구나 아브라함과 다윗 언약에 참여한다. 그 이유는 구원을 얻어 왕국의 시민이 되었기 때문이다.

새 언약

마지막 언약은 새 언약이다. 구원이 없으면 하나님이 아브라함이나 다윗에게 하신 약속의 성취는 불가능하다. 역사적으로 이스라엘의 충실한 남은 자들(바알에게 무릎을 꿇지 않은 자들)이 항상 존재했다. 하나님이 선택하신 그분의 백성은 언제나 있었다. 또한 모든 이스라엘이 다 참 이스라엘은 아니다. 이사야서 6장 13절은 거룩한 남은 자들이 있을 것을 상기시켜 준다. 그러나 미래에는 민족적인 차원에서 이스라엘의 구원이 이루어질 것이다. 이것이 예레미야서 31장(이스라엘에게 주어진 새 언약)이 전하는 메시지다.

우리가 이 언약을 논의하는 것이 즐거운 이유는 그리스도의 죽음과 부활을 통해 확증된 새 언약에서 비롯하는 구원에 직접 참여했기 때문이다. 그러나 새 언약이 미래에 나타날 유대인의 세대에게 특별한 방식으로 적용될 것이라는 점을 기억하는 것이 중요하다. "여호와의 말씀이니라 보라 날이 이르리니 내가 이스라엘 집과 유다 집에 새 언약을 맺으리라 이 언약은 내가 그들의 조상들의 손을 잡고 애굽 땅에서 인도하여 내던 날에 맺은 것과 같지 아니할 것은 내가 그들의 남편이 되었어도 그들이 내 언약을 깨뜨렸음이라"(렘 31:31, 32).

모세 언약은 구원할 수 있는 언약이 아니었다. 그러나 새 언약은 모든 것을 변화시킬 것이었다. 사실이 이런데 무천년주의자들은 도대체 무슨 근거로 "이스라엘"을 직접 언급한 말이 민족적인 이스라엘을 가리키지 않는다고 말하는 것일까?

"내가 나의 법을 그들의 속에 두며 그들의 마음에 기록하여 나는 그들의 하나님이 되고 그들은 내 백성이 될 것이라"(33절). "내가 그들의 악행을 사하고 다시는 그 죄를 기억하지 아니하리라"(34절). 하나님이 자기 백성에게 하시겠다고 마음먹은 일을 바꾸시는 것이 과연 가능할까?

"여호와께서 이와 같이 말씀하셨느니라 그는 해를 낮의 빛으로 주셨고 달과 별들을 밤의 빛으로 정하였고 바다를 뒤흔들어 그 파도로 소리치게 하나니 그의 이름은 만군의 여호와니라 이 법도가 내 앞에서 폐할진대 이스라엘 자손도 내 앞에서 끊어져 영원히 나라가 되지 못하리라 여호와의 말씀이니라"(35, 36절).

나는 이 말씀이 성취된 것을 아직 보지 못했다. 누구 본 사람이 있는가? 명확한 문자적 의미와 다른 의미로 이 구절을 이해할 수 있는 방법은 없다. 이 말씀이 기록된 그대로의 의미가 아니라면 다른 어떤 의미로 이해해야 하는지 궁금하다.

새 언약은 아브라함의 언약과 다윗 언약을 비롯해 구약 시대에 주어진 모든 약속을 포괄하는 구원을 약속한다. 여기에서의 핵심은 무엇일까? 그것은 하나님이 그들 안에 자신의 율법을 두신다는 것이다. 하나님은 그들의 마음에 율법을 새겨주실 것이다. 그분은 그들의 하나님이 되실 것이고, 그들의 불법을 모두 용서하실 것이다.

이 약속과 병행을 이루는 내용이 에스겔서 36장 24-27절에서 발견된다.

"내가 너희를 여러 나라 가운데에서 인도하여 내고 여러 민족 가운데에서 모아 데리고 고국 땅에 들어가서 맑은 물을 너희에게 뿌려서 너희로 정결하게 하되 곧 너희 모든 더러운 것에서와 모든 우상 숭배에서 너희를 정결하게 할 것이며 또 새 영을 너희 속에 두고 새 마음을 너희에게 주되 너희 육신에서 굳은 마음을 제거하고 부드러운 마음을 줄 것이며 또 내 영을 너희 속에 두어 너희로 내 율례를 행하게 하리니 너희가 내 규례를 지켜 행할지라."

사람이 하나님의 율례 안에서 행하고 그분의 규례에 복종할 수 있으려면 하나님이 그렇게 할 수 있도록 이끌어 주셔야만 한다. 하나님은 선택하신 백성에게 일방적이고, 무조건적이고, 주권적이고, 은혜로운 약속을 허락하면서 그런 약속들이 신적 능력을 통해 반드시 이루어질 것이라고 보증하셨다.

하나님이 그런 언약의 약속이 절대 취소될 수 없다고 말씀하셨는데도 우리 자신의 편의에 의한 생각이나 가설을 주장하기 위해 그런 말씀이 무의미하다고 말하는 것은 징벌을 면하기 어려운 죄에 해당한다.

그렇다면 이스라엘의 배교는 어떤 의미를 지닐까? 그것 때문에 약속이 취소될 수 있을까? 예레미야와 에스겔이 전한 새 언약의 약속은 이스라엘 민족이 배교로 인해 하나님의 심판을 당하는 동안에 그들에게 주어졌다. 그런 축복의 약속은 이스라엘 백성이 하나님께 복종하며 만사형통한 삶을 살아갈 때 주어지지 않았다. 이 예언이 주어질 당시, 이스라엘은 배교를 저지른 탓에 나라 밖에 유배되어 살던 중이었다. 그러나 하나님은 그런 반역 행위조차도 자신의 약속을 폐하지 못할 것이라고 말씀하셨다.

여기에서 "이스라엘 민족은 자신들의 메시아를 배척하지 않았는가?"라는 또 하나의 문제가 제기된다. 세대주의가 주장하는 이상한 이론 가운데 하나는 예수님이 세상에 와서 유대인들에게 왕국을 허락하고자 하셨지만 믿음이 없는 그들이 그것을 받아들이지 않고 오히려 그분을 죽였기 때문에 그분은 두 번째 계획에 따라 왕국을 교회에게 허락하셨다는 것이다.

시편 22편은 십자가에서 어떤 일이 일어날 것인지를 자세히 묘사했다. 이사야서 53장도 고난의 종이신 예수님과 그분의 십자가를 예언적으로 묘사했다. 십자가는 항상 그 계획의 일부였다.

그렇다면 이스라엘 민족은 십자가와 어떤 관련이 있을까? 스가랴서 12장 10절은 "그들이 그 찌른 바 그를 바라보고 그를 위하여 애통하기를 독자를 위하여 애통하듯 하며 그를 위하여 통곡하기를 장자를 위하여 통곡하듯 하리로다"라고 말씀한다. 또한 스가랴서 13장 1절은 "그 날에 죄와 더러움을 씻는 샘이 다윗의 족속과 예루살렘 주민을 위하여 열리리라"라고 말씀한다. 장차 이스라엘이 구원받고, 새 언약이 온전히 성취될 날이 올 것이다. 계속해서 스가랴서 14장을 읽어보면, 왕국의 도래에 관한 내용이 발견된다. 스가랴서 12-14장은 전천년주의를 고려하지 않으면 그 의미를 이해하기 어렵다.

예수님 당시의 이스라엘 사람들은 무천년주의자였는가?

에밀 슈레어는 이 세 번째 질문에 대답하기 위해 1세기 유대인들의 종말론에 관한 유익한 책을 썼다. 이 책은 1880년에 처음 출판되었고, 좀 더 최근에는 헨드릭슨 출판사에 의해 새로 출판되었다.[6]

슈레어는 고대 이스라엘 사람들은 메시아가 강림하기 전에 환난의 시기가 있을 것이라고 믿었다고 말했다. 그들은 메시아가 오기 전에 먼저 엘리야가 올 것이라고 믿었다. 그들은 메시아가 다윗의 후손으로 태어날 것이고, 왕국을 세울 특별한 권세를 지니고 있을 것이며, 아브라함과 다윗에게 주어진 언약의 약속이 그를 통해 모두 성취될 것이라고 믿었다.

또한 그들은 기름 부음받은 자가 오면 이스라엘이 회개하고, 구원을 받을 것이며, 예루살렘을 중심으로 왕국이 이스라엘 땅에 건설될 것이고, 메시아의 영향력이 온 세상에 미칠 것이라고 믿었다. 그로 인해 세상은 새로워지고, 평화와 의가 넘쳐흐르고, 모든 사람이 메시아를 경배할 것이다. 이 경배에는 성전의 재건이 포함될 것이다. 이 왕국은 마지막 심판을 통해 절정에 달할 것이고, 그 후에는 영원한 상태가 이어질 것이다. 이것이 신약 성경 이전에 유대인들이 믿었던 종말론이었다. 이것은 전천년주의의 견해와 완벽하게 일치한다.

이를 입증해 줄 증인이 슈레어만 있는 것은 아니다. 세례 요한의 아버지인 사가랴도 그렇게 믿었다. 누가복음 1장의 마지막 부분에 기록되어 있는 사가랴의 예언은 아브라함과 다윗과 새 언약에 관한 구약 성경의 본문들을 근거로 한다. 사가랴는 앞으로 일어나게 될 일, 곧 메시아의 강림을 통해 언약들이 모두 성취될 것을 알았다.

예수님은 무천년주의자셨는가?

이 네 번째 질문은 우리가 대답해야 할 가장 중요한 질문 가운데 하나다. 누가는 부활하신 그리스도에 관해 이렇게 증언했다.

"데오빌로여 내가 먼저 쓴 글에는 무릇 예수께서 행하시며 가르치시기를 시작하심부터 그가 택하신 사도들에게 성령으로 명하시고 승천하신 날까지의 일을 기록하였노라 그가 고난받으신 후에 또한 그들에게 확실한 많은 증거로 친히 살아 계심을 나타내사 사십 일 동안 그들에게 보이시며 하나님 나라의 일을 말씀하시니라"(행 1:1-3).

예수님은 제자들과 함께 마지막 40일을 보내시면서 하나님의 나라에 관한 일을 말씀하셨다. 만일 예수님이 무천년주의자이셨다면 그것이 곧 무천년이 시작되는 순간이었다. 그러나 제자들은 40일 동안 하나님의 나라에 관한 가르침을 듣고 나서도 여전히 그 나라를 미래의 사건으로 생각했다. 그들은 그 나라가 이스라엘 민족에게 임할 것인지를 묻지 않고, 그 시기를 물었다. "주께서 이스라엘 나라를 회복하심이 이때니이까"(6절).

예수님은 어떻게 대답하셨을까? 그분은 "도대체 왜 그렇게 어리석은 생각을 하느냐? 그런 생각을 왜 하는 것이냐? 지난 40일 동안 내게 배우지 않았느냐? 나는 무천년주의자다. 내가 이스라엘 나라를 회복할 것이라니 참으로 기괴하구나. 내 말을 헛들었도다. 교회가 바로 새 이스라엘이다."라고 대답하셨는가?

예수님은 나라가 회복될 것이라고 말씀하지 않으셨다. 그분은 "때와 시기는 아버지께서 자기의 권한에 두셨으니 너희가 알 바 아니요"(7절)라고 말씀하셨다.

사도행전 1장 7절에서 "두셨으니"로 번역된 헬라어는 중간태 동사다. 이 말씀은 "아버지께서 홀로 정하셨다."라고 번역하는 것이 더 낫다. 그것은 아버지의 영광과 존귀함과 마침내 회복된 낙원을 경험하게 될 세상과 관련된 일이다. 이 궁극적인 목적은 단독적이고, 일방적이다. 예수님의 신학에는 대체 신학이 존재하지 않는다. 대체는 없다. 이스라엘 민족을 위한 세상의 왕국이 존재하지 않는다는 주장은 구약 성경과 신약 성경은 물론이고, 예수님의 가르침과도 정면으로 배치된다.

사도들은 무천년주의자였는가?

예수님과 그 당시의 이스라엘 사람들이 무천년주의를 주장하지 않았다면 베드로의 경우는 어땠을까? 그는 최초의 무천년주의자였을까? 이 다섯 번째 물음에 대한 대답은 베드로의 설교에서 발견할 수 있다.

> "아브라함과 이삭과 야곱의 하나님 곧 우리 조상의 하나님이 그의 종 예수를 영화롭게 하셨느니라 너희가 그를 넘겨주고 빌라도가 놓아 주기로 결의한 것을 너희가 그 앞에서 거부하였으니 너희가 거룩하고 의로운 이를 거부하고 도리어 살인한 사람을 놓아 주기를 구하여 생명의 주를 죽였도다 그러나 하나님이 죽은 자 가운데서 그를 살리셨으니 우리가 이 일에 증인이라"(행 3:13-15).

"그러나 하나님이 모든 선지자의 입을 통하여 자기의 그리스도께서 고난받으실 일을 미리 알게 하신 것을 이와 같이 이루셨느니라"(18절). 이 말씀은 문자적으로 이해해야 한다. 또한 베드로가 전한 다음 구절의 말씀도 문자적으로 이해해야 한다. "그러므로 너희가 회개하고 돌이켜 너희 죄 없이 함을 받으라 이같이 하면 새롭게 되는 날이 주 앞으로부터 이를 것이요"(19절). "또 주께서 너희를 위하여 예정하신 그리스도 곧 예수를 보내시리니 하나님이 영원 전부터 거룩한 선지자들의 입을 통하여 말씀하신 바 만물을 회복하실 때까지는 하늘이 마땅히 그를 받아 두리라"(20, 21절). 특히 "너희는 선지자들의 자손이요 또 하나님이 너희 조상과 더불어 세우신 언약의 자손이라"(25절)라는 말씀은 매우 의미심장하다.

베드로는 언약을 폐하지 않았다. 그는 오히려 언약의 타당성을 강조했다. "아브라함에게 이르시기를 땅 위의 모든 족속이 너의 씨로 말미암아 복을 받으리라 하셨으니 하나님이 그 종을 세워 복 주시려고 너희에게 먼저 보내사 너희로 하여금 돌이켜 각각 그 악함을 버리게 하셨느니라"(25, 26절). 베드로는 약속들을 폐할 수 있는 완벽한 기회를 얻었지만 그는 오히려 유대인 청중에게 그들이 언약의 후손이라는 점을 상기시켜 주었다.

그렇다면 야고보는 무천년주의자였을까? 그의 말을 들어보자.

"하나님이 처음으로 이방인 중에서 자기 이름을 위할 백성을 취하시려고 그들을 돌보신 것을 시므온이 말하였으니 선지자들의 말씀이 이와 일치하도다 기록된 바 이 후에 내가 돌아와서 다윗의 무너진 장막을 다시 지으며 또 그 허물어진 것을 다시 지어 일으키리니 이는 그 남은 사람들과 내 이름으로 일컬음을 받는 모든 이방인들로 주를 찾게 하려 함이라 하셨으니 즉 예로부터 이것을 알게 하시는 주의 말씀이라 함과 같으니라"(행 15:14-18).

이방인들이 받아들여졌다고 해서 이스라엘의 약속이 취소된 것은 아니었다. 이방인들의 회심 이후에도 하나님은 무너진 다윗의 장막을 다시 일으켜 세울 예정이셨다. 이것은 다윗의 언약과 메시아에 관한 약속이 성취될 것을 의미한다.

혹시 바울 사도가 최초의 무천년주의자는 아니었을까? 그는 로마서 3장 1-4절에서 "그런즉 유대인의 나음이 무엇이며 할례의 유익이 무엇이냐 범사에 많으니 우선은 그들이 하나님의 말씀을 맡았음이니라 어떤 자들이 믿지 아니하였으면 어찌하리요 그 믿지 아니함이 하나님의 미쁘심을 폐하겠느냐 그럴 수 없느니라"라고 말했다. 만일 바울이 무천년주의를 주장했다면 "물론이다. 그것은 하나님의 약속을 폐한다."라고 말했을 것이다. 그러나 그는 그렇게 말하지 않았다. 그는 이렇게 말했다.

> "그러나 하나님의 말씀이 폐하여진 것 같지 않도다 이스라엘에게서 난 그들이 다 이스라엘이 아니요 또한 아브라함의 씨가 다 그의 자녀가 아니라 오직 이삭으로부터 난 자라야 네 씨라 불리리라 하셨으니 곧 육신의 자녀가 하나님의 자녀가 아니요 오직 약속의 자녀가 씨로 여기심을 받느니라"
> (롬 9:6-8).

일부 유대인들이 믿지 않았다고 해서 하나님의 충실하심이 사라진 것은 결코 아니다. 또한 하나님이 다른 사람들을 선택하셨기 때문에 그분이 약속을 이룰 목적으로 유대인의 혈통을 정식으로 이어받은 자들을 선택하지는 않으실 것이라고 단정할 수도 없다.

아마도 가장 눈에 띄는 말씀은 로마서 11장 26절("그리하여 온 이스라엘이 구원을 받으리라")일 것이다. 이 말씀을 다르게 해석할 수 있겠는가? 한 가지 방법은 바울이 여기에서 민족적인 이스라엘을 가리키지 않았다고 해석하는 것이다.

그러나 그것이 민족적인 이스라엘을 가리키지 않는다고 암시하는 내용이 본문 어디에서 발견되는가? 26, 27절은 단지 "구원자가 시온에서 오사 야곱에게서 경건하지 않은 것을 돌이키시겠고 내가 그들의 죄를 없이 할 때에 그들에게 이루어질 내 언약이 이것이라 함과 같으니라"라고 말씀할 뿐이다. 이스라엘은 지금은 하나님의 원수이지만 그것은 모두 이방인을 위해서다.

하나님이 결국 그들을 구원하실 것이라고 확신할 수 있는 이유는 무엇일까? 29절은 "하나님의 은사와 부르심에는 후회하심이 없느니라"라고 말씀한다. 하나님께 복종하는 것이 이스라엘 백성에게 달려 있다면 그들은 처음부터 불가능한 일을 시작한 것이나 다름없다. 오직 약속을 하신 하나님만이 약속의 성취와 관련된 복종을 가능하게 하실 수 있다.

대체 신학의 위험성

로널드 디프로스는 『이스라엘과 교회』라는 훌륭한 책을 저술했다.[7] 이탈리아에서 처음 박사 학위 논문으로 세상에 모습을 드러낸 이 책은 전통적인 세대주의와는 아무런 관계가 없다. 이 책은 대체 신학이 어둠의 시대에 교회를 형성하는 데 어떻게 기여했는지를 보여준다. 저자는 교회가 신약 성경의 개념에서 벗어나 중세 암흑시대의 성례전적인 제도(즉 로마 가톨릭주의)로 기울게 된 과정을 설명했다.

디프로스는 아우구스티누스, 오리게누스, 유스티누스에게서 비롯한 대체 신학에 책임의 대부분을 돌렸다. 교회가 제단, 희생, 할례와 비슷한 상징, 사제 제도, 의식과 같은 것을 도구로 사용하고, 대다수 사람들이 이해할 수 없는 언어를 사용해 신비를 조장한 이유가 무엇일까? 디프로스는 로마 가톨릭의 교회론을 추적한 결과, 교회를 새 이스라엘과 동일시하게 된 원인이 거기에 있었다는 사실을 확인했다. 대체 신학은 유대교의 요소들을 도입하는 것에 정당성을 부여했다.

대체 신학에서 비롯한 또 하나의 부정적인 결과는 유대인들을 상대로 한 복음 전도를 방해했다는 것이다. 누군가가 유대인에게 다가가서 "예수님은 메시아이십니다."라고 말했다고 가정해 보자.

그는 "정말로요? 그러면 그분이 설립하신 왕국은 어디에 있습니까?"라고 물을 것이다.

그 물음에 "그분의 왕국은 이미 이곳에 존재합니다."라고 대답한다.

그러자 유대인은 "그것이 사실이라면 왜 아직도 살인과 박해가 계속되고 있는 것이죠? 우리가 우리에게 약속된 땅을 소유하지 못하는 이유가 무엇이죠? 왜 메시아는 예루살렘에서 통치하지 않는 거죠? 왜 평화와 기쁨과 즐거움이 온 세상을 지배하지 않고, 사막에 꽃이 피지 않는 것이죠?"라고 반박한다.

그 말에 "잘 이해하지 못하는군요. 그 모든 것이 문자적으로 이루어지는 것은 아닙니다. 사실, 당신은 더 이상 하나님의 백성이 아닙니다. 우리가 하나님의 백성입니다."라고 말한다.

그러면 유대인은 "이것이 예수님의 왕국이라면 그분은 '타나크'(Tanakh)가 약속한 메시아가 아닙니다."라고 일침을 가할 것이 분명하다.

그러나 만일 믿지 않는 유대인에게 하나님이 이스라엘에게 하신 약속을 남김없이 이루실 것이고, 장차 유대 민족을 회복할 위대한 날을 예비하고 계신다고 말하면 그와 대화를 나눌 수 있는 기회를 갖게 될 것이다. 그러나 대화를 나눌 때는 시편 22편, 이사야서 53장, 스가랴서 12장 10절 등을 토대로 사람들의 죄를 용서하고, 왕국을 설립하기 위해서는 먼저 메시아가 와서 죽었다가 사흘 만에 다시 살아나 새 언약을 확증하는 과정이 필요했다는 점을 설명해야 한다.

마지막 당부

목회자인 우리는 주권적이고, 무조건적이고, 일방적이고, 취소할 수 없는, 은혜로운 하나님의 선택을 올바로 이해해야 한다. 우리는 하나님과 이스라엘과 종말론을 옳게 이해해야 한다. 그래야만 서로 앞을 다투어 특정한 신학 체계에 꿰어 맞춘 이상한 해석을 주장하지 않고, 진정한 마음으로 성경을 펼쳐 본문이 가르치는 말씀을 전할 수 있다.

옳게 이해하면 하나님이 영광을 받으시고, 그리스도께서 존귀함을 받으시고, 성령께서 영화롭게 되신다. 옳게 이해하면 성경이 명료해지고, 세상에서 이루어지는 하나님의 사역을 분명하게 드러내 줄 가장 위대한 역사적 사실이 명백하게 나타날 것이다. 옳게 이해하면 성경의 참된 의미가 고스란히 드러날 것이다. 성경은 신비가들을 위해 기록되지 않았다. 옳게 이해하면 예언서의 연대적 순서가 명확하게 드러나고, 우리의 역사적인 세계관이 온전해질 것이다. 옳게 이해하면 종말론의 실질적인 유익이 교인들에게 미칠 것이다. 옳게 이해하라.

주권적인 선택의 은혜를 드높이고, 하나님의 신실한 약속을 영광스럽게 하고, 구약 시대 선지자들과 예수님과 신약 성경 저자들의 가르침을 존귀하게 하는 견해는 오직 종말에 문자적인 천년 왕국이 이루어질 것이라는 견해뿐이다. 우리의 교회를 재림의 교회로 만들고, 우리의 삶을 재림의 삶으로 만들자.

PRAYER

아버지여, 참으로 영광스럽고,
초월적인 주제가 아닐 수 없습니다.
그리스도의 재림을 바라보며 살게 하옵소서.

주님의 말씀이 진실하다는 것을 알게 하시고,
성경의 모든 구절을 전하고,
성경이 분명하게 가르치는 것을 선포할 수 있게 도와주소서.
여기 이 콘퍼런스에 이런 귀한 사람들을 보내 주셔서 감사합니다.
주님, 저희 모두에게 주님을 섬기는 특권과
 진리를 기뻐하는 마음을 가득 채워 주옵소서.

그리스도의 이름으로 기도합니다. 아멘.

11
Michael Vlach

"우리는 그의 약속대로 의가 있는 곳인
새 하늘과 새 땅을 바라보도다" _ 벧후 3:13

새 하늘과 새 땅을 바라보라

마이클 블라크, 2013
베드로후서 3:13

　종말론에 관한 논의는 대부분 휴거, 대환란, 천년왕국에 초점을 맞춘다. 영원한 상태는 상세한 고려의 대상에서 제외되는 것이 보통이다. 그러나 우리는 마땅히 영원한 상태에 관심을 기울여야 한다. 타락한 세상을 보고, 또 그로 인한 결과를 직접 경험하는 상황 속에서 우리의 궁극적인 운명에 관해 생각하는 것은 매우 고무적이다. 새 예루살렘이 있는 새 하늘과 새 땅이 우리가 영원히 살아갈 곳이다. 심지어 천년왕국이 지속될 천 년의 세월도 영원에 비하면 아무것도 아니다.

　베드로후서 3장 13절은 "우리는 그의 약속대로 의가 있는 곳인 새 하늘과 새 땅을 바라보도다"라고 말씀한다. 새 하늘과 새 땅은 우리의 궁극적인 목적지다. 우리는 그곳을 바라봐야 한다. 성도들이 죽어서 가는 중간 상태의 천국도 일시적이다. 나중에는 새 땅과 새 예루살렘이 임할 것이다. 따라서 이 중요한 교리를 무시해서는 안 된다.

피해야 할 오류

영원한 상태를 탐구할 때 피해야 할 오류가 두 가지 있다. 하나는 이 주제를 회피하는 것이다. 교회사를 돌아보면, 이 점이 문제가 되었던 경우가 많았던 것을 알 수 있다. 다른 교리들에 비해 영원한 상태를 다룬 글과 책은 그리 많지 않다.[1]

두 번째 오류는 영원을 "영적 비전 모델"의 관점을 통해 바라보는 것이다. 영원한 상태를 지나치게 영적으로 이해하거나 지나치게 초월적이고, "이질적인" 개념으로 간주해 그 현실성을 의식하지 못하는 것이다. 영적 비전 모델은 물리적인 현실을 배제한 채 영적 현실만을 강조하는 방식으로 하나님의 목적을 이해하려는 시도를 가리킨다.

영적 비전 모델은 철학자 플라톤에게서 그 기원을 찾을 수 있다. 그는 영적인 것과 물리적인 것의 가치를 날카롭게 구분했다. 그의 사상은 유대교 학자들과 기독교 학자들에게 종종 많은 영향을 미쳤다. 안타깝게도 그리스도인들은 영원한 본향을 생각할 때면 그곳을 무미건조하고, 정적이고, 영적인 세상으로 생각하는 경향이 있다. 조사 결과에 따르면, 미국인들 가운데 약 3분의 2가 천국을 실체 없는 영적 현실로 생각하는 것으로 나타났다. 그러나 그런 생각은 성경의 가르침과 거리가 멀다. 하나님은 세상을 창조하고 나서 그것을 "심히 좋게" 여기셨다. 여기에는 물리적인 현실이 포함된다. 창조는 물리적인 차원을 지니기 때문에 새 땅도 그럴 것이 틀림없다.

우리가 살게 될 미래의 본향을 지나치게 영적으로 생각하거나 하나님의 목적이 물질적인 것은 배제한 채 오로지 영적인 것만을 지향한다고 이해해서는 안 된다. 천국에 있는 사람들의 등에는 날개가 달려 있고, 머리에는 광륜이 빛나는 모습으로 그린 만화를 보았을 것이다. 그것이 천국에 대한 일반적인 개념이다. 많은 사람이 천국을 정적이고, 명상적이고, 지루하고, 고요한 장소로 생각한다. 심지어는 그리스도인들조차도 '천국은 지루하지 않을까?'라고 생각한다. 그런 생각은 사실과는 거리가 한참 멀다.

기독교 지도자들은 새 땅에 존재하게 될 우리의 영원한 집에 관해 가르쳐야 할 필요가 있다. 그렇게 하면 사람들에게 희망을 줄 수 있다. 영원한 상태를 그것과 다른 무엇으로 변질시키면 희망을 갖기가 어렵다. 우리는 영원한 상태에 관한 성경 본문들을 진지하게 살펴보고, 가능한 한 올바른 결론을 이끌어내야 한다.

요한계시록 21, 22장은 영원한 상태를 가장 구체적으로 묘사하는 성경 본문이다. 그곳에 묘사된 내용 가운데는 우리가 분명하게 확신할 수 있는 것들도 있고, 또 이해하기가 좀 더 어려운 것들도 있다. 때로 사람들은 두 가지 중에 한 가지 실수를 저지르기 쉽다. 하나는 모든 것의 의미를 상세히 알 수 있다고 생각하는 것이고, 다른 하나는 그런 성경 본문을 아예 무시하는 것이다.

나는 영원한 상태에 관한 학습 요점을 열 가지로 나눠 제시함으로써 장차 올 우리의 본향의 영광을 좀 더 잘 이해할 수 있도록 돕고 싶다. 그러나 먼저 세 가지 전제를 잠시 살펴봐야 할 필요가 있다.

세 가지 전제

첫째, 우리는 영원한 상태에 관한 실질적인 지식을 충분히 얻을 수 있다. 물론 모든 것을 남김없이 완벽하게 알 수 있다는 뜻은 아니다. 그러나 완벽한 지식을 가질 수 없다고 해서 참된 지식을 가질 수 없는 것은 아니다. 하나님은 우리의 영원한 운명에 관한 진리를 계시하셨다. 그분은 우리가 그런 진리를 이해하기를 원하신다.

둘째, 영원한 상태는 우리의 현재적인 구원의 경험을 다채롭게 묘사하기 위한 수단이 아니다. 그것은 우리의 구원을 실감나게 묘사하는 데 그치지 않는다. 고린도후서 5장 17절과 갈라디아서 6장 15절은 우리가 그리스도 안에서 새로운 피조물이라고 말씀한다. 그리고 요한계시록 21, 22장은 하나님의 백성에게 주어질 궁극적인 운명을 묘사한다. 요한계시록 21, 22장에 자세하게 기록된 내용들은 하나님의 백성이 거주하게 될 구체적이고, 현실적인 장소를 묘사한다.

셋째, 요한계시록 21, 22장의 영원한 상태는 요한계시록 20장 1-6절에 기록된 천년왕국 이후에 나타나게 될 현실이다. 요한계시록의 연대적 순서에 따르면 먼저 환난의 시기가 지나고(6-18장), 그 후에 그리스도의 재림이 뒤따른다(19장). 또한 예수님의 재림이 이루어지고 나면 예수님과 성도들이 천 년 동안 세상을 다스리는 시기가 이어지고(20장), 그 후에 비로소 영원한 상태의 영광이 펼쳐진다(21:1-22:5).

영원한 상태에 관한 열 가지 요점

시작과 끝

첫째, 창세기 1, 2장에 기록되어 있는 창조 기사와 요한계시록 21, 22장에 묘사된 새 창조는 서로 매우 흡사하다. 새 창조는 하나님이 심히 좋게 창조하신 본래의 세상을 새롭게 회복한 것이다. 따라서 세상의 첫 시작을 살펴보고, 그 마지막을 살펴보는 것이 유익하다. 신학 용어를 빌려 말하면 "시원론"과 "종말론"을 둘 다 공부해야 한다. 구체적으로 말해 창세기 1, 2장과 요한계시록 21, 22장을 공부해야 한다. 그렇게 하면 인류의 타락과 그리스도의 초림으로 이루어진 사역과 관련된 문제들을 좀 더 명확하게 이해할 수 있다.

성경의 처음 두 장과 마지막 두 장은 놀랍도록 유사하다. 두 곳에서 모두 하나님이 창조주요 조물주로 등장한다. 창세기 1장은 하나님이 하늘과 땅을 창조하셨다고 증언한다. 요한은 요한계시록 21장 1절에서 "새 하늘과 새 땅을 보았다."고 말했다. 창세기 1장 3절은 "빛이 있으라 하시니 빛이 있었고"라고 말씀한다. 요한계시록 22장 5절은 하나님의 영광이 그분의 백성에게 비추기 때문에 등불과 햇빛이 필요하지 않다고 말씀한다.

창세기 1, 2장에는 에덴동산이 등장하고, 요한계시록 21, 22장에는 새 하늘과 새 땅과 새 예루살렘이 등장한다. 창세기는 하나님이 날이 서늘할 때 아담과 함께 동산을 거니셨다는 말로 그분의 임재를 언급했고, 요한계시록 21장 3절은 "보라 하나님의 장막이 사람들과 함께 있으매 하나님이 그들과 함께 계시리니"라고 말씀한다.

창세기는 불순종의 대가가 죽음이라고 선언했다. "네가 먹는 날에는 반드시 죽으리라"(창 2:17). 그러나 요한계시록 21장 4절은 다시는 사망이 없을 것이라고 말씀한다. 창세기 3장 17절은 저주와 관련해서 "땅은 너로 말미암아 저주를 받고"라고 말씀했다. 그러나 요한계시록 22장 3절은 "다시 저주가 없으며"라고 선언한다. 창세기에 따르면 강물이 에덴에서 흘러나왔다고 한다. 요한계시록 22장 1절에도 강물(생명수의 강)이 언급되었다. 창세기 2, 3장에서는 생명나무가 언급되었다. 인간의 타락 이후 생명나무는 자취를 감추었다. 그러나 요한계시록 22장 2절은 "강 좌우에 생명나무가 있어"라고 말씀한다. 에덴동산에 있었던 생명나무가 새 예루살렘에서 다시 모습을 드러낼 것이다.

하나님은 창세기 1장 26-28절에서 인간에게 자신의 대리자가 되어 땅을 다스리고, 정복하라고 명령하셨다. 새 예루살렘을 언급한 요한계시록의 마지막 구절인 22장 5절은 하나님의 백성이 땅을 다스릴 것이라고 말씀한다. "그들이 세세토록 왕 노릇 하리로다."

사탄은 창세기 3장에서 하나님의 형상을 지닌 인간을 속였다. 그러나 요한계시록 20장 1-3절은 사탄이 무저갱이라는 감옥에 갇히게 되었다고 말씀한다. 그로부터 천 년이 지나면 그는 영원히 불못에 던져질 것이다. 결국에는 유혹자가 완전히 제거될 것이다.

창세기 10, 11장은 민족들의 중요성을 강조한다. 노아의 아들들이 낳은 후손들이 제각기 많은 족속을 이루었다. 요한계시록 21장 24절은 "만국이 그(새 예루살렘) 빛 가운데로 다니고 땅의 왕들이 자기 영광을 가지고 그리로 들어가리라"고 말씀한다. 민족들은 창세기 10장 이후부터 서로 갈등을 빚었지만, 요한계시록 21, 22장은 민족들이 평화를 누린다고 진술한다. 요한계시록 22장 2절은 "그 나무 잎사귀들은 만국을 치료하기 위하여 있더라"라고 말씀한다.

일정한 패턴이 유지되고 있는 것을 알 수 있겠는가? 창세기 1, 2장과 요한계시록 21, 22장을 공부하면 창조 기사와 새 창조 기사가 서로 밀접하게 관련되어 있는 것을 알 수 있다.

영원한 상태에 관한 구약 성경의 가르침을 살펴보면 선지자들이 중간기의 왕국(천년왕국)과 영원한 상태를 항상 분명하게 구별했던 것은 아나라는 사실을 알 수 있다. 이사야와 같은 선지자들은 메시아의 시대와 내세에 관해 증언하면서 천년왕국과 영원한 왕국에 모두 적용될 수 있는 내용을 언급했다. 그러나 나중에 계시가 점진적으로 발전하면서 천년왕국과 영원한 왕국의 구별이 더욱 뚜렷하게 드러났다.

이사야서 65장 20절은 "거기는 날 수가 많지 못하여 죽는 어린이와 수한이 차지 못한 노인이 다시는 없을 것이라 곧 백 세에 죽는 자를 젊은이라 하겠고 백 세가 못 되어 죽는 자는 저주받은 자이리라"라는 말씀으로 미래를 예언했다. 이사야는 어떤 사람이 백 세에 죽는다면 '무슨 일이냐? 무엇이 잘못되었어?'라고 생각하게 될 것이라고 말했다.

이것이 우리가 살고 있는 시대를 예언한 것이라고 말할 수 있을까? 요즘에 어떤 사람이 백 세에 죽었다면 "그 사람은 무슨 잘못을 저지른 것이 틀림없어. 대체 무슨 일이 있었던 것일까?"라고 말할 수 있을까? 그렇지 않다. 오히려 백 세가 될 때까지 오래 산 것에 놀랄 것이 틀림없다. 그러나 영원한 상태에서는 죽음이 존재하지 않는다. 그때에는 더 이상 죽음이 없을 것이다. 따라서 이사야서 65장 20절은 다른 시기를 가리키는 것이 분명하다. 물론 지금 이 시대도 아니다. 왜냐하면 대부분 백 세 이전에 죽기 때문이다. 영원한 상태에서는 죽음이 없을 것이기 때문에 이 말씀은 그때를 가리키지도 않는다. 백 세에 죽는 것을 때 이른 죽음이라고 말할 수 있는 유일한 시기는 천년왕국으로 알려진 중간기 왕국밖에 없다(계 20:1-6).

고린도전서 15장 20-28절은 예수님이 본래 창조된 세상을 성부 하나님의 뜻에 복종하게 만드실 것이라고 가르친다. 예수님이 세상에 대한 통치를 완수하고, 만물을 자기 자신에게 복종시키고 난 뒤에는 왕국을 성부 하나님께 바치고, 자신도 성부께 복종하실 것이다. 메시아가 전에 하나님께 반역했던 세상을 온전히 다스린 후에는 하나님이 만유 안에 계시는 영원한 왕국이 임하게 될 것이다(고전 15: 24, 28).

요한계시록 21장 1절부터 22장 5절은 새 땅과 새 예루살렘을 묘사한다. 앨런 존슨은 이렇게 말했다. "마지막 시대에 관한 요한의 증언은 이상적인 영적 천국이나 비현실적인 낙원이 아니라 새 하늘과 새 땅이라는 현실에 초점을 맞춘다. 하나님은 본래 땅과 하늘을 인간의 영원한 처소로 창조하셨다."[2]

사람들은 영원을 순전히 영적 현실로만 생각하는 경향이 있다. 세상을 비롯해 물리적인 모든 것에서 벗어나는 것을 우리의 궁극적인 운명으로 생각하는 사람들이 많다. 사람들은 우리가 영적 세상에서 영원히 살 것이라고 믿는다. 그러나 그런 생각은 성경의 가르침과 거리가 멀다.

대체인가 갱신인가?

둘째, 요한계시록 21장 1절은 새 하늘과 새 땅이 현재의 하늘과 땅을 대체하게 될 것이라고 말씀하신다. 현재의 하늘과 땅은 사라질 것이다. 그러나 이것은 무슨 의미일까? 이 주제를 둘러싸고 경건하고, 지성적인 성경 교사들의 견해가 엇갈린다. 그것이 구체적이고, 현실적이며, 물리적인 세상일 것이라는 점에 대해서는 이견이 없다. 그들의 논쟁은 현재의 땅과 장차 임할 새 땅과의 관계에 관한 것이다. 크게 두 가지 견해가 서로 대립된다. 1) 현재의 땅이 완전히 사라지고, 새 땅으로 대체될 것이다. 2) 현재의 땅이 갱신될 것이다(새 땅은 현재의 땅을 새롭게 회복한 것이다). 어떤 사람들은 현재의 땅이 완전히 없어지고 완전히 새로운 땅으로 대체될 것이라고 믿고, 어떤 사람들은 현재의 땅을 새롭게 정화해 새 땅을 만들 것이라고 믿는다.

　양측 모두 자신들의 견해를 뒷받침해 줄 증거를 제시한다. 현재의 땅이 완전히 없어질 것이라는 견해는 요한계시록 20장 11절("땅과 하늘이 그 앞에서 피하여 간 데 없더라")을 증거 구절로 삼는다. 베드로후서 3장 10-12절도 땅과 그 안에 있는 모든 것이 불에 의해 파괴될 것이라고 말씀한다. 어떤 사람들은 이것이 지금 존재하는 만물의 질서가 사라지고, 전적으로 새로운 우주가 탄생할 것을 의미한다고 말한다. 시편 102편 26절 역시 "천지는 없어지려니와…그것들은 다 옷같이 낡으리니"라고 말씀하고, 예수님도 "천지는 없어질지언정"(마 24:35)이라고 말씀하셨다. 이런 본문들이 전적으로 새로운 땅이 무로부터 창조되어 현재의 땅을 대체할 것을 뒷받침하는 증거로 제시된다.

　한편 현재의 땅을 새롭게 갱신한다는 견해는 로마서 8장의 가르침을 근거로 삼는다. 바울은 그곳에서 인간이 영화롭게 될 때 피조 세계도 영화롭게 될 것이라고 말했다. 인간의 타락으로 피조물이 허무한 것에 굴복했다. 땅이 저주를 받았다. 그러나 로마서 8장 20절은 피조물이 굴복한 것은 "희망으로" 굴복한 것이라고 말씀한다(영어 성경을 참조하라/역자). 피조 세계를 의인화시켜 현재의 부패함과 속박 상태로부터 벗어나기를 갈망하는 사람처럼 표현했다. 인간이 영화롭게 되면 땅도 영화롭게 된다.

　성경의 핵심 용어들이 땅의 갱신을 암시한다. 예수님은 마태복음 19장 28절에서 "세상이 새롭게 될 것"이라고 말씀하셨다. 새롭게 된다는 것은 손상된 것을 고쳐 만든다는 뜻에서 갱신을 의미한다. 바울은 골로새서 1장 20절에서 예수님이 "십자가의 피로 화평을 이루사 만물을…자기와 화목하게 하셨다"고 말했다. 골로새서 1장 15-20절 문맥에서 "만물"은 세상을 포함해 창조된 모든 것을 가리킨다.

베드로는 사도행전 3장 21절에서 구약 시대의 선지자들이 언급한 "만물의 회복"을 예고했다. 새롭게 함, 화목, 회복과 같은 용어는 전에 망가진 것을 고친다는 의미를 담고 있다. 이런 용어들은 땅이 완전히 사라질 것이라는 견해와 상반되는 것처럼 보인다.

만물의 갱신을 지지하는 사람들은 자신들의 견해가 하나님이 창조하고, "심히 좋게" 여겼던 피조 세계를 그분이 궁극적으로 온전히 구원하실 것을 분명하게 보여준다고 주장한다(창 1:31). 사탄은 하나님이 "심히 좋게" 여기신 피조 세계를 지배하지 못한다. 오직 하나님만이 그곳을 지배하신다. 따라서 하나님은 본래 창조된 세계를 없애지 않고, 회복하실 것이다.

나는 회복설이 옳다고 믿는다. 이를 뒷받침하는 증거(특히 로마서 8장)는 피조 세계와 인간의 밀접한 관계를 암시한다. 인간이 타락했을 때 피조 세계도 타락했다. 따라서 인간이 영화롭게 되면 피조 세계도 영화롭게 될 것이다. 하나님은 장차 우리를 완전히 없애고, 전혀 새로운 사람을 다시 만들지 않으신다. 우리는 부활의 육체를 소유할 테지만 거기에는 현재의 우리와의 영속성이 존재한다. 우주가 불에 의해 파괴될 것이라는 베드로후서 3장의 가르침은 멸절이 아닌 정화의 의미로 이해하는 것이 좋다. 또한 베드로후서 3장이 말하는 세상의 멸망은 노아 시대에 홍수에 의해 세상이 멸망한 것에 비견될 수 있다. 당시에 홍수로 온 세상이 멸망했지만 세상 자체가 없어지지는 않았다.

연속적인가 불연속적인가?

셋째, 고린도후서 5장 17절은 "누구든지 그리스도 안에 있으면 새로운 피조물이라 이전 것은 지나갔으니 보라 새 것이 되었도다"라고 말씀한다. 어떤 사람이 그리스도인이 되면 그는 새로운 피조물이 된다. 이전 것은 모두 지나갔다. 그러나 그는 전적으로 다른 사람이 되지 않는다. 이처럼 현재의 우리와 미래의 우리도 서로 정확하게 일치한다. 부활의 "첫 열매"이신 예수님의 경우도 예외가 아니다(고전 15:20). 예수님은 영화롭게 변화된 모습으로 무덤에서 나오셨지만 여전히 똑같은 인격이셨다.

요한계시록 21장 1절은 "또 내가 새 하늘과 새 땅을 보니 처음 하늘과 처음 땅이 없어졌고"라고 말씀한다. 현재의 우주와 장차 올 우주 사이에는 불연속이 존재한다. 문제는 그 불연속을 완전한 대체의 의미로 이해해야 하느냐 하는 것이다. 이 구절은 죄로 오염된 세상은 사라지고 죄의 결과로부터 깨끗하게 정화된 세상이 오게 될 것을 강조한다.

요한계시록 21장 1절은 새 땅에는 바다도 없을 것이라고 말씀한다. 바다가 없는 것이 무슨 의미인지에 관해 의견이 분분하다. 어떤 사람들은 요한계시록의 "바다"는 혼돈을 의미한다고 생각한다. 다니엘은 악한 이방 정권이 바다에서 나왔다고 말했다. 고대 세계에서 바다는 적대적인 세력으로 간주되었다. 요한이 요한계시록을 기록할 당시, 그는 바다에 둘러싸인 섬에 유배된 상태였다. 그러나 문자적인 새 하늘, 문자적인 새 땅, 문자적인 새 예루살렘에 관해 말하면서 바다만 혼돈을 뜻하는 비유적인 의미로 이해하는 것은 조금 이상해 보인다.

또 "바다도 다시 있지 않더라"라는 말씀이 새 땅에는 수계(水界)나 수중 생물이 존재하지 않을 것을 의미한다고 생각하는 사람들도 있고, 지금 이 타락한 세상에서 사람들을 갈라놓는 짠물의 바다나 대양은 사라질 테지만 큰 호수나 강과 같은 물이 완전히 없어지지는 않을 것이라고 믿는 사람들도 있다. 예를 들어, 요한계시록 22장에는 강물이 언급되었다. 아마도 이 강물은 물이 있는 다른 곳으로 흘러갈 것이다.

거룩한 도성

넷째, 영원한 상태에는 거룩한 도성, 새 예루살렘이 포함된다. 새 예루살렘은 히브리서에 언급된 대로 아브라함의 궁극적인 희망이었다. 이 도성이 무엇인지에 대해서는 제각기 견해가 조금씩 다르다. 어떤 사람들은 새 예루살렘 자체가 새 땅이라고 주장한다. 새 예루살렘이 새 땅이기 때문에 그 너머에는 아무것도 존재하지 않는다.

또 어떤 사람들은 새 예루살렘이 새 땅에 거할 것이라고 생각한다. 이 견해가 좀 더 일리가 있다. 요한은 새 하늘과 새 땅을 보았고, 그 후에 하늘에서 내려온 새 예루살렘에 관해 말했다. 새 예루살렘이 새 땅의 중심지인 것으로 보인다. 요한계시록 21장 24-26절은 "만국이…땅의 왕들이 자기 영광을 가지고 그리로 들어가리라"라고 말씀한다. 만국이 자기 영광을 가지고 그 성에 들어간다는 것은 새 예루살렘 밖에서도 활동이 이루어진다는 것을 암시한다. 새 예루살렘 밖에 있는 민족들은 제각기 그곳에 문화적인 기여를 할 것이다.

하나님의 임재

다섯째, 하나님은 사람들과 온전히 함께 거하실 것이다. 요한계시록 21장 3절은 "내가 들으니 보좌에서 큰 음성이 나서 이르되 보라 하나님의 장막이 사람들과 함께 있으매 하나님이 그들과 함께 계시리니 그들은 하나님의 백성이 되고 하나님은 친히 그들과 함께 계셔서"라고 말씀한다. 구약 시대에 하나님은 성막에 임하셨다가 나중에는 성전에 임하셨다. 예수님이 세상에 오시자 하나님은 사람들과 함께 거하셨다. 천년왕국의 시대에는 예수님이 땅 위에 육체로 거하실 것이고, 성령께서도 계속 하나님의 백성 가운데 거하실 것이다. 그러나 영원한 상태에서는 하나님이 새 땅에 온전히 임하실 것이다. 성부와 어린 양이신 성자와 성령께서 새 땅에서 인류와 함께 거하실 것이다.

어떤 번역 성경은 요한계시록 21장 3절을 "그들이 그분의 백성이 될 것이다"라고 번역했다. 이 말은 문자 그대로 번역하면 "백성들"(헬라어 "라오이")이 된다. 아마도 이것은 요한계시록 21장 24-26절의 "만국"을 가리키는 것으로 보인다.

죽음의 사망

여섯째, 하나님은 이전 세상의 부정적인 요소를 모두 제거하실 것이다. 요한계시록 21장 4절은 "모든 눈물을 그 눈에서 닦아 주시니 다시는 사망이 없고 애통하는 것이나 곡하는 것이나 아픈 것이 다시 있지 아니하리니 처음 것들이 다 지나갔음이러라"라고 말씀한다. 타락의 부정적인 결과가 모두 사라질 날이 올 것이다. 더 이상 죽음도, 애통하는 것도, 눈물도, 고통도 없을 것이다.

타락한 세상에서 살아가다 보면 죄의 부정적인 요소들이 영원히 계속될 것처럼 보인다. 그러나 그렇지 않다. 죄와 그로 인한 결과가 모두 사라질 것이다.

악인들은 새 하늘과 새 땅에 들어가지 못한다

일곱째, 신자들은 새 땅을 기업으로 받지만 불신자들은 그곳에 들어가지 못한다. 요한계시록 21장 8절은 "두려워하는 자들과 믿지 아니하는 자들과 흉악한 자들과 살인자들과 음행하는 자들과 점술가들과 우상 숭배자들과 거짓말하는 모든 자들은 불과 유황으로 타는 못에 던져지리니 이것이 둘째 사망이라"라고 말씀한다. 모든 사람이 행복한 종말을 맞이하는 것은 아니다. 하나님의 백성은 새 땅을 기업으로 받지만 악인들은 그곳으로부터 추방된다. 설교자요 교사인 우리는 모든 사람이 새 땅과 새 하늘에 들어갈 것처럼 말해서는 안 된다. 왜냐하면 그것은 사실이 아니기 때문이다. 오직 그리스도를 믿는 믿음을 통해서만 구원받는다. 믿음이 없으면 그 누구도 새 땅에 들어갈 수 없다.

새 예루살렘

여덟째, 요한계시록 21장 10절 이후부터는 새 예루살렘을 묘사하는 내용이 발견된다. 요한계시록 21장 12절에 따르면, 그 성은 "크고 높은 성곽이 있고 열두 문이 있다." 또한 문에는 열두 천사가 있고, 문들 위에는 이스라엘 열두 지파의 이름이 새겨져 있다. 13절은 "동쪽에 세 문, 북쪽에 세 문, 남쪽에 세 문, 서쪽에 세 문이니"라고 말씀한다.

이 말씀은 옛 땅과의 연속성을 암시한다. 왜냐하면 방위가 여전히 존재하기 때문이다. 14절은 그 성이 열두 사도의 이름이 새겨져 있는 열두 기초석을 가지고 있다고 말씀한다. 15절은 그 성과 성벽의 측량에 관해 언급한다. "내게 말하는 자가 그 성과 그 문들과 성곽을 측량하려고 금 갈대 자를 가졌더라."

그 성의 규모는 이렇다. "그 성은 네모가 반듯하여 길이와 너비가 같은지라 그 갈대 자로 그 성을 측량하니 만 이천 스다디온이요 길이와 너비와 높이가 같더라"(16절).

길이와 너비와 높이가 만 이천 스다디온이라는 것이 무슨 의미인지에 대해서는 의견이 크게 네 가지로 엇갈린다. 어떤 사람들은 이것이 피라미드의 형태를 가리킨다고 말한다. 그보다 좀 더 널리 받아들여지는 견해는 그 성이 입방체의 형태를 띤다는 것이다. 이는 옛 성전과 지성소의 형태와 관련이 있다. 성전에서 가장 거룩한 장소는 입방체의 형태를 취했다. 이것은 새 예루살렘이 상자로 감싼 듯한 성전과 같은 형태를 취할 것을 암시한다.

또 어떤 사람들은 새 예루살렘이 입방체가 아닌 정방형의 형태를 띨 것이라고 주장한다. 그 이유는 요한이 성벽으로 둘러싸인 거대한 땅을 가리키고 있기 때문이다. 이 밖에도 여기에서 말하고자 하는 것은 건축학적인 형태가 아닌 그 성의 완전함을 강조하려는 것이라고 생각하는 사람들도 있다.

성과 관련된 또 다른 의문은 그 거대함에 있다. 그 성은 길이와 너비와 높이가 만 이천 스다디온, 즉 2,400킬로미터가 넘는다. 그렇다면 그 성의 면적은 3,600,000평방킬로미터로 계산된다. 그야말로 엄청나게 큰 규모. 그 성의 너비와 길이가 대략 미국의 절반 정도에 해당한다. 이와는 달리 성의 전체 크기가 2,400킬로미터라고 주장하는 견해도 있다. 이는 길이와 너비와 높이를 모두 합친 규모가 2,400킬로미터라는 주장이다. 만일 그 성이 사각형의 형태를 취한다면, 각 면의 길이가 600킬로미터라는 계산이 나온다. 이 견해를 받아들이면 그 성의 규모는 미국 중서부의 규모가 큰 주보다 약간 더 큰 정도가 된다.

아울러 17절은 성벽의 크기를 언급한다. "그 성곽을 측량하매 백사십사 규빗이니 사람의 측량 곧 천사의 측량이라." 성벽의 두께와 높이 가운데 하나가 65미터라는 것인지, 아니면 둘 다가 모두 그렇다는 것인지는 불분명하다. 구약 성경에서 성벽을 묘사한 내용을 읽어보면 높이를 가리킬 때도 있고, 두께를 가리킬 때도 있다.

만일 새 예루살렘이 거대하게 치솟은 입방체 형태를 띠고 있다는 견해를 따른다면 65미터가 벽의 높이를 가리킬 가능성은 없다. 왜냐하면 높이가 2,400킬로미터나 되는 성이 높이가 65미터인 성벽을 포함하고 있을 리가 만무하기 때문이다. 따라서 만일 황금으로 된 입방체가 존재한다면 이 말은 두께가 65미터라는 의미로 이해해야 마땅하다. 한편 고대에는 벽을 강조할 때는 그 높이에 중점을 두었다. 따라서 새 예루살렘이 상자로 감싼 듯한 입방체가 아닌 거대한 땅과 같다는 견해를 따른다면 65미터가 높이를 가리킨다는 생각이 더 잘 들어맞는다.

새 예루살렘은 보석과 귀금속과 같은 귀한 재료를 사용해 다채롭게 만들어졌다. 요한계시록 21장 22절은 하나님과 어린 양이 성전이시기 때문에 성 안에 성전이 따로 존재하지 않는다고 말씀한다. 하나님과 어린 양이 성전에 임하실 것이기 때문에 성전이 필요하지 않다.

23절은 "그 성은 해나 달의 비침이 쓸 데가 없으니 이는 하나님의 영광이 비치고 어린 양이 그 등불이 되심이라"라고 말씀한다. 하나님이 친히 새 예루살렘을 밝히시기 때문에 다른 발광체가 필요하지 않다. 물론 이것을 반드시 태양이나 달이 존재하지 않는다는 의미로 이해할 필요는 없다. 그러나 새 예루살렘을 밝히는 데 그런 것들이 필요하지 않은 것만은 분명해 보인다.

24절은 "만국이 그 빛 가운데로 다니고 땅의 왕들이 자기 영광을 가지고 그리로 들어가리라"라고 말씀한다. 이것은 문자 그대로 지정학적인 나라들을 가리킨다. 왕들이 존재한다는 것은 정부가 기능을 행사한다는 것을 의미한다. 우리는 새 땅에 있기 때문에 나라와 왕들은 모두 가장 큰 왕이신 주님께 복종한다. 나라들은 인류의 타락 이후에 생겨났다(창 10, 11장). 따라서 여기에서 나라가 언급된 사실은 하나님이 새 땅에 다양한 민족과 나라들이 존재하기를 원하신다는 것을 보여준다.

통치자들이 "만국의 영광과 존귀를 가지고 그리로 들어간다"(26절). 이 나라들은 자신들이 재능과 은사들을 모두 사용하고, 문화를 이루어 하나님의 영광을 드높이며, 새 예루살렘에 제각기 기여할 것이다.

생명나무

아홉째, 새 땅에는 생명나무가 존재한다. 요한계시록 22장 1, 2절은 "또 그가 수정같이 맑은 생명수의 강을 내게 보이니 하나님과 및 어린 양의 보좌로부터 나와서 길 가운데로 흐르더라 강 좌우에 생명나무가 있어 열두 가지 열매를 맺되 달마다 그 열매를 맺고 그 나무 잎사귀들은 만국을 치료하기 위하여 있더라"라고 말씀한다. 생명나무는 창세기 3장에 잠시 언급되고 나서 완전히 자취를 감추었다. 아담과 하와는 타락한 후에는 생명나무의 열매를 먹을 수 없었다. 하나님은 아담과 하와가 접근하지 못하도록 천사를 보내 생명나무를 지키게 하셨다. 그러나 새 땅의 새 예루살렘에서 생명나무가 다시 모습을 드러냈다. 생명나무는 열두 가지 열매를 맺고, 또 달마다 열매를 맺는다. 이것은 영원한 상태에서도 시간이 존재한다는 것을 보여준다.

생명나무 잎사귀는 독특한 기능을 발휘한다. 그것은 만국을 치료하는 데 사용된다(2절). 이것은 민족들이 서로 대립하지 않는다는 것을 의미한다. 생명나무의 잎사귀는 나라들 사이에서 완벽한 조화를 유지한다. 한때 서로를 적대시했던 민족들이 조화롭게 공존할 것이다. 생명나무에 대한 접근이 더 이상 차단되지 않을 것이다. 새 땅에 거하는 사람이면 누구나 자유롭게 생명나무에 접근할 수 있다.

영원한 교제

열째, 영원히 하나님과 교제하며 그분을 섬길 것이다. "다시 저주가 없으며 하나님과 그 어린 양의 보좌가 그 가운데에 있으리니 그의 종들이 그를 섬기며"(계 22:3). 4절은 우리가 하나님의 얼굴을 볼 것이며, 그분의 이름이 우리의 이마에 새겨질 것이라고 말씀한다(이것은 친밀한 교제를 암시한다). "다시 밤이 없겠고 등불과 햇빛이 쓸데없으니 이는 주 하나님이 그들에게 비치심이라 그들이 세세토록 왕 노릇 하리로다"(5절). 새 땅은 영원토록 하나님의 임재와 빛을 누릴 것이다. "그들이 세세토록 왕 노릇 하리로다"(5절).

우리는 영원한 상태를 생각하며 설레는 마음을 가져야 한다. 지금 우리가 하는 수고와 투쟁은 모두 역사의 이 시기를 위한 것이다. 지금 어떤 일을 겪고 있든지, 어떤 슬픔과 눈물과 불행을 당하고 있든지 장차 새 땅에 거하게 되면 충분한 보상을 받게 될 것이다. 하나님과 그분이 우리를 위해 예비하신 것을 보게 되면 세상에서 일어났던 부정적인 일들이 모두 기억 속에서 사라질 것이다. 우리는 하나님이요 구원자이신 주님과 그분을 사랑하는 모든 사람과 친밀한 교제를 나눌 것이다.

주

1. 신학자다운 목회자 / 존 맥아더

1) Sinclair Ferguson, *The Christian Life*(Edinburgh: Banner of Truth, 2013), 6.

3. 아담의 역사성을 이해하라 / 윌리엄 배릭

1) Peter Enns, *The Evolution of Adam: What the Bible Does and Doesn't say about Human Origins*(Grand Rapids: Brazos Press, 2012), 66.
2) Jeffrey Burton Russell, *Inventing the Flat Earth*(Westport, CT: Praeger, 1977), 76.
3) Noel Weeks, "Cosmology in Historical Context", *Westminster Theological Journal* 68, no. 2 (2006); 283-93.
4) Jonathan F. Henry, "Uniformitarianism in Old Testament Studies: A Review of *Ancient Near Eastern Thought and the Old Testament* by John H. Walton," *Journal of Dispensational Theology* 13, no. 39 (2009): 19-36(특히 25-28).
5) Paul Jouon, *A Grammar of Biblical Hebrew*, trans. and rev. T. Muraoka, *Subsidia Biblica* 14/I-II (Rome: Pontifical Biblical Institute, 1993), 2:376 (§II4en. 1).

4. 창조론에 대한 신학적 입장을 정립하라 / 존 맥아더

1) Jonathan Edwards, *Miscellany* no. 547, 1731.
2) Blaine Harden, "The Greening of Evangelicals: Christian Right Turns, Sometimes Warily, to Environmentalism," *Washington Post* (February 6, 2005), A01.
3) Declaration of the Care of Creation, Evangelical Environmental Network and *Creation Care* magazine, 1994. http://www.creationcare.org/evangelical_declaration_of_the_care_of_creation.
4) Declaration of the Care of Creation.
5) Declaration of the Care of Creation.

5. 역사적인 기독교 신앙을 계승하라 / 나단 부세니츠

1) Philip Schaff, *A History of the Christian Church* (New York: Charles Scribner's Sons, 1916), 6:128.
2) Ibid., 129-30.
3) Ibid., 130.
4) 다음 자료에서 인용했다. James M. Kittelson, *Luther the Reformer: The Story of the Man and His Career* (Minneapolis: Fortress Press, 2003), 134.
5) 프랜시스 벡위스는 본래 이 말을 2007년 5월에 자신의 블로그에 게재했다. 다음 자료를 참조하라. Todd Pruit, "Beckwith Back to Rome," *The Alliance of Confessing Evangelicals* (July 30, 2007), http://www.alliancenet.org/mos/1517/beckwith-back-to-rome.
6) 야고보는 20, 21절에서 이방인 신자들에게 우상 숭배와 부도덕한 행위를 멀리하고, 더 약한 양심을 지닌 유대인 형제와 자매들을 배려하라고 당부했다. 그의 말은 바울이 로마서 14, 15장과 고린도전서 8, 9장에서 가르친 내용과 완벽하게 일치한다.

7) 다음 자료를 참조하라. Thomas Oden, *The Justification Reader* (Grand Rapids: Eerdmans, 2002). Nick Needham, "Justification in the Early Church Fathers," *Justification in Perspective*, ed. Bruce L. McComack, 25-53 (Grand Rapids: Baker Academic, 2006), 40.
8) Clement of Rome, *1 Clem.* 32.4. trans. Michael W. Holmes, ed. *The Apostolic Fathers* (Grand Rapids: Baker Academic, 2007), 87.
9) Polycarp, *Pol. Phil.* 1.2-3. Trans. Holmes, *The Apostolic Fathers*, 281.
10) *Diogn.* 9.2-5. Trans. Oden, *The Justification Reader*, 65.
11) Martin Luther, *A Commentary on St. Paul's Epistle to the Galatians*, trans. Erasmus Middleton, ed. John Prince Fallowes (Grand Rapids: Kregel, 1979), 172.
12) Hilary, *Comm. Matt.* 20.7. *PL* 9.1030. Trans. Hilary of Poitiers, *Commentary on Matthew*, The Fathers of the Church, trans. D. H. Williams (Washington, DC: The Catholic University of America Press, 2012), 212.
13) Hilary, 8.6 *PL* 9.961. Trans. D. H. Williams, "Justification by Faith: A Patristic Doctrine," 658.
14) Basil, *Hom. humil.* 20.3. *PG* 31.529. Trans. Elowsky, *We Believe in the Holy Spirit*, 98.
15) Ambrosiaster, *Ad Rom.*, on Rom. 3:24 *PL* 17.79. Trans. Elowsky, *We Believe in the Holy Spirit*, 98.
16) Ambrosiaster, on Rom. 3:27 *PL* 17.80. Trans. Bray, *Romans*, ACCS 103.
17) Ambrosiaster, on Rom. 4:6 *PL* 17.83. Trans. Bray, *Romans*, ACCS, 113.
18) John Chrysostom, *Hom. Rom 7* (on Rom. 3:27). *PG* 60.446. Trans. *NPNF*, First Series, 11.379.
19) John Chrysostom, *Hom. 1 Cor. 8* (on 1 Cor 3:1-3). *PG* 61.73. Trans. *NPNF*, First Series, 12.47.
20) John Chrysostom, *Hom. Gal.* (on Gal. 3:8. *PG* 61.651. Trans. *NPNF*, First Series, 13.26.
21) John Chrysostom, on Gal. 3:12. *PG* 61.652. Trans. *NPNF*, First Series, 13.26.
22) John Chrysostom, *Hom. 1 Tim,* on 1 Tim. 1:15-16. *PG* 62.520-21. Trans. Elowsky, *We Believe in the Holy Spirit*, 98.
23) John Chrysostom, *Adv. Jud.* 7.3. *PG* 48.919.
24) Marius Victorinus, *Ep. Eph 1* (on Eph. 2:7). *PL* 8.1255. 다음 자료를 참조하라. Oden, *The Justification Reader*, 48.
25) Victorinus, 1 (on Eph. 2:9). *PL* 8.1256. Trans. Oden, *The Justification Reader*, 48. 다음 자료를 참조하라. Marius Victorinus, *Epistle to the Galatians* 2.3.21.
26) Victorinus, 1 (on Eph. 2:15). *PL* 8.1258. Trans. Joseph A. Fitzmyer, *Romans: A New Translation with Introduction and Commentary by Joseph A. Firzmyer*, The Anchor Bible, vol. 33 (New York: Doubleday, 1993), 361.
27) Marius Victorinus, *Epistle to the Galatians*, 1.3.7. Trans. Mark J. Edwards, ed., Galatians, Ephesians, Philippians, ACCS, 39.
28) Augustine, *Enarrat. Ps.*, 31.7. *PL* 36.263. Trans. John E. Rotelle, *Expositions of the Psalms 1-32* (Hyde Park: New City Press, 2000), 11.370.
29) Augustine, *Tractates on the Gospel of John*, John 1:15-18, Tractate 3.9. *NPNF*, 7:21. 다음 자료에서 인용했다. Gregg R. Allison, *Historical Theology*, 501.
30) Augustine, *Spir. et litt.* 13 (22). *PL* 44.214-15. Trans. *NPNF*, First Series, 5:93.
31) Prosper of Aquitaine, *Voc. Gent.*, 1.17. *PL* 51.669. Trans. Oden, *The Justification Reader*, 46.
32) Theodoret, *Interp. Rom.*, on Rom 4:4. *PG* 82.88. Trans. Bray, *Romans*, ACCS, 108.
33) Theodoret, on Rom. 1:17. *PG* 82.57, 60. Trans. Bray, *Romans*, ACCS, 31.
34) Theodoret, *Interp. Eph.*, on Eph. 2:4-5. *PG* 82.520. Trans. Oden, *The Justification*

Reader, 113.
35) Theodoret, on Eph. 2:8-9. *PG* 82.521. Trans. Oden, *The Justification Reader*, 44.
36) Theodoret, *Epist.* 83. *PG* 83.1269. Trans. Elowsky, *We Believe in the Holy Spirit*, 99.
37) 두 인용문 모두 다음 자료에서 인용했다. Anselm of Canterbury, *Admon, mor. PL* 158:686-687. Trans. *Meditations and Prayers*, 275-77.
38) Bernard of Clairvaux, *Epist* 190.6. *PL* 182.1065. Trans. John Mabillon, ed., *Life and Works of Saint Bernard, Abbot of Clairvaux*, trans. Samuel J. Eales (London: John Hodges, 1889), 2.580-581.
39) 생티에리의 윌리엄이 기록한 베르나르두스의 말이다. 다음 자료를 참조하라. *S. Bern. vit. prim.* 1.12. *PL* 185.258. Trans. Alban Butler, *The Lives of the Fathers, Martyrs, and Other Principal Saints*, vol. 8 (Dublin: Janes Duffy, 1845), 231.
40) Bernard of Clairvaux, *Serm. Cant.* 22.8. *PL* 183.881. Trans. Franz Posset, *Pater Bernhardus*, 186.
41) Norman Geisler and Josh Betancourt, *Is Rome the True Church?* (Wheaton, IL: Crossway, 2008), 53-54.
42) Gregg R. Allison, *Historical Theology* (Grand Rapids: Zondervan, 2011), 505.
43) John Calvin, "Dedicatory Letter to Francis I," *Institutes*, section 4.

7. 속죄의 범위를 파악하라 / 필 존슨

1) Robert Charles Hill, trans., *Theodoret of Cyrus: Commentary on the Letters of St. Paul*, vol. 2 (Bookline: Holy Cross Orthodox Press, 2001), 175.
2) Teodosia Tomkinson, trans., *Ambrose: Exposition of the Holy Gospel According to St. Luke* (Etna, CA: Center for Traditionalist Orthodox Studies, 1998), 201-202.
3) 다음 자료에서 인용했다. George Musgrave Giger, trans., *Francis Turretin: Institutes of Elenctic Theology*, 3 vols. (Phillipsburg, NJ: P&R 1994), 2:462.
4) Curt Daniel, *The History and Theology of Calvinism* (Dallas: Scholarly Reprints, 1993).
5) Paul Helm, *Calvin and the Calvinists* (Edinburgh: Banner of Truth, 1982).
6) John Owen, trans., *Commentaries on the Catholic Epistle by John Calvin* (Grand Rapids: Eerdmans, 1948), 173.
7) Thomas J. Nettles, *By His Grace and for His Glory* (Lake Charles, LA: Cor Meum Tibi, 2002), 320.
8) R. B. Kuiper, *For Whom Did Christ Die?* (Grand Rapids: Eerdmans, 1959), 78.
9) Charles Haddon Spurgeon, *The Metropolitan Tabernacle Pulpit*, 63 vols. (London: Passmore & Alabaster, 1903), 49:39.
10) Robert Smith Candlish, *The Atonement: Its Efficacy and Extent* (Edinburgh: Adam and Charles Black, 1867), 173.
11) Archibald Alexander Hodge, *The Atonement* (Philadelphia: Presbyterian Board of Publication, 1867), 359.
12) Kuiper, *For Whom Did Christ Die?* 83-84.
13) Kuiper, *For Whom Did Christ Die?* 84.
14) Kuiper, *For Whom Did Christ Die?* 85.
15) Kuiper, *For Whom Did Christ Die?*
16) Thomas Myers, trans., *Calvin: Commentary on the First Twenty Chapters of Book of the Prophet Ezekiel* (Grand Rapids: Eerdmans, 1948), 246-247.
17) Charles Hodge, *Systematic Theology*, 3 vols. (New York: Scribners, 1872), 2:546.
18) Curt Daniel, *The History and Theology of Calvinism* (Dallas: Scholarly Reprints, 1993), 368.

8. 성경적 교회를 이해하라 / 톰 페닝턴

1) George Barna, *Revolution* (Wheaton, IL: Tyndale, 2005), 37.
2) Donald Miller, *The Nature and Mission of the Church*. 다음 자료에서 인용했다. Robert Saucy, *The Church in God's Program* (Chicago: Moody Press, 1972), 105.
3) 다음 자료에서 인용했다. Saucy, 105.
4) Alexander Strauch, *Biblical Eldership* (Littleton, CO: Lewis & Roth Publishers, 1995), 101.
5) J. B. Lightfoot, "The Christian Ministry", *St. Paul's Epistle to the Philippians* (London: MacMillian & Co., 1898), 186.
6) Robert Saucy, *The Church in God's Program* (Chicago: Moody Press, 1972), 112.
7) Saucy, *The Church in God's Program*, 112.
8) Wayne Grudem, *Systematic Theology* (Grand Rapids, MI: Zondervan, 1994), 926.
9) Polycarp, *Philippians*, 5, 6.

9. 예수님의 마지막 지상 명령에 충실하라 / 폴 워셔

1) Robert Jamieson, A. R. Fausset, and David Brown, *Commentary Critical and Explanatory on the Whole Bible*, vol. 2 (Oak Harbor, WA: Logos Research Systems, Inc., 1997), 64.
2) 잡지의 이름은 『하트 크라이』(*Heart Cry*)이다. 이 잡지에 대해 좀 더 알고 싶으면 다음 사이트를 참조하라. http://www.heartcrymissionary.com/heartcry-magazine-archive.
3) Craig Blomberg, *Matthew*, vol. 22, The New American Commentary (Nashville: Broadman & Holman Publishers, 1992), 431.
4) 다음 자료에서 인용했다. Peter Morden, *Offering Christ to the World: Andrew Fuller (1754-1815) and the Revival of Eighteenth Century Particular Baptist Life*, Studies in Baptist History and Thought 8 (Carlisle: Paternoster, 2003), 136.

10. 역사적 전천년주의를 다시 생각하라 / 존 맥아더

1) Oswald T. Allis, *Prophecy and the Church* (Philadelphia: P&R Publishing, [1945] 1947), 238.
2) Floyd E. Hamilton, *The Basis of Millennial Faith* (Grand Rapids, MI: Eerdmans, 1955), 38-39.
3) Herman Bavinck, *Reformed Dogmatics: Abridged in One Volume* (Grand Rapids, MI: Baker, 2011), 658.
4) William Cuningham, *The Pre-Millennial Advent of Messiah Demonstrated from the Scriptures* (London: Nisbet, 1836).
5) Manuel Lacunza y Diaz, *The Coming of Messiah in Glory and Majesty* (London: L. B. Seeley and Sons, 1827).
6) Emil Schurer, *A History of the Jewish People in the Time of Jesus*, 5 volumes (Peabody, MA: Hendrickson, 1993).
7) Ronald Diprose, *Israel and the Church* (Downers Grove, IL: InterVarsity Press, 2004).

11. 새 하늘과 새 땅을 바라보라 / 마이클 블라크

1) 랜디 앨컨의 책 『하늘나라』(*Heaven*)는 예외이다.
2) A. F. Johnson, "Revelation", F. E. Gaebelein, ed. *The Expositor's Bible Commentary, Volume 12: Hebrews Through Revelation* (Grand Rapids, MI: Zondervan, 1981), 592.

사명선언문

너희가 흠이 없고 순전하여······세상에서 그들 가운데 빛들로
나타내며 생명의 말씀을 밝혀 _ 빌 2:15-16

1. 생명을 담겠습니다
만드는 책에 주님 주신 생명을 담겠습니다.
그 책으로 복음을 선포하겠습니다.

2. 말씀을 밝히겠습니다
생명의 근본은 말씀입니다.
말씀을 밝혀 성도와 교회의 성장을 돕겠습니다.

3. 빛이 되겠습니다
시대와 영혼의 어두움을 밝혀 주님 앞으로 이끄는
빛이 되는 책을 만들겠습니다.

4. 순전히 행하겠습니다
책을 만들고 전하는 일과 경영하는 일에 부끄러움이 없는
정직함으로 행하겠습니다.

5. 끝까지 전파하겠습니다
모든 사람에게, 땅 끝까지, 주님 오시는 그날까지
복음을 전하는 사명을 다하겠습니다.

서점 안내

광화문점 서울시 종로구 새문안로 69 구세군회관 1층
02)737-2288(T) 02)737-4623(F)

강남점 서울시 서초구 신반포로 177 반포쇼핑타운 3동 2층
02)595-1211(T) 02)595-3549(F)

구로점 서울시 구로구 시흥대로 577 3층
02)858-8744(T) 02)838-0653(F)

노원점 서울시 노원구 동일로 1366 삼봉빌딩 지하 1층
02)938-7979(T) 02)3391-6169(F)

분당점 경기도 성남시 분당구 황새울로 315 대현빌딩 3층
031)707-5566(T) 031)707-4999(F)

일산점 경기도 고양시 일산서구 중앙로 1391 레이크타운 지하 1층
031)916-8787(T) 031)916-8788(F)

의정부점 경기도 의정부시 청사로47번길 12 성산타워 3층
031)845-0600(T) 031) 852-6930(F)

인터넷서점 www.lifebook.co.kr